Über den Autor:

Peter Lauster, geboren 1940, studierte Psychologie, Anthropologie und Philosophie. Seit 1971 ist er in Köln freiberuflich mit eigener Praxis als Berater und Psychotherapeut tätig. Bekannt wurde er 1980 mit dem Bestseller *Die Liebe*. Seine Sachbücher erreichten bisher eine deutschsprachige Auflage von über 4 Millionen Exemplaren und wurden in zwanzig Sprachen übersetzt.

Peter Lauster

Stark sein in Beziehungskrisen

Wie man Partnerprobleme löst, ohne zu verlieren

BASTEI LÜBBE TASCHENBUCH
Band 66377

1. Auflage: Juli 2000
2. Auflage: März 2001

Vollständige Taschenbuchausgabe der im
Gustav Lübbe Verlag erschienenen Hardcoverausgabe

Bastei Lübbe Taschenbücher und Gustav Lübbe Verlag
sind Imprints der Verlagsgruppe Lübbe

© 1997/2000 by Verlagsgruppe Lübbe GmbH & Co. KG,
Bergisch Gladbach
Textredaktion Hans Dieter Wirtz, Mönchengladbach
Umschlaggestaltung: Johannes Graf, Dortmund
Satz: Druck & Grafik Siebel, Lindlar
Druck und Verarbeitung: Elsnerdruck, Berlin
Printed in Germany
ISBN: 3-404-66377-2

Sie finden uns im Internet unter
http://www.luebbe.de

Der Preis dieses Bandes versteht sich einschließlich
der gesetzlichen Mehrwertsteuer.

»Groll mit sich herumzutragen

ist wie das Greifen

nach einem glühenden Stück Kohle –

in der Absicht,

es nach jemandem zu werfen.

Man verbrennt sich dabei nur selbst.«

Buddha

INHALT

Vorwort 11

ERSTES KAPITEL
Liebe und Beziehung als Ideal 15

Liebe, Sexualität und Beziehung 22
Eine Wertung der Sexualität 34
Die Gründe für Partnerschaften 41
Die Hilflosigkeit derer,
   die man um Rat fragt 46
»Ich würde mich scheiden lassen« 52
Finde die Antwort in dir 60
Der Schmerz der Einsamkeit 65

ZWEITES KAPITEL
So beginnen Beziehungskrisen 77

Wenn einer den anderen erziehen will 83
Schenken wir unsere Seele 88
Die Ängste verstehen und loslassen 93
Krisen... oft durch Sexualität verursacht 98
Als Menschen gleich –
   und doch getrennt 105

DRITTES KAPITEL
Die Hauptkrisen 111

»Du liebst mich nicht genug!« 116
»Sei nicht immer so eifersüchtig!« 121
»Du kritisierst mich zu oft!« 126
»Du behinderst meine Entwicklung!« 131
Sexuelles Desinteresse 137
Der Seitensprung 142
Die Trennung aus der Sicht des Verlassenen 147

VIERTES KAPITEL
Wie soll man streiten? 153

Ich bin einfach so, wie ich bin 160
Egoismus ist die Realität 164
Egostärke ist Persönlichkeitsstärke 169
Reden ist klug, Schweigen ist dumm 178
Richtiges und falsches Streiten 182

FÜNFTES KAPITEL
Ein Leben in Harmonie ist möglich 195

Wir sind nicht verschieden,
   wir denken verschieden 201
Das Zulassen der Disharmonie 205
Gelassenheit ist Stärke 209
Das Bedürfnis nach Harmonie
   schafft Abhängigkeit und Erpreßbarkeit 214
Macht muß sich auflösen 219
Anpassung oder Unabhängigkeit? 224

SECHSTES KAPITEL
Lösungswege aus Krisen 231

Sieger oder Verlierer? 237
Erwartungen offen aussprechen 240
»Was abfallen muß, fällt ab« 246
Glück durch Reifung 251
Liebeskummer und Trennung 256
Loslassen 261
Lernen aus Trennung 265
Loslassen während der Beziehung 270
Loslassen ist Heilung 274

ANHANG 279

Gedankenaustausch 280
Resonanz 283
Kontaktaufnahme zum Autor 286
Literaturhinweise 287

VORWORT

In den westlichen Industrieländern ist nahezu seit Jahrzehnten eine Entwicklung auszumachen, die offensichtlich fortschreiten wird: Die Anzahl der Ehescheidungen nimmt ständig zu. Waren es 1991 in Deutschland rund 136000 Ehen, die geschieden wurden, so zählte man 1994 immerhin schon etwa 166000; das entspricht einer Steigerung von etwas mehr als 22 Prozent innerhalb von drei Jahren. Hält dieser Trend an – und daran ist kaum zu zweifeln –, so werden im Jahr 2000 in Deutschland circa 200000 Ehen pro Jahr vor dem Scheidungsrichter beendet.

Ehescheidungen sind eine starke seelische Belastung für alle Beteiligten, wobei gerade Kinder sehr darunter leiden. Warum halten Ehen nicht? Warum kommt es zu dieser Zunahme der Scheidungen? Die Liebe steht nach wie vor hoch im Kurs, denn aus Liebe wird schließlich geheiratet. Nur aus Liebe? Als Psychologe und Psychotherapeut weiß ich durch meine fünfundzwanzigjährige Praxistätigkeit: Ehen werden nicht nur aus Liebe geschlossen, also nicht nur aus emotionalen Gründen, sondern sehr häufig auch aus rationalen Überlegungen. Nicht selten hält man auch für Liebe, was gar keine Liebe ist – und man verwechselt oft auch Sexualität mit Liebe bzw. siedelt beides auf einer gemeinsamen Ebene an.

So sind es schon drei Faktoren, welche die Bildung von Ehen und Partnerschaften wesentlich beeinflussen: Emotionen (Liebe), rationale Erwägungen unterschiedlicher Art sowie Sexualität (die nicht immer etwas mit Liebe zu tun haben muß). Für eine Beziehung zwischen Mann und Frau entsteht durch dieses Ineinanderspielen der Faktoren häufig etwas, mit dem sie nicht zurechtkommen: Verwirrung. Aus dieser Verwirrung heraus resultiert der so oft praktizierte tägliche Kleinkrieg im so oft zitierten Geschlechterkampf.

Solch einen Geschlechterk(r)ampf kann der einzelne nur dann mit Würde beenden, wenn er Klarheit im eigenen Denken schafft und sich stets bewußt ist, auf welcher Ebene er mit seinem Partner kommuniziert. Da ich bereits ein Buch über die Liebe geschrieben habe, soll dieses Buch von der Beziehung zwischen Mann und Frau handeln. Beziehungen sind das eigentlich Problematische – die Liebe ist es nicht.

Krisen sind in Partnerschaften etwas Alltägliches. Mit diesem Buch möchte ich deshalb auch auf die damit zusammenhängenden Probleme aufmerksam machen, damit sich jeder in seiner Beziehung auf die üblichen Schwierigkeiten einstellen kann und die Auseinandersetzungen etwas moderater und glimpflicher als allgemein üblich ablaufen.

Wer liebt, dem geht es gut, der fühlt sich glücklich und beschwingt – sofern seine Liebe erwidert wird. Mit dem Beginn der Beziehung fangen dann meist die Schwierigkeiten an. Deshalb möchte ich mit dem nun vorliegenden Buch vor allem helfen, mehr Klarheit zu finden. Wir sollten bereit sein, einige Illusionen loszulassen, um Beziehungen leben zu können. Wir sollten auch bereit sein, mehr über den Mechanismus der Beziehungen zu lernen, um vorbereitet zu sein. Und sollten Sie sich inmitten einer Beziehungskrise befinden, dann hilft Ihnen das Buch dabei, Klarheit zu schaffen, um aus dieser Krise herauszufinden und gestärkt aus ihr hervorzugehen – um bereit zu sein für das Leben, für die Liebe.

Peter Lauster

Köln, im Sommer 1997

ERSTES KAPITEL

LIEBE UND BEZIEHUNG ALS IDEAL

»Liebst du etwas, lasse es los.

Kehrt es zu dir zurück, ist es dein

in diesem Moment. Bleibt es fort,

hat es dir nie gehört.«

Chinesisches Sprichwort

L iebe ist nicht unbedingt die Voraussetzung für eine Beziehung zwischen Mann und Frau. Das zeigt das folgende Gespräch mehr als deutlich.

Eine junge Frau hatte mit mir einen Beratungstermin wegen ihrer Partnerschaft vereinbart. Als sie vor mir stand, wirkte sie auf mich lebensfroh und vital. Ich schätzte ihr Alter zwischen zwanzig und fünfundzwanzig.

Sie begann das Gespräch mit einem charmanten Lächeln: »Ich habe Ihr Buch ›Die Liebe‹ gelesen – und habe trotzdem Probleme mit der Liebe.«

»Erzählen Sie: Worin bestehen die Probleme?«

»Ich habe mich von meinem Freund getrennt, kann ihn aber einfach nicht loslassen. Wir haben ein Jahr zusammen gewohnt, bevor ich dann vor einem Jahr ausgezogen bin. Trotzdem telefonieren wir fast täglich und sehen uns auch ein-, zweimal in der Woche.«

»Was war der Grund für Ihren Auszug?«

»Ich konnte es nicht ertragen, daß mein Freund – er ist fünfzehn Jahre älter als ich – vieles allein machen wollte. So ist er etwa am Wochenende häufig mit seinem Motorrad unterwegs gewesen. Da ich als Beifahrerin Angst hatte, fuhr er natürlich allein, obwohl er mich mitgenommen hätte. Er hat insgesamt eine sehr freie Einstellung zum Leben und zur Partnerschaft; ich nicht. Auch kann er gut allein sein; ich nicht. Ich brauche mehr Nähe als er.«

»Lieben Sie Ihren Freund?«

»Ich habe mich in ihn verliebt, er sich auch in mich – so sind wir zusammengekommen. Das sexuelle Erlebnis mit ihm war wunderbar, denn ich habe so etwas noch nie erlebt. Nach zwei Monaten bin ich zu ihm gezogen. Ich habe geglaubt, daß wir das ideale Paar werden könnten. Aber dann sind von Monat zu Monat mehr Probleme aufgetaucht. Er wollte zum Beispiel einen bestimmten Film sehen, ich einen anderen; er wollte am Wochenende an die See fahren, ich in die Berge; er mochte meine Freundinnen nicht, ich konnte mit seinen Motorradfreunden nichts anfangen.

Nachdem ich zu ihm gezogen war, wurde die Entfremdung immer größer. Ich wollte Gefühle austauschen und Zärtlichkeit, er wollte vor allem nur Sex. Obwohl... richtige sexuelle Probleme hatten wir nicht, denn er hat seinen Orgasmus bekommen; ich auch. Also daran lag es nicht. Aber wir haben uns unabhängig vom Bett im Alltag mehr und mehr gestritten. Wir haben uns einfach nicht verstanden.«

»Worüber haben Sie gestritten?«

»Ich wollte, daß er sich mehr um mich kümmert; er aber sagte, daß er sich nicht ständig um mich kümmern könnte, da er auch seine eigenen Interessen hätte. Er konnte, wie gesagt, gut allein sein; ich dagegen wollte immer den Kontakt und seine Nähe spüren. Mit der Zeit wurde ich aggressiv, wenn ich von ihm nicht das bekam, was ich wollte. Er sagte dann, ich sei zickig. Daraufhin war ich beleidigt und zog mich schmollend in mein Schneckenhaus zurück. Zum Schluß sind wir nur noch wie zwei Feinde umeinander herum geschlichen – keiner konnte es dem anderen mehr recht machen, jeder fand nur noch ein Haar in der Suppe. Wenn wir dann im Bett trotzdem einmal übereinander hergefallen sind, empfand ich das als wunderschön und befreiend. Aber am Frühstückstisch haben wir uns wieder gestritten. Es sagte mir, er liebt mich. Ich liebe ihn auch – und trotzdem konnten wir irgendwie nicht zusammenkommen. Warum nur?«

»Seit etwa einem Jahr leben Sie voneinander getrennt. Warum kommen Sie zu mir? Was wollen Sie von mir wissen?«

»Ich habe meine eigene Wohnung bezogen und könnte jetzt mein eigenes Leben leben. Aber trotzdem rufe ich ihn immer wieder an und er mich auch. Wir sehen uns etwa zweimal die Woche.«

»Haben Sie noch sexuellen Kontakt?«

»Ja.«

»Wie oft etwa im Monat?«

»Etwa drei- bis fünfmal. Das ist mein Problem. Wir sind voneinander getrennt – und trotzdem komme ich von ihm nicht los. Er von mir offenbar auch nicht.«

»Lieben Sie ihn?«

»Das habe ich mich auch schon oft gefragt. Ich weiß es nicht, weiß nur, daß ich von ihm einfach nicht loskomme. Ist das Liebe? Sexuell gesehen, bin ich nicht von ihm abhängig – das ist es nicht. Es muß etwas anderes sein, weswegen ich ihn einfach nicht vergessen kann. Er wiederum lebt sein Leben, und er scheint mir recht zufrieden mit sich selbst zu sein. Er sagt mir, daß er das Alleinsein braucht.«

»Liebt er Sie?«

»Er sagt, daß er mich gerne sieht und daß er auch gerne mit mir schläft, aber er möchte nicht, daß ich bei ihm wieder einziehe. Liebt er mich? Ich weiß es nicht. Ist das Liebe? Er sagt, daß er jetzt seinen Frieden gefunden hätte. Ich habe diesen Frieden nicht gefunden.

Ich bin mit der Situation, so wie sie jetzt ist, sehr unzufrieden, und deshalb will ich mit Ihnen darüber sprechen, was ich tun soll. Ich schaffe es nicht, ihn ganz zu verlassen, und ich schaffe es auch nicht, mit der Situation zufrieden zu sein. So wie unsere Beziehung jetzt ist, macht sie mich unglücklich und unzufrieden. Ich habe ihn und habe ihn doch nicht; wir sehen uns und sind doch nicht richtig zusammen; ich meine ihn zu lieben und weiß nicht, ob das stimmt; er sagt, er liebt mich, aber ich zweifle daran. Daran kranke ich. Zwar habe ich ihn nicht verloren, aber ich habe auch keine zufriedenstellende Beziehung. Ich liebe ihn und denke oft, daß das doch keine richtige Liebe ist.«

»Sie lieben ihn, aber es ist keine funktionierende Beziehung entstanden. Er liebt sie auch und konnte mit Ihnen auch keine Beziehung leben.«

»Er sagt manchmal zu mir, daß er gar nicht weiß, was Liebe überhaupt ist. Könnte es sein, daß er mich gar nicht wirklich liebt, weil er nicht weiß, was Liebe ist?«

»Nun ist die Konfusion ja wirklich vollständig. Jedenfalls steht eines fest: Wenn man zusammen Sex hat, muß das nichts mit Liebe zu tun haben. Ist die Sexualität jedoch, wie Sie sagen, für beide zufriedenstellend, dann ist das ein Band der Kommunikation zwischen Mann und Frau, das eine Bedeutung hat. Guter Sex weist nicht zwangsläufig auf eine gute Beziehung im Alltag hin. Auch bedingt guter Sex nicht automatisch Liebe. Andererseits ruft Liebe nicht immer guten Sex hervor. Deshalb sage ich immer, daß wir Sex, Liebe und Beziehung auseinanderhalten müssen. Wir haben es hier mit drei verschiedenen Dimensionen zu tun. Die sollten zwar zusammenkommen – das wäre sicher sehr schön –, aber sie kommen eben nicht oft zusammen. Das zeigt der Alltag.«

»Woran liegt das? Was machen wir falsch?«

»Sie haben ein Ideal von Liebe, Sex und Beziehung.«

»Ich habe ein Ideal? – Vielleicht haben Sie recht. Ist das verkehrt?«

»Man kann ein falsches Ideal haben. Das ist dann

natürlich ein verkehrtes Ideal. So könnten Sie zum Beispiel ein Rassenideal haben, indem Sie der Meinung sind, die weiße Rasse sei intelligenter als die dunkelhäutige; das ist verkehrt. Oder Sie könnten ein bestimmtes Ideal von dem Guten im Menschen haben, indem Sie der Meinung sind, die gebildeten Menschen mit Abitur und Studium seien bessere Menschen; das ist natürlich auch verkehrt. Sie könnten auch das Ideal von einer Liebesbeziehung haben, in der Sie Geborgenheit finden; dann wiederum das Ideal von einer Liebe, die sich so darstellt, daß der andere einem alles gibt, wonach man sich sehnt, was man sich wünscht. Alle diese Ideale sind falsch, und sie brechen im Alltag mit mehr oder weniger Getöse in sich zusammen.«

»Ich habe dieses Ideal von der Liebe.«

»Gut, Sie haben das, Sie stehen dazu. Ein gewisser Trotz war in Ihrer Stimme – wollen Sie vielleicht etwas verteidigen? ... Welches Ideal also haben Sie von der Liebe?«

»Mein Ideal ist, daß man alles miteinander teilt, Gefühle, Gedanken, Ideen und Pläne, daß man zusammen ist und sich gegenseitig Wärme und Geborgenheit gibt. Das ist mein Ideal, und das gebe ich auch nicht auf.«

»Wenn Sie das nicht aufgeben wollen, können wir sehr schlecht weiter zusammen kommunizieren. Sie setzen eine Bedingung an unser Gespräch. Ich habe zu akzeptieren – wenn nicht, führen Sie das Gespräch nicht fort.«

»Ich akzeptiere nicht, möchte das Gespräch aber trotzdem fortsetzen.«

»Sehen Sie, das geschah mit einiger Spannung, aber wir sind offen, das Gespräch fortzusetzen. Das ist die Problematik Ihrer Beziehungskrise – und darin sollte auch die Lösung liegen: Die Kommunikation sollte fortfahren. Wir brechen meist innerlich ab, doch meist bleibt noch die Liebe zwischen Mann und Frau erhalten, also die Ausdrucksebene Sexualität, aber die Kommunikation zwischen Seele und Geist ist abgebrochen. Deshalb sage ich immer: Liebe ist das eine, und die Probleme des Alltags der Beziehung sind das andere. Aus diesem Grund kann man lieben, ohne eine Beziehung zu leben. Und man kann herrlich und mit Vehemenz eine Beziehung leben, ohne sich zu lieben.«

»Es scheint mir besser, eine Beziehung hinzukriegen, als eine Liebe zu leben.«

»Liebe ist das eine, und Beziehung ist etwas anderes. Und doch wünschen wir uns, daß Liebe und Beziehung miteinander in Einklang kommen. Das Hauptproblem ist nicht die Liebe, denn sie ist einfach, beglückend, schön und wunderbar ... das Hauptproblem, das sich vor uns aufbaut, nachdem wir uns verliebt haben, ist die Beziehung, denn mit ihr beginnt der Alltag mit all seinen Sorgen. Die Liebe ist schön, beglückend und die Seele beflügelnd, die Beziehung aber, die danach kommt, ist der Absturz in die Psychologie des Alltags. In der Liebe ist alles okay, doch in der Beziehung geht es um etwas anderes, geht es darum: Ich bin okay, du bist es nicht, oder du bist okay, und ich bin es nicht.«

LIEBE, SEXUALITÄT
UND BEZIEHUNG

Eine Frau hatte mit mir telefonisch einen Praxistermin zum Thema Liebe, Sexualität und Beziehung vereinbart. Sie wollte mit mir darüber sprechen, ob sie beziehungsfähig sei. Drei Wochen später, nachmittags, an einem sonnigen Frühlingstag, stand sie vor mir. Ich schätzte sie etwa dreißig Jahre alt.

Meine Besucherin, schlank und recht groß, begann das Gespräch: »Ich freue mich, daß heute die Sonne scheint und der Frühling in der Luft liegt. Ich hatte in der Zwischenzeit ein wenig Angst vor unserem Termin, aber nun ist die Angst verflogen.«

»Sie brauchen keine Angst zu haben, denn dieses Gespräch soll Ihnen helfen, Ihre Fragen zu klären. Sie sagten am Telefon, daß es um Liebe, Sexualität und Beziehung ginge. Sind Sie verheiratet, oder leben Sie in einer festen Beziehung?«

»Ich war drei Jahre verheiratet und wurde vor zwei Jahren geschieden.«

»Haben Sie Kinder?«

»Nein, ich wollte kein Kind und fühle mich auch jetzt nicht bereit dazu. Seit einem Jahr habe ich wieder eine feste Beziehung. Wir leben allerdings in getrennten Wohnungen und sehen uns unter der Woche, mitunter auch am Wochenende. Ich scheue davor zurück, mit meinem Freund zusammenzuleben, weil ich dann meine Freiheit aufgeben müßte – während meiner Ehe habe ich unter dieser ständigen Unfreiheit gelitten.«

»Warum wurden Sie geschieden? Von wem ging die Trennung aus?«

»Mein Mann hat die Scheidung eingereicht. Er verlangte von mir absolute sexuelle Treue, hatte aber selbst Verhältnisse. Als ich dahinterkam, bin ich mit einer Freundin in Urlaub geflogen und habe mir auch sexuelle Freiheit genommen. Nach meinem Urlaub haben wir darüber geredet, aber er konnte es nicht ertragen. Wir haben uns so gestritten, daß ich den Haß in seinen Augen funkeln sah. Eine weitere Beziehung war nicht mehr möglich, denn es herrschte nur noch Feindseligkeit zwischen uns.

Ich sehe das heute so, daß er der absolute Spießer war, daß er mich als seinen Besitz wollte, ich nur für ihn da sein sollte, er aber sich weiter mit Seitensprüngen selbst bestätigen wollte. Wenn ein Mann fremdgehe, sei das etwas anderes, als wenn eine Frau fremdgehe – so seine Meinung. Das finde ich arrogant und machohaft. Er wollte einfach den Pascha raushängen. Ich bin heute froh darüber, daß meine Ehe geschieden ist.«

»Ist Ihr derzeitiger Lebensgefährte auch ein Pascha?«

»Wir haben darüber gesprochen. Er hält sich jedenfalls nicht für einen Pascha. Nun, er ist zwanzig Jahre älter als ich, er ist abgeklärter, als mein Mann das war. Ich fühle mich bei ihm geborgen. Dieses Wohlgefühl gibt mir ein Gefühl der Sicherheit. Er sagt mir, daß er mich liebt.«

»Lieben Sie ihn auch?«

»Da bin ich mir eben unsicher, und deshalb bin ich heute hier. Ist dieses Wohlfühlen Liebe?«

»Wie ist Ihre Sexualität?«

»Sexuell läuft alles normal. Er begehrt mich sexuell, und es gibt mir ein schönes Gefühl, wenn ich sehe, wie er auf meinen Körper und meine Person abfährt. Ich habe dann auch meinen Orgasmus, meinen Sie das?«

»Zur Frage der Sexualität gehört auch der Orgasmus. Bekommt er ihn auch?«

»Natürlich, nur oft leider viel zu schnell, und er braucht dann eine Stunde, bis er wieder erektionsfähig ist.«

»Welche Rolle spielt für Sie die Sexualität?«

»Das ist jetzt wirklich eine treffende Frage, die habe ich befürchtet. Es fällt mir schwer, darüber zu sprechen. Damit hat es vor allem zu tun, weswegen ich den Termin mit Ihnen vereinbart habe. Ich bin mir unsicher, ob ich ihn liebe, ich bin mir über die Sexualität unsicher, und ich frage mich, ob ich überhaupt beziehungsfähig bin. Das ist jetzt sehr viel auf einmal, es ist ein Gedankenwirrwarr, was mir im Kopf herumgeht: Ich weiß nicht, was ich eigentlich will, ich weiß nicht, wohin mein Weg gehen soll, ich weiß zum Beispiel nicht, was Liebe wirklich ist.

Bisher habe ich das Wort ›Liebe‹ immer nur im Zusammenhang mit dem Druck der Männer erlebt. Sie üben in meinen Augen Druck auf dich aus, in dem sie sagen: ›Ich liebe dich.‹ Also erwarten sie das und das von dir, und damit ist immer Partnerschaft und Beziehung verbunden. Die Bedingungen haben immer nur die Männer gesetzt, und ich sollte mich fügen. Sie haben mir ihr Beziehungsdenken mit ihren Spielregeln aufgedrängt ... das meine ich mit Druck. Ich wurde eigentlich nie danach gefragt, ob ich das auch so will. Mein Mann hat mich mit seinem Spießerdenken eingesponnen, und mein derzeitiger Partner umspinnt mich mit seinem Liebesgesülze.«

»›Liebesgesülze‹ – entschuldigen Sie, daß ich Sie unterbreche – ist eine recht negative Formulierung. Warum bezeichnen Sie das Gestehen der Liebe und Verliebtheit als Gesülze?«

»Ist das unschicklich? Sollte ich mich anders ausdrücken?«

»Nein, so meine ich es nicht. Natürlich sollen Sie frei und spontan reden. Das Wort ›Liebesgesülze‹ impliziert etwas Abwertendes. Oder sehen Sie es nicht so?«

»Sie treiben mich jetzt ganz schön in die Enge.«

»Nein, bitte, verstehen Sie es nicht als Kritik ... ich möchte Ihnen nur bewußt machen, daß Sie seine Liebesbezeugungen als ›Gesülze‹ abwerten. Das wertet nicht Sie selbst ab. Ich bin als Psychologe weder Lehrer noch Richter; ein Lehrer gibt Noten, ein Richter urteilt, verurteilt oder spricht frei – ich bin nicht eine solche Instanz. Betrachten Sie mich nicht als Autorität. Das ist natürlich schwer zu vermitteln, denn ich habe unter anderem Bücher geschrieben, also habe ich etwas, das mit Ruf und Anerkennung zu tun hat. Dadurch entsteht Autorität, denn so sind wir konditioniert. Hat jemand Bücher geschrieben, sich einen Namen in der Gesellschaft erworben, wird er als Autorität erhöht – etwa wie ein Politiker, ein Professor, ein Richter. Lassen wir das jetzt alles fallen, denn ich werte Sie weder auf noch ab.

Wenn Sie das Wort ›Liebesgesülze‹ gebrauchen, dann ist das völlig in Ordnung – wir sprechen nur über die Abwertung, die darin liegt.«

»Ich habe die Erfahrung gemacht, daß mit dem Liebesgesülze einem die Freiheit geraubt wird.«

»Das ist doch sehr interessant, denn das führt uns weiter. Es wird nichts kritisiert, sondern wir erforschen gemeinsam Ihre Situation. Ihr Freund vermittelt Ihnen ein Gefühl von Wohlbefinden und Geborgenheit, wie Sie sagten, aber Sie sind sich trotzdem nicht sicher, daß Sie ihn lieben. Das zeigt uns, daß ein Gefühl von Geborgenheit oder Sicherheit nicht deckungsgleich mit Liebe sein muß.«

»Ist das denn so?«

»Geborgenheitsgefühle sind das eine, Liebe aber ist etwas anderes. Dabei kann sich Geborgenheit einstellen. Geborgenheit ist ein Untergefühl, Liebe aber ist ein Obergefühl.«

»Und wie ist es mit dem Sex? Die Sexualität verläuft befriedigend, aber ich fühle mich sexuell dennoch nicht voll und ganz ausgelastet. ›Ausgelastet‹, das ist auch wieder so ein komisches Wort.«

»Das Wort ist schon in Ordnung so, denn es drückt sehr viel aus. Darüber sollten wir reden. Ein einzelnes Wort ist nicht der Weisheit letzter Schluß. Wir gebrauchen Wörter hier und jetzt, weil sie aus dem Innersten unserer Gefühle kommen. Man sagt oft, das ist doch nur ein Wort, es ist mir so rausgerutscht, es ist mir gerade kein besseres eingefallen ... aber aus der Tiefe der Gefühlsdimension gebrauchen wir meist spontan das passende Wort.

Sie sagten – ich darf es rekapitulieren –, Sie fühlten sich bei ihm sexuell befriedigt, aber nicht voll und ganz ausgelastet. Was bedeutet ›ausgelastet‹ für Sie? Dem sollten wir nachgehen, wenn Sie wollen.«

»Sie insistieren ganz schön.«

»Das Gespräch soll doch auf den Punkt kommen. Wir sitzen hier doch nicht, um einen Small talk zu führen – schließlich möchten Sie weiterkommen und tiefer erkennen. Oder wollen Sie nur ein unterhaltendes, amüsantes Gespräch führen?«

»Nein, eigentlich nicht. – Also, ich fühle mich nicht ausgelastet. Wir haben Sex zusammen, und ich habe meinen Orgasmus, also bin ich befriedigt, also könnte ich zufrieden sein.«

»Sie sagen das mit einem Unterton, der mir deutlich macht, daß Sie, orgasmusbezogen, zwar befriedigt sind, aber dennoch nicht wirklich zufrieden, also nicht ›ausgelastet‹, um dieses Wort wieder aufzugreifen.«

»Ich bin zwar nicht ›ausgelastet‹ ... vielleicht ist das doch ein richtiges Wort...«

»Es ist das richtige Wort.«

»... weil ich sexuell andere Phantasien habe – Phantasien, die nicht verwirklicht werden. Ich habe sexuelle Vorstellungen, über die ich nicht gerne spreche, die nicht zum Zuge gekommen sind und nicht zum Zuge kommen. Deshalb ist für mich die Sexualität mit ihm, trotz Orgasmus, nicht das wirklich letzte.«

»Wir sprachen über Liebe und Liebesgesülze, über Sexualität, Orgasmus und Partnerschaft, über Geborgenheitsgefühle und Beziehung. Wo stehen Sie also jetzt im Moment? Welche Wertung würden Sie selbst machen?«

»Liebe? Okay, ich fühle mich geliebt, aber ich glaube, ich liebe nicht selbst.«

»Jetzt haben Sie es gesagt: Sie glauben, Sie lieben nicht selbst.«

»Ja, ich habe es gesagt, also ist es nun doch klar aus mir herausgekommen: Ich liebe ihn wohl doch nicht – trotz der Geborgenheit, die er mir vermittelt. Die Sexualität bringt mich zwar zum Orgasmus, aber das reicht mir offenbar nicht, weil sexuelle Bereiche, die mich beschäftigen, nicht zum Zuge kommen. Ich könnte eine Beziehung eingehen, ich bin sie ja bereits eingegangen, nicht mit dem letzten Schritt zwar, nämlich zusammen zu wohnen, aber ich scheue deshalb davor zurück. Und ich frage mich, ob ich überhaupt beziehungsfähig bin...«

»Kommt diese Frage jetzt nicht zu früh? Ist nicht die erste Frage: Bin ich liebesfähig? Zu lieben ist schön, Sex zu haben ist schön, eine Beziehung zu haben auch. Vielleicht können wir nicht lieben, weil wir sexuell auf der Suche sind. Vielleicht können wir sexuell finden, was wir suchen, und dennoch keine Beziehung daraus machen...? Vielleicht können wir eine Beziehung mit Geborgenheitsgefühlen erleben, aber sind sexuell unerfüllt...? – Wir müssen also drei Dinge vereinigen: Liebe, Sexualität und Beziehung.«

»Er liebt mich, ich ihn wohl nicht. Er fühlt sich sexuell erfüllt – so sagt er wenigstens –, ich mich nicht. Wir haben eine Beziehung, aber sie scheint nicht wirklich rund zu sein.«

»Wir kommen Schritt für Schritt in unserem Gespräch weiter.«

»Was soll ich aber tun?«

»Soll ich Ihnen sagen, was Sie tun sollen? Kann Ihnen das ein anderer sagen? Wenn Ihr Partner Ihnen etwas sagen würde und Sie das annähmen, dann wären Sie fremdbestimmt. Ein anderer kann nicht sagen, was Sie letztlich tun sollen. Sie können nur selbst entscheiden.

Wir denken gemeinsam darüber nach. Es wird etwas bewußt, und diese Bewußtwerdung ist wie ein Licht, das in die Dunkelheit fällt. Anders ausgedrückt: Aus Verwirrung wird Klarheit. Nicht ich sage Ihnen, was Sie tun sollen, sondern die entstandene Klarheit, sofern sie sich einstellt, sagt Ihnen, was Sie tun werden.«

»Bin ich beziehungsfähig?«

»Sie fragen deshalb, weil Sie sich nicht für beziehungsfähig halten. Also könnten Sie sagen: Ich bin nicht beziehungsfähig. Warum bin ich es nicht? Welche Voraussetzungen müßten erfüllt sein, damit ich es werden kann?«

»Sie haben recht. Ich frage Sie, ob ich beziehungsfähig bin, weil ich denke, daß ich es nicht bin. Ich müßte fragen, warum ich es nicht bin.«

»Sie fragen mich, weil Sie davon ausgehen, daß ich davon etwas verstehe. Sie könnten sich auch selbst fragen und darauf antworten.«

»Ich habe mir die Frage gestellt, aber habe nie in mir eine Antwort gesucht ... ich dachte, die Antwort kann mir nur ein Fachmann geben.«

»Wir sind so konditioniert. Seit unserer Kindheit, seit unserer Jugend wird uns vermittelt, daß es für alles einen Fachmann gibt. Und als Erwachsene denken wir ebenso: Für den Fernseher ist ein Techniker zuständig – das ist in Ordnung so; für das Auto ist die Werkstatt zuständig – auch das ist okay; für die medizinische Diagnose ein Arzt – was natürlich richtig ist; für psychische Probleme ein Psychologe oder Psychotherapeut – das scheint folgerichtig.

Aber ich bin der Meinung, daß wir uns in psychischen Dingen nicht die Eigenverantwortung aus den Händen nehmen lassen sollten. Ich sehe meine Aufgabe als Psychologe nicht darin, Sie fremdzubestimmen – wie das etwa bei technischen Reparaturen oftmals unumgänglich ist –, sondern Sie auf die Selbstbestimmung als Individuum hinzuweisen. Deshalb untersuchen wir das Ganze gemeinsam. Sie werden nicht in Hypnose versetzt, und kein Anästhesist betäubt Sie, damit ein Chirurg etwas in Ordnung bringen kann. In seelischen Fragen sind Sie mit einbezogen, so etwa, als würden Sie bei der Operation Ihrer Hand nicht nur wachen Auges zusehen, sondern auch noch dem Chirurgen Anweisungen geben, wie er im einzelnen vorzugehen hat. Der Vergleich hinkt etwas, ich weiß, aber alleine schon diese Vorstellung macht Ihnen angst ... Sie sehen mich ganz irritiert an.«

»Ja, ich könnte nie dabei zusehen, während meine Hand operiert wird.«

»Ich verstehe das, und das ist auch völlig in Ordnung so, denn kein Chirurg der Welt ließe das zu, denn er hat die Fachkenntnisse, nicht der Patient.

Ich wollte nur deutlich machen, daß es bei psychischen Problemen ganz anders ist – hier wird gemeinsam etwas erarbeitet. Nicht ich sage, so oder so ist es, und Sie machen deshalb jetzt das und jenes. Das wäre autoritär-dominant. Sie sollen nicht meinen Anweisungen folgen. Nach einem chirurgischen Eingriff etwa haben Sie den Anweisungen des Arztes zu folgen – das ist gar keine Frage.

Sie sind sich unsicher, ob Sie beziehungsfähig sind. Meine Aufgabe ist es nicht, Ihnen zu sagen, machen Sie dies und jenes, dann sind Sie es. Womit wir uns jetzt befassen, ist etwas ganz anderes: Es betrifft den Geist und die Seele, also betrifft es Sie selbst sehr direkt. Während einer Operation arbeiten Sie auf dem OP-Tisch nicht mit, aber jetzt sind Sie voll und ganz gefordert, jetzt arbeiten Sie mit. Sie liefern sich nicht mit Geist und Seele hier ab und sagen: So, Autorität, nun mach mal! Ich weiß, viele denken so, weil sie, wie ich sagte, in diesem Sinne konditioniert sind.

Nun sind wir sehr abgeschweift, aber das gehört dennoch elementar zu diesem Thema. Unser Thema ist Liebe, Sexualität und Beziehung. Sie sagten mir, Sie glauben, Ihren derzeitigen Freund nicht zu lieben, aber sein ›Liebesgesülze‹ – dieses Wort in dicke Anführungszeichen gesetzt – gibt Ihnen doch das Wohlbefinden, geliebt zu werden. Sie sagten auch, der Sex mit ihm sei zwar – für beide Seiten – befriedigend, aber dennoch fehle Ihnen etwas. Sie sagten, Sie scheuten eine engere Beziehung, weil Sie das Gefühl hätten, von den Spielregeln des Mannes in die Enge getrieben oder, mit anderen Worten, durch die Beziehung fremdbestimmt zu werden. – Habe ich das richtig formuliert?«

»Ja, das ist richtig, so könnte man es zusammenfassen.«

»Ist es so, oder fehlt noch ein wichtiger Teil für das runde Gesamtbild?«

»Nein, das Bild stimmt so. Ich bin wohl nicht richtig beziehungsfähig, solange Liebe, Sexualität und Beziehungsspielregeln keine Einheit ergeben.«

»Sehen Sie, nun sagen Sie es selbst. Nicht ich sagte es Ihnen, Sie selbst haben die Schlußfolgerung gezogen.

Wir gehen nun einen Schritt weiter, denn es geht um die Frage der Beziehungsfähigkeit zwischen Mann und Frau, also um die Faktoren Liebe, Sexualität und Leben. Was bedeutet das Wort ›Leben‹ in diesem Zusammenhang? Wenn Sie beispielsweise mit jemandem Sex hatten, so kann Ihnen dennoch klar sein, mit diesem Menschen nicht zusammenleben zu können. Der andere Fall: Sie können mit jemandem in Harmonie leben, aber Sie könnten keine Sexualität mit ihm haben. Da die Beziehungsfähigkeit, von der wir sprechen – wohlgemerkt die Beziehungsfähigkeit zwischen Mann und Frau, denn es gibt davon unabhängig noch viele andere zwischenmenschliche Beziehungen –, da also eine solche Beziehungsfähigkeit sowohl Liebe als auch Sexualität, als auch die Fähigkeit, miteinander zu leben, also drei Faktoren umfaßt, schließt sich der Kreis erst, wenn alles zusammen harmoniert. Fehlt ein Faktor, ist das schon schwierig, und die Frage drängt sich auf: Bin ich dann auch noch beziehungsfähig?

Es fehlt ein Faktor, das ist alles. Wenn ich das Wort ›beziehungsfähig‹ gebrauche, dann ist damit ein Manko angedeutet. Ich sage: Es ist kein Manko, das mir angelastet werden kann, wenn mir etwas fehlt. Doch ich möchte jetzt nicht ins allgemein Abstrakte abgleiten ...

Sie wünschen sich Liebe, das heißt, Sie wollen einen Mann lieben, also nicht nur gesagt bekommen, daß er Sie liebt, so schön sich das auch anhören mag, nein, Sie wollen selbst lieben. Sie wollen außerdem sexuelle Erfüllung finden, also nicht nur Ihren Orgasmus bekommen. Sie wollen sich nicht nur in einer Partnerschaft wohl fühlen (Sie sprachen von dem Wohlgefühl, das Ihnen die derzeitige Partnerschaft vermittelt), um – und das ist jetzt entscheidend – eine Beziehung mit einem Mann zu leben.

Ich habe jetzt davon gesprochen, was Sie wollen beziehungsweise nicht wollen. War das richtig so, oder habe ich etwas übersehen?«

»Es war im Prinzip richtig. Er soll mich nicht seinen Spielregeln unterwerfen – das gehört auch noch dazu.«

»Also Liebe ja, erfüllte Sexualität ja, Geborgenheitsgefühle ja, aber keine Fremdbestimmung. Die Selbstbestimmung muß erhalten bleiben. Ist das richtig?«

»Das ist so auf den Punkt gebracht, so, wie ich mir eine Beziehung vorstelle.«

»Ich formuliere es nun ganz einfach: Ihr derzeitiger Freund liebt Sie, aber nicht Sie ihn; zwar haben Sie beim Sex regelmäßig einen Orgasmus, aber es fehlt Ihnen dennoch etwas (was Ihnen fehlt, darüber sprechen wir das nächste Mal); Sie fühlen sich emotional geborgen, wollen aber keine Beziehung eingehen. Sie stellen sich deshalb die Frage nach Ihrer Beziehungsfähigkeit. Bitte beantworten Sie sich selbst die Frage.«

»Ich finde keine Antwort. – Was aber ist Liebe?«

»Wenn Sie Ihnen widerfährt, wissen Sie es selbst.

Solange Sie fragen, was sie sei, wie sie sich ausdrücke, so lange ist sie Ihnen noch nicht widerfahren. Das gleiche betrifft die Sexualität. Obwohl wir darüber noch nicht im Detail gesprochen haben, sage ich Ihnen: Wenn sie Ihnen begegnet, dann wissen Sie es genau, dann besteht keine Unsicherheit mehr.

Liebe ist das eine, Sexualität ist das zweite, und Beziehung ist das dritte. Liebe und Sexualität sind separate Dimensionen. Erst wenn diese Dimensionen zusammenkommen, können wir über die Problematik der Beziehung nachdenken. Leider sehnen sich die meisten Männer und Frauen vor allem nach einer Beziehung, bevor Liebe und Sexualität zusammengefunden haben.«

EINE WERTUNG DER SEXUALITÄT

In wohl jeder Beziehung spielt die Sexualität eine wichtige Rolle, denn nahezu jeder Mensch wünscht sich natürlich eine befriedigende Sexualität. Jene Befriedigung zu erfüllen scheint heute einfach zu sein, da es offenbar kaum noch Tabus gibt, da wir aufgeschlossen sind und da wir fast alles über Sexualität wissen. Und dennoch verkompliziert gerade die Sexualität mehr und mehr Partnerschaften. Ich kenne beispielsweise Paare, die sich freundschaftlich sehr gut verstehen, die aber Sex meiden, und dann wiederum kenne ich Paare, die sich sexuell gegenseitig stark anziehen, im Alltag jedoch nicht miteinander klarkommen, die sich streiten und angiften.

Zunächst einmal: Ist Liebe die Voraussetzung für

eine befriedigende Sexualität? Nach allem, was ich über Liebe und Sexualität in den letzten fünfundzwanzig Jahren meiner Praxistätigkeit erfahren habe, muß ich sagen: Nein, Liebe ist nicht die Voraussetzung für eine als gut empfundene Sexualität. Es handelt sich hier um zwei verschiedene Dimensionen – die Liebe ist das eine, die Sexualität das ganz andere.

Sexuelle Anziehung ist sehr wohl möglich ohne Liebe. Es heißt natürlich oft: Wenn sexuelle Anziehung besteht, so liebt man sich auch. Doch in diesem Zusammenhang muß ich betonen: Sexuelle Anziehung ist Sexualität und nicht automatisch Liebe. Ich behaupte aufgrund meiner Erfahrung mit vielen Paaren: Sexuelle Anziehung wird oft mit Liebe gleichgesetzt. Die meisten Menschen, vor allem die Männer, wissen gar nicht, was Liebe ist, sondern nur, was sexuelle Anziehung für sie bedeutet. Wer nicht fühlt, was Liebe ist, der wird sein sexuelles Begehren für Liebe halten. Davon läßt er sich auch nicht abbringen, denn wer nicht weiß, was Liebe ist, dem kann man Liebe, wenn überhaupt, nur sehr schwer erklären.

Wer seine Partnerschaft auf sexuelle Anziehung aufbaut – und das ist sehr weit verbreitet –, der wird scheitern. Denn die sexuelle Anziehung ist an bestimmte Merkmale geknüpft, die sich beim Partner verändern. So altert der Mensch beispielsweise, so nimmt er an Gewicht entweder zu oder ab, so wechselt er die Mode, läßt sich eine neue Frisur machen, läßt sich einen Bart wachsen oder rasiert seinen Bart ab.

Der Einwand, das seien doch alles Äußerlichkeiten, ist zunächst einmal berechtigt und legitim, doch es sind gerade solche Äußerlichkeiten, an denen sich der sexuelle Kick bei vielen festmacht. Nahezu jeder

Mensch ist auf bestimmte sexuelle Stimulierungen konditioniert; der eine mehr, der andere weniger. Ich kenne Männer, die vor allem auf die Größe der Brust einer Frau schauen; je größer der Busen, um so stimulierter sind sie. Andere wiederum werden von langen Beinen angezogen; je länger, desto besser. Dann kenne ich Frauen, die fasziniert davon sind, wenn ein Mann Narben im Gesicht hat, ja, er darf sogar pockennarbig sein. Andere Frauen finden das unästhetisch, sind dagegen fasziniert von der Körpergröße einen Mannes und schauen bei jedem Mann zunächst auf seinen Po, ob er denn auch klein und knackig ist. Gegen solche und andere sexuellen Signale können wir uns offenbar nicht wehren.

Viele Frauen spricht dagegen weniger das Äußere eines Mannes an, sondern sie sind vielmehr von dessen Macht fasziniert, von dessen Position in der Gesellschaft, von dessen sozialem Rang.

Ganz platt ausgedrückt, hat es eine Frau einmal so formuliert: »Ein Mann, der nicht fünfzigtausend Mark pro Monat verdient, ist für mich uninteressant.«

Ich fragte sie: »Stimuliert Sie das?«

»Ja«, antwortete sie, »das zieht mich sexuell an. Ich merke es daran, sobald ich diesen Mann versuche zu verführen. Das hat bei mir etwas mit meiner Sexualität zu tun. Sie mögen das vielleicht verurteilen, aber es ist einfach so – ich kann es mir auch nicht erklären. Ein Mann, der Macht hat und Geld, den finde ich sexuell anziehend.«

Ich wollte wissen: »Auch wenn er, rein körperlich gesehen, kein schöner und attraktiver Mann ist?«

Die Antwort: »Durch die Macht, die ein Mann hat,

durch seine Position, sein Geld wirkt er auf mich interessant, dann interessiert er mich als Frau.«

»Auch sexuell?« fragte ich.

»Auch sexuell«, antwortete sie.

»Ist das nicht oberflächlich?« wollte ich wissen.

Sie sagte: »Natürlich ist das oberflächlich, aber sind die Männer nicht auch oberflächlich, wenn sie auf die optischen Merkmale einer Frau abfahren, auf ihr Dekolleté, ihre Beine, ihre schmale Taille? Oder gar ihre Jugend? Ältere, erfolgreiche Männer wollen junge Frauen – ist das nicht auch oberflächlich?«

Da die Oberflächlichkeit eine große Rolle zu spielen scheint, sollten wir diesen Umstand nicht unterschätzen. Wir sprechen von der Sexualität, vom sexuellen Reiz, von Dingen, die an unser sexuelles Begehren appellieren. Hat das mit Liebe zu tun? Die sexuelle Anziehung hat offensichtlich nichts mit Liebe zu tun, ist vielmehr eine Dimension, die von Liebe nicht einmal berührt werden muß, da sie von ihr völlig unabhängig funktionieren kann. Wir sollten uns deshalb klarmachen: Sexuelle Anziehung ist das eine, und Liebe ist etwas ganz anderes.

Das große Ideal ist aber die Liebe, ist nicht die Sexualität. Sex gilt als profan, Liebe aber als viel bedeutender in der Wertigkeit. Wir halten das Ideal Liebe hoch und bewerten Sex niedriger. So klaffen Ideal und Wirklichkeit auseinander, denn tatsächlich, also ganz konkret, wird die sexuelle Anziehung hoch bewertet und nicht die Liebe. Da wir zu Sex dann auch Liebe sagen, werden die Dinge verschleiert. Diese Verschleierung führt uns nicht weiter, denn die dadurch entstehende Verwirrung ist das größte Problem – und so machen wir uns das Leben schwer. Wir haben keine

Klarheit, und das macht uns sogar unglücklich und krank. Also sollten wir aus der Verwirrung zur Klarheit finden. Die Frage ist nur: Wollen wir das überhaupt?

Ich behaupte, wir wollen gar nicht unterscheiden, denn die Klarheit des Sehens würde uns in einen erneuten Konflikt stürzen, der noch viel schmerzlicher ist. Also wollen wir gar nicht mehr darüber wissen.

Die Liebe bleibt das Ideal. Dabei ist Sex das, was wir elementar suchen. So steht unser Leben in einem Widerstreit zwischen Sex und Liebe. Um das zu vereinfachen, setzen wir Sex mit Liebe gleich. Da wir nicht wissen, was Liebe ist, aber genau spüren, wenn wir sexuell stimuliert werden, lassen wir uns auf Sex ein und idealisieren ihn als Liebe, um ihn aus dem Profanen herauszuheben. Warum bleiben wir nicht beim Profanen? Sex ist Sex – warum soll er als Liebe idealisiert werden? Wir wollen ihn aber einfach zum Ideal erheben – und so bleibt das Problem mit dem Sex und mit der Liebe bestehen, und so entsteht eine allgemeine Verwirrung in recht vielen Partnerschaften.

Ein Klient sagte einmal zu mir: »Liebe gibt es überhaupt nicht, denn es gibt nur Sex.« Warum ist die Münze Sex aber weniger wert als die Münze Liebe? Wir suchen Liebe, heischen geradezu nach der Bestätigung des Partners, die da: »Ich liebe dich« heißt. Würde er: »Ich sehe dich als Sexobjekt« sagen, wäre diese Münze erheblich weniger wert.

Die Sexualität, so elementar sie auch ist, scheint bedeutungsloser als die Liebe. Die meisten Menschen sehnen sich sowohl nach Sex als auch nach Liebe. Wenn jemand sagt: »Du ziehst mich sexuell an« und er das auch in seinem ganzen Tun und Wollen unterstreicht, sind wir – vorausgesetzt, wir empfinden ähnliches – durchaus bereit, uns mit ihm sexuell einzulassen, doch wenn jemand sagt: »Ich liebe dich«, dann sind wir nicht zwangsläufig sexuell stimuliert.

Liebe und Sexualität sind zwei Dimensionen, sind also – ich sage es nochmals – ein großes Verwirrungsproblem. Daraus entstehen wiederum Beziehungsprobleme: Sie will Liebe, er will Sex; er will liebevollen Sex und sagt dazu Liebe, während sie das als reinen Sex ansieht und darin wenig Liebe erkennt. Jede sexuelle Handlung soll geadelt werden durch Liebe. Sex aber ist oft nur Sex und sonst nichts. Das Ideal des Sex ist Sex um des Sexus willen, und das Ideal der Liebe ist Sex wegen der Liebe. Da die meisten Menschen aber nichts von Liebe wissen, geht es letztendlich nur um Sex.

Wenn die Liebe als Ideal mehr und mehr in den Vordergrund gerückt wird, nimmt das sexuelle Begehren ab. Das ist das Problem der Partnerschaften, die Liebe als Ideal aufbauen, aber dennoch elementare Sexualität suchen. So sind wir jetzt mitten in dem Konflikt, der so viele Beziehungen belastet. Sex und Liebe scheinen der Dreh- und Angelpunkt zu sein. Wir sollten uns demnach Klarheit schaffen: Sex ist eben Sex, und Liebe ist Liebe. Das klingt banal, sagt aber: Aus Sex heraus entsteht nicht unbedingt Liebe. Und Liebe führt nicht automatisch zu Sex. So ist zu verstehen, warum der Ehemann, der mit seiner Frau zwei Kinder gezeugt hat und der seine Familie liebt, trotzdem ins Bordell geht, um profanen, platten Sex zu erleben. Er sagt, er liebt seine Frau und seine Familie, aber er brauche dennoch diesen Sex zu einer fremden Frau.

Nehmen wir auf der anderen Seite die Frau mit zwei

Kindern, die ihren Mann liebt, die ihm auch sagt, daß sie ihn liebt, sich aber dennoch auf ein sexuelles Verhältnis mit ihrem Reitlehrer einläßt, das sie befriedigt. Sie sagt mir dann in der Praxis, daß sie ihren Mann liebt, sich aber dennoch mit dem Reitlehrer sexuell einläßt, obwohl sie letzteren nicht liebt.

Die meisten wollen Sex und Liebe unter einem Dach vereinigen, wobei sie die Liebe idealisieren. Man kann aber jemanden lieben, ohne ihn sexuell zu begehren. Da die Sexualität elementarer ist, könnte man fast sagen: »Hüte dich vor der Liebe.«

»Sei oberflächlich!« Das scheint ein sehr bestimmendes Motto unserer Zeit zu sein. »Liebe nicht, denn das wäre besser für dich!« Das möchte ich manchmal im Hinblick auf die vielen Beziehungskrisen, mit denen ich tagtäglich konfrontiert bin, den Betroffenen als ironischen Rat geben. Aber das Ideal der Liebe steht nach wie vor hoch im Kurs, und so würde ich einen Proteststurm auslösen, falls ich zu solchem Entzug riete. Es ist, wie es ist – die Menschen halten daran fest: Das Ideal Liebe soll es sein!

Da vieles, was als Liebe scheint, nicht Liebe ist, sind sie enttäuscht. Also erwarten sie von einem neuen sexuellen Kick, er könnte das Defizit ausgleichen (was natürlich nicht geschieht). So trennen sie sich und gehen weiter in die nächste Beziehungssackgasse.

Liebe aber, verbunden mit Sex, das ist das Geheimnisvolle, das nur wenigen vergönnt ist, und diese wenigen sind meist nicht in der Lage, anderen zu erklären, warum das so ist. Es fehlen ihnen die Worte dafür.

DIE GRÜNDE
FÜR PARTNERSCHAFTEN

Ich habe das vorliegende Buch mit den beiden Gesprächen begonnen, weil sie zeigen, wie stark wir in
einer Partnerschaft verflochten sein können und wie
schwer es ist, aus diesem Beziehungsgeflecht herauszufinden. Es gibt viele Gründe für das Eingehen einer
Beziehung, und diese sollten wir schonungslos analysieren. Nur wenn wir Klarheit für uns selbst finden,
können wir auch für Klarheit innerhalb der Beziehung
sorgen. Deshalb sage ich immer wieder: »Erkenne dich
selbst!« Denn: Selbsterkenntnis ist die Voraussetzung
dafür, um mit anderen in eine sinnvolle Kommunikation zu treten.

Liebe ist das große Zauberwort, ist der Eingangs-
schlüssel für eine Beziehung. Die Unterhaltungsindustrie (Filme, Musik, Romane) hat vorwiegend die Liebe
zum Thema, und in den christlichen Religionen ist
Liebe ein Schlüsselbegriff.

Vor mehr als fünfzehn Jahren habe ich ein Buch mit
dem Titel »Die Liebe« geschrieben, das ein Bestseller
wurde. Es wurde wohl vor allem deshalb ein Bestseller,
weil sich so viele Menschen nach Liebe sehnen. Aus
dieser Sehnsucht heraus suchen wir auch nach Partnerschaften. Aber lieben wir uns auch selbst? Wir erwarten Liebe von einer Person, die wir anziehend finden, auch wenn wir uns selbst nicht lieben. Wenn uns
ein anderer liebt, empfinden wir uns als liebenswert,
denn das ist sozusagen der Beweis, daß wir liebenswert
sind. So zu denken ist schon falsch.

»Erkenne dich selbst!« Auch über diese Thematik
habe ich einige Bücher geschrieben, aber keiner dieser

Titel erreichte den Erfolg, den »Die Liebe« hatte. Selbsterkenntnis scheint also nicht so hoch im Kurs zu stehen wie die Liebe – und doch ist ersteres die Voraussetzung für letzteres. Das wollen aber viele nicht wahrhaben. Lieber wollen sie sich im anderen spiegeln. Das ist nicht grundsätzlich falsch – aber: Warum suchen wir einen Spiegel bei anderen, warum betrachten wir uns nicht einfach selbst? Da es hierfür viele Gründe gibt, ist es müßig, hier innezuhalten und sie eingehender zu betrachten.

Ich sage direkt und klar: »Betrachte dich selbst!«, denn Selbstfindung ist entscheidend und wichtig.

In dem vorliegenden Buch werde ich viele Dinge ansprechen, die in meinen früheren Büchern behandelt worden sind. Ich werde mich also hier und da mit gleichen, nahen und verwandten Themen befassen, empfinde das aber nicht als langweilig, gar als unangenehm. Wie oft wiederhole ich mich in Gesprächen in der Praxis, wie oft sage ich immer wieder: Es ist sinnvoll und richtig, daß du deine Angst fühlst, daß du deinen Neid siehst, den Ehrgeiz, die Aggression, alle diese Gefühle, die wir bei uns nicht wahrhaben wollen. Wenn wir uns schonungslos selbst betrachten, dann sehen wir Angst, Aggression, Ehrgeiz, Eifersucht, Gewalt und Neid. Ich sage: »Schau hin, verschließe nicht die Augen davor, nur weil man dir gesagt hat, das wären negative Gefühle.« Das ist Selbsterkenntnis und Selbstfindung, und deshalb werden die Aufforderungen hierzu des öfteren zu lesen sein, eben deshalb, weil sie notwendig sind – und notwendig ist zum Beispiel auch die folgende:

Verdränge nicht das angeblich Negative in dir. Man hat dir von irgendeinem Umstand eingeredet, er wäre negativ – also gingst du schnell zu einer Ablenkung über: Fernseher an, eine Freundin anrufen, eine Arbeit im Haus erledigen, Sport machen, zu einem Konzert gehen... so sind wir auf der Flucht vor uns selbst. Die meisten Menschen fliehen vor sich selbst; das kannst du an dir und den anderen täglich beobachten. Ich sage: »Schluß mit der Flucht. Betrachte dich selbst.« In den Beratungen sage ich das auch immer wieder. Hier ist es ja recht einfach, denn als Therapeut habe ich eine Autorität, die ich zwar nicht für mich in Anspruch nehmen möchte, die man aber auf mich überträgt.

Natürlich entstehen in einem Beratungsgespräch oft Widerstände. Man will mit mir über Probleme reden, die andere an einen herantragen, denn ›die anderen‹ sind es, die Gesellschaft und die Politik, der Bruder, der Chef, der Freund, die Freundin, der Partner, die Schwiegertochter und der Stiefsohn – immer sind es ›die anderen‹. Wenn doch die anderen nicht wären, dann wäre alles in Ordnung. Wäre dann alles in Ordnung?

In solchen Fällen sage ich immer wieder: »Die anderen sind so, wie sie sind, denn sie haben ihre neurotischen Gründe dafür. Sie haben genauso wie du Aggressionen, Ängste, Eifersuchtsgefühle, Neid, sexuelle Vorlieben, sie haben Illusionen, Pläne und Wünsche, haben Maximen und Philosophien – und ein jeder von ihnen hat seine geistige und seelische Struktur. Natürlich ist auch ein jeder von ihnen egoistisch. Doch bist du nicht auch egoistisch? Erkenne deinen Egoismus, also erkenne dich selbst. Nur wer sich selbst versteht, kann auch die anderen verstehen. Wenn du dich selbst nicht verstehen willst, wenn du vor dir selbst davonläufst, wie sollen dich dann die anderen verstehen können? Erwartest du, daß sie sich die Mühe machen, dich zu verstehen, da du dir noch nicht einmal die Mühe machst, dich selbst zu verstehen? Es ist eine Illusion, von den anderen diese Mühe zu erwarten. Es ist eine Überschätzung deiner Mitmenschen.«

Wir schätzen andere oft sehr hoch ein und uns selbst sehr klein. Die Gründe hierfür sind in unserer Erziehung angelegt. Die Eltern haben wir einmal hoch eingeschätzt, auch die Lehrer, bis wir erkennen mußten, wie sehr sie konditioniert waren. Es ist ein schmerzlicher Prozeß zu erkennen, daß die Personen, auf die man sich verlassen hat, einem nur wenig vermitteln konnten, nur elementare Dinge wie: »Dort verbrennst du dir die Finger, hier könntest du herunterfallen, da vor ein Auto laufen.« Das Beispiel, das sie uns sonst geben, ist doch meist recht kümmerlich. Die Eltern streiten sich, der Lehrer ist aggressiv, vielleicht auch depressiv; er ist ehrgeizig, egoistisch, neidisch; er hat eine gewisse Autorität, aber taugt nicht zum Idol. So suchen wir die Idole in der Unterhaltungsindustrie – in der Schauspielerin, dem Popstar, dem Künstler, dem Autor – oder bei denen, die ›es geschafft‹ haben: dem Erfolgreichen, dem Mächtigen, dem Prominenten. Wir suchen nach einem Halt, wobei diese Suche nach außen gerichtet ist – weg von unserer ureigensten Welt, scheint die weit von uns gelegene Welt die richtige zu sein. Aber dieser Halt ist brüchig, weil die Welt brüchig ist, von der wir hoffen, in ihr etwas zu finden. Der Halt ist brüchig, weil er auf Illusionen beruht.

Wenn wir dort suchen, werden wir irgendwann enttäuscht sein. So suchen wir letztendlich einen Partner, eine Partnerin, suchen etwas, an dem, an das wir uns festhalten können. Die Liebe scheint uns wiederzugeben, was uns niemand sonst so intensiv vermitteln kann. Aber auch das ist brüchig. So werden wir enttäuscht und werden verbittert, werden zynisch, egoistisch, kalt und brutal.

In meinen Gesprächen kann ich nur immer wieder sagen: »Suche keinen äußeren Halt, keinen Halt in der Religion, in einer politischen Partei, bei einem Lehrer, bei einer Autorität, auf welchem Gebiet auch immer sie sich bewegen mag, sondern finde den Halt in dir selbst. Ich verweise dich auf dich selbst. Denn: Liebe dich selbst, erkenne dich selbst und sei deine eigene ›Autorität‹ (die natürlich keine Autorität ist). Ich möchte, daß du vor allem eines erkennst: Nur du allein kannst wissen, was gut für dich ist. Du folgst niemandem nach, sondern folgst dir selbst. Du bist dein eigenes Zentrum. – Das hat nichts mit Egoismus zu tun.

Mit diesem Punkt werden wir uns noch näher auseinandersetzen und in weiteren Gesprächen Klarheit schaffen. Wenn du so klar zu dir selbst stehst, dich schonungslos betrachtest, dann erwächst daraus dein Handeln und deine Liebe.

Nicht ein anderer sagt dir, wie du richtig handeln sollst, sondern du weißt es selbst; nicht ein anderer sagt dir, wen du lieben sollst, sondern die Liebe entsteht in dir selbst – und sie ist dann klar und eindeutig; es gibt dann keine Zweifel und keine Enttäuschung. Du liebst – und an dieser Liebe haften keine Probleme. Ich weiß, das ist schwer zu verstehen. Es ist eine loslassende Liebe, die mit dem ganzen Beziehungsstreß nichts zu tun hat. Deshalb ist Liebe das eine und Beziehung etwas ganz anderes. Diese Unterscheidung zu treffen halte ich für sehr wichtig.«

DIE HILFLOSIGKEIT DERER, DIE MAN UM RAT FRAGT

Bei Partnerschaftsproblemen neigen sowohl Männer als auch Frauen dazu, das Herz bei der sogenannten besten Freundin – oder dem besten Freund – auszuschütten, um sich Rat zu holen. Die dann erteilten ›Ratschläge‹ sind bei näherer Betrachtung jedoch zumeist sehr unbeholfen und zeugen von der eigenen Ratlosigkeit der Freunde. Sicherlich, es erleichtert, sich einmal die Problematik von der Seele zu reden. Mehr sollte man aber möglichst nicht erwarten. Natürlich erwartet man dennoch mehr. So erwartet man etwa, daß ein anderer einem dabei behilflich sein soll, mehr Klarheit zu finden. Da jedoch die meisten bei Beziehungsproblemen selbst im dunkeln tappen, können sie dem Ratsuchenden kein Licht sein.

An diesem Punkt bietet es sich an, einige der üblichen Standardsprüche unter die Lupe zu nehmen. Da gibt es beispielsweise den Spruch: »So spielt das Leben.« Diese Aussage gehört in die Kategorie ›Allerweltsweisheiten‹, denn sie trifft auf nahezu alles Menschliche und Zwischenmenschliche zu. Die meist danach folgende Erkenntnis: »Beziehungen sind eben etwas Schwieriges« deckt zwar ein etwas kleineres Spektrum ab als die erste Aussage, zeugt aber von der ganzen Hilflosigkeit und Überforderung desjenigen, der hier einen Kommentar abgeben soll.

Sehr häufig lautet auch die abschließende Antwort wie folgt: »Nun hast du mir alles erzählt, jetzt kenne ich deine Version, aber ich kann dazu schlecht etwas sagen, da ich die Argumente der Gegenseite nicht kenne. Zu einer Krise gehören immer zwei.« Das ist für den Betroffenen eine sehr ärgerliche Aussage, weil er geradezu als unglaubwürdig erscheint. Er weiß ja selbst, daß er die Dinge unter seiner subjektiven Sichtweise geschildert hat. Auch die Meinung der ›Gegenseite‹ kennt er zu Genüge, denn damit hat er ja gerade seine Probleme. Damit ist ihm wenig geholfen, denn er möchte von seinem Vertrauten eine Bewertung der eigenen Lage hören, er lechzt geradezu danach, eine Bestätigung zu erhalten im Sinne von: »Da kann ich dich verstehen, da hast du recht, das sehe ich auch so.«

Ein weiterer Standardspruch lautet: »Daß ihr euch begegnet seid, ist Schicksal. Daran kann man nichts ändern. Da mußt du jetzt durch.« Will man in dem Moment hören, daß es ein unabänderliches Schicksal sei, an dem man nichts ändern könne? Man hat doch gerade deswegen sein Herz ausgeschüttet, um einen Rat zu erhalten, der eventuell Wege aufzeigt, wie vielleicht doch noch etwas zu ändern ist. Wenn man inmitten eines Prozesses steht, will man nicht nach dem Motto: »Augen zu und durch« handeln, denn man hofft gerade dann auf eine Lösung. Und bei der darauf folgenden Lösungsfindung soll der Ratgebende helfen. Da nutzt einem der Hinweis auf das Schicksal herzlich wenig. Statt dessen wird Zurückziehung aus der Verantwortung praktiziert.

Nun zu einem anderen Standardspruch. Er lautet: »Mach dir nichts draus. Du solltest positiv denken. Wer weiß, wofür es gut ist ...« Da fühlt man sich ratlos, geht es einem schlecht, und der ›Hoffnungsträger‹ sinniert darüber, wofür das alles gut sein soll. Auch das ist weder Lösung noch Trost, vor allem jedoch kein Rat, der Hoffnungsschimmer aufkommen läßt.

Ein häufiger und überaus banaler Spruch ist der

folgende: »Das Leben ist eben ein Auf und Ab.« Das weiß man nun wirklich selbst. Durch die Beziehungskrise lebt man ja gerade das ›Ab‹, sucht aber nach einem Weg zum ›Auf‹. Durch diese Aussage fühlt man sich nun wirklich nicht für ernst genommen. Hält der andere einen für naiv und dumm? Mit einer solchen Banalität abgespeist zu werden, kann es aus der daraus entstandenen Frustration schon einmal zu der spannungsgeladenen Antwort kommen: »Hältst du mich für blöd? Das weiß ich auch!« Worauf der andere mit absoluter Sicherheit beleidigt reagiert und sinngemäß antwortet: »Warum bist du denn so gereizt? Ich will dir doch nur helfen!« In dieser Lage kann man auf solch eine Hilfe gerne verzichten, und man bereut, den Freund (oder die Freundin) überhaupt ins Vertrauen gezogen zu haben. Und dennoch: Oft versucht man weiterhin, ihn (oder sie) zu einer Stellungnahme zu bewegen.

Häufig wird man auch auf den ›Boden der Tatsachen‹ geholt, wie die folgende Aussage zeigt: »Mein Onkel hat mit fünfunddreißig bei einem Motorradunfall sein rechtes Bein verloren. Im Vergleich dazu geht es dir noch gut. Du bist wenigstens gesund.« Der Beispiele gibt es natürlich viele, welche demonstrieren, wieviel Leid anderen schon widerfahren ist. Dagegen scheint das eigene Leid mit einemmal richtig ›nichtig‹. Doch da dieses eigene Leid im Moment richtig ›wichtig‹ ist, weil es an einem nagt, helfen derartige Aussagen in solch einer Situation nicht weiter. Schließlich versucht der Betroffene, unabhängig von dem Leid anderer, über seine Beziehungskrise Klarheit zu erlangen. Und in diesem Fall tauchen Fragen in ihm auf wie: Soll ich mich trennen? Gibt es eine Möglichkeit, die Beziehung noch zu retten? Was soll ich tun? Wie soll ich reagieren? Wieviel kann ich mir noch gefallen lassen?

Dann gibt es noch die ›Hilfe durch Handeln‹: »Komm, jetzt trinken wir hier erst einmal einen Schnaps. Dann gehen wir in die Eckkneipe und kippen einen. Du mußt ja mal auf andere Gedanken kommen.« Das Problem: Man will gar nicht auf andere Gedanken kommen, denn die Gedanken kreisen nun einmal um das Beziehungsproblem; es beschäftigt einen Tag und Nacht; man schläft derzeit damit ein und wacht in der Nacht damit auf. Auch der Rat: »Schlaf eine Nacht darüber, und morgen sieht die Welt schon wieder viel besser aus« läßt nur geringe Unterstützung erahnen. Man hat das Gespräch mit dem Freund (der Freundin) schließlich nicht gesucht, um sich dann in einer Kneipe abzulenken und sich zu besaufen, sondern um gemeinsam eine Lösung zu suchen und zu finden.

Einen weiteren Standardspruch tun vor allem Männer ihren Freunden an: »Sei ein Mann! Was dich nicht umbringt, macht dich stark! Reiß dich zusammen! Du bist viel zu weich!« Der arme Mann, der sich das von einem Freund anhören muß. Jetzt hat er auch noch versagt, und es entstehen Zweifel an seiner Männlichkeit. Er ist offenbar nicht hart genug, eine Memme, und so bereut er, überhaupt etwas gesagt und den Freund ins Vertrauen gezogen zu haben. Nach solch einer Zurechtweisung bringen die wenigsten den Mut auf, in etwa wie folgt zu antworten: »Ich will jetzt aber nicht den Mann rauskehren und mich zusammenreißen. Ich will nicht die Zähne zusammenbeißen und dann verdrängen. Ich will offen reden über das, was mich beschäftigt und belastet.«

Es gibt jedoch nicht nur Ratschläge, die erteilt werden, sondern auch ›Weisheiten‹, welche so manche(r) von sich gibt: »Schau, das Leben ist kein Zuckerschlecken. Wir haben alle unsere Probleme.« Wie gesagt, ist das kein Rat. Doch mit solch einer ›Weisheit‹ ist ebensowenig anzufangen. Natürlich haben alle ihre Probleme, aber es geht jetzt um das Problem des Betroffenen, und der will damit ernst genommen werden. Dieser Betroffene antwortet vielleicht: »Nun, ich habe jetzt ein Problem und komme zu dir, um mir Rat zu holen. Und du? Du speist mich ab und gibst kund, daß wir alle unsere Probleme haben.« Schon ist Spannung da.

Schließlich eine letzte ›Weisheit‹: »Du hast in deinem Leben viel Glück gehabt. Du warst gesund, hattest beruflichen Erfolg. Jetzt kommt eben die Quittung. Das konnte so nicht ewig weitergehen. Jetzt mußt du eben auch mal einstecken können.« Warum einstecken? »Ich möchte meine Probleme lösen«, lautet vielleicht die Antwort, »ich möchte nicht weiter einstecken. Es muß doch eine Lösung geben.« Der ›Ratgebende‹ kommt daraufhin meist zu seinem Ansatz zurück: »Es gibt Probleme, für die es keine Lösung gibt. Wenn du Leberkrebs hast, dann hast du Krebs – dafür gibt es keine Lösung. In solch einem Fall kann man dein Leben durch Therapie vielleicht um ein Jahr verlängern, mehr nicht.« Es bleibt nur noch ein resignierender Appell: »Ich habe aber eine Beziehungskrise und keinen Leberkrebs. Wie kannst du dich so aus der Verantwortung ziehen? Ich habe einen Rat, eine Hilfe von dir erwartet – und du sagst mir so etwas.« Das war denn doch entschieden zuviel. Der ›Ratgebende‹ ist mit seiner ›Geduld‹ am Ende: »Nun beherrsch dich aber

mal! Ich ziehe mich nicht aus der Verantwortung!...
Und außerdem: Das ist allein deine Sache!«

Wenn man Rat und Hilfe sucht, dann ist das also
letztendlich »allein« die eigene »Sache«?! Es ist gut, so
etwas zu erleben, auch wenn es schmerzlich ist.

Mit diesen Beispielen will ich nicht sagen, man solle
sein Herz nicht ausschütten und niemandem von seinem Kummer erzählen. Darüber zu kommunizieren ist
richtig, denn es ist wichtig, jenen Kummer, der durch
eine Beziehungskrise verursacht worden ist, heraus-
zulassen, sozusagen den Deckel zu öffnen und es zum
Ausdruck zu bringen. Das ist sogar ›psychohygienisch‹
sinnvoll.

Ein Ratsuchender sollte jedoch nicht enttäuscht
sein, wenn Freunde bzw. Freundinnen, die man ins
Vertrauen zieht, solch unnütze Antworten, ›Ratschläge‹ und ›Weisheiten‹ von sich geben. Damit zeigen sie
ihre eigene Ratlosigkeit, dokumentieren ihre Oberflächlichkeit und auch ihre Angst, sich mit solchen
Problemen ernsthaft auseinanderzusetzen. In derar-
tigen Situationen lernt man seine Freunde bzw. Freundinnen von einer Seite kennen, die einen schließlich
nachdenklich werden läßt.

Doch wie äußert sich in solchen Situationen richtiges Verhalten? Gibt es richtige Antworten, richtige
Ratschläge? Die meisten Menschen sind damit über-
fordert, weil sie sich nicht damit befaßt haben, wie das
Verhalten bei Problemen, die sich aus Beziehungskrisen ergeben, aussehen sollte bzw. könnte. Das richtige Verhalten wäre: zuhören, zuhören, zuhören. Deshalb ist es das beste, demjenigen, der Hilfe sucht, zu
sagen: »Ich habe Zeit für dich. Sprich dich aus, und

dann suchen wir gemeinsam nach einer Lösung. Ich verstehe deinen Kummer, und nicht nur deshalb bin ich für dich da.«

Das Gefühl, ein anderer hat ein offenes Ohr für mich, selbst wenn er keine Lösung unterbreiten kann – dieses Gefühl ist schon sehr viel, denn es vermittelt Geborgenheit und Mitmenschlichkeit.

»ICH WÜRDE MICH SCHEIDEN LASSEN«

Wenn wir uns Ratschläge von einer anderen Person erteilen lassen, dann sind diese Ratschläge zunächst einmal – und vor allem – subjektiv, denn sie sind genährt von der seelisch-geistigen Haltung bzw. Verfassung dieser Person (wobei diese Haltung bzw. Verfassung durchaus mit Problemen behaftet sein kann).

Nicht selten entsteht bei solch einem ›Austausch‹ sehr schnell eine Spaltung – hier stehe ich, der (die) ›Gerechte‹, und dort steht der ›Sünder‹, den ich verurteile und verachte (und den mein Gegenüber auch zu verurteilen und zu verachten hat).

Das folgende Gespräch, das auf Tonband aufgenommen wurde und das mir eine Klientin vorspielte, gebe ich hier wieder, da es als ein gutes Beispiel solch eine Einstellung wiedergibt. ›K‹ steht dabei für Gerda (Name geändert), der Klientin, und ›F‹ für die Freundin.

K: »Zur Zeit habe ich großen Kummer. Ich bin meinem Mann auf die Schliche gekommen... er hat eine Geliebte.«

F: »Wie bist du dahintergekommen?«

K: »Er hat sich im letzten halben Jahr sehr verändert. Er wurde verschlossener. Er ist meinen Umarmungen irgendwie ausgewichen. Die Stimmung zwischen uns war sehr gereizt. Wir haben uns oft gestritten, und jeder führte sein eigenes Leben. Schon beim Frühstück las er die Zeitung ... das hat er früher nicht getan.«

F: »Männer sind manchmal muffig, aber das ist normal. – Wie bist du denn nun dahintergekommen?«

K: »Ich habe einmal nachts, als er schlief, in seinen Jackentaschen gekramt. In seiner Brieftasche ist mir eine Telefonnummer des Frisiersalons ›Marion‹ aufgefallen. Ich habe mir die Telefonnummer notiert und die Adresse. Als er an einem der nächsten Abende um acht Uhr immer noch nicht zu Hause war, bin ich in diese Straße gefahren – und da stand tatsächlich sein Wagen geparkt. Ich bin dann wieder nach Hause zurückgefahren. Als er schließlich gegen zwölf Uhr kam, habe ich ihn zur Rede gestellt. Ich sagte: ›Ich habe erfahren, daß du mit einer Friseuse aus dem Salon Marion ein Verhältnis hast.‹ Er wurde kalkweiß und hat alles abgestritten. Jeden Abend habe ich davon wieder angefangen, aber er hat es immer wieder geleugnet. Wir haben uns fürchterlich gestritten und gegenseitig beschimpft, und dann gab immer ein Wort das andere ... das kennst du ja. Er warf mir vor, daß unsere Beziehung eintönig geworden sei und daß er sich von mir nicht unter Druck setzen lassen wolle, daß ich ihm die Luft zum Atmen nehme. Bei einem solchen Streit – wir hatten auch Alkohol getrunken –, wurde er plötzlich so wütend, daß er mich angeschrien hat: ›Jawohl, ich habe eine Beziehung zu Marion. Wir waren auch zusammen im Bett. Der Sex mit dir ist mir zu langweilig geworden. Außerdem nervst du mich mit deiner gereizten Art.‹ Da bin ich ausgeflippt ... ich habe mich noch nie so wütend erlebt ... ich warf mit Vasen nach ihm. Er ist in sein Arbeitszimmer geflüchtet und hat sich eingeschlossen. Ich habe versucht, die Tür einzutreten ... ich habe das aber nicht geschafft ... schließlich bin ich erschöpft mit Weinkrämpfen im Schlafzimmer eingeschlafen. In der Nacht kam er dann auch ins Schlafzimmer. Am anderen Morgen fuhr er ohne zu frühstücken zur Arbeit. Seitdem ist bei uns eine unerträgliche Spannung.«

F: »Habt ihr darüber geredet?«

K: »Nein, ich mache ihm zwar das Abendessen, stelle es ihm auch hin, ziehe mich aber vor den Fernseher zurück. Er hat mir einen Zettel hingelegt, daß wir am Sonntag über alles sachlich reden sollten. Deshalb spreche ich jetzt mit dir. Ich weiß nicht, wie ich mich am Sonntag verhalten soll...«

F: »Willst du dich scheiden lassen?«

K: »Eigentlich nicht. Ich bin zutiefst verletzt, weil er einfach fremdgegangen ist, denn ich habe mich in unserer Beziehung sehr wohl gefühlt.«

F: »Liebst du ihn denn noch?«

K: »Ich denke, wir haben eine gute Beziehung zusammen geführt, und ich glaube schon, daß ich ihn liebe. Seitdem ich weiß, daß er fremdgeht, finde ich ihn sexuell sogar wieder reizvoll. Ich sehne mich danach, daß wir wieder sexuellen Kontakt haben. Ich würde gerne alles ungeschehen machen.«

F: »Es bleibt natürlich für dich danach die Angst, daß er es wieder machen würde. Könntest du denn mit dieser Unsicherheit leben? – Ich könnte das nicht.«

K: »Ich habe über vieles nachgedacht. Vielleicht bin

ich ihm mit meiner Nörgelei wirklich auf die Nerven gegangen, vielleicht hätte ich mich auch mehr um ihn und uns kümmern sollen. Es war tatsächlich eine gewisse Routine eingetreten.«

F: »Daran hat dein Mann auch schuld. Deswegen geht man doch nicht gleich fremd.«

K: »Was soll ich tun? Ich möchte durch diese Krise hindurchkommen, so daß wir wieder zusammenfinden. Ich will eigentlich nicht, daß unsere Ehe scheitert.«

F: »Wenn du ihm verzeihen kannst, ist das deine Sache ... ich könnte das jedenfalls nicht. – Außerdem läuft ja die andere Beziehung noch.«

K: »Darüber müssen wir am Sonntag reden. Wenn er bereit ist, sein Verhältnis zu beenden, werde ich ihm vorschlagen, daß wir es noch einmal versuchen. Man kann doch nicht bei der ersten Krise sofort davonlaufen und alles zerschlagen?!«

F: »Wie stehst du nach der Scheidung da? Kannst du die Hälfte eures Hauses beanspruchen?«

K: »Wir sind erst fünf Jahre verheiratet und haben keine Kinder. – Das Haus hat er geerbt ... ich kann jedenfalls nicht die Hälfte als Zugewinn beanspruchen.«

F: »Du arbeitest halbtags, da wirst du wohl in Zukunft ganztags arbeiten müssen. Hat er denn während der Ehe besondere Gewinne gemacht? Er ist doch in eine leitende Position aufgestiegen, oder nicht? Du solltest auf jeden Fall einmal auflisten, was während eurer Ehe an Zugewinn entstanden ist – für alle Fälle.«

K: »Das kommt mir so kleinkariert vor.«

F: »Jetzt mußt du wachsam sein. Das ist nicht kleinlich, nein, das ist dein gutes Recht. Er hat schließlich die Ehe aufs Spiel gesetzt, indem er dich betrogen hat. Dann soll er auch die Folgen tragen.«

K: »Irgendwie finde ich das schlimm, so um jede Mark zu kämpfen.«

F: »Ich würde das tun. Außerdem macht das dann dein Anwalt für dich.«

K: »Trotzdem finde ich das schrecklich. Man hat sich geliebt, war sich vertraut – und dann versucht man den Mann auszunehmen wie eine Weihnachtsgans. Ich weiß, das machen viele Frauen, die vermögende Männer heiraten.«

F: »Ich bin auch geschieden, und es war nicht zu meinem Schaden. Du weißt, Karl-Heinz (Name geändert) ist auch fremdgegangen, und dafür mußte er bluten ... er mußte unser Haus verkaufen. Von dem mir zustehenden Zugewinn konnte ich mir eine kleine Eigentumswohnung kaufen. Ich würde heute nur nochmals heiraten, wenn der Mann gut verdient ... keinen leitenden Angestellten – die sind immer nur für die Firma unterwegs –, sondern einen Unternehmer, einen Freiberufler, der den Erfolg vor der Brust hat. Ich sage dir eines: Fremdgehen sie alle! Welcher Mann ist schon treu? Und außerdem: Dann geht dir ja sogar seine Treue auf die Nerven. – Da sie sowieso alle fremdgehen, muß es sich für mich auch lohnen. Soll er doch zu seiner Geliebten ziehen, aber ich habe wenigstens den Zugewinn. Eigentlich können wir von der Untreue der Männer profitieren ... sieh das Ganze doch mal unter diesem Aspekt. – Ich würde mich an deiner Stelle scheiden lassen, mitnehmen, was mir zusteht, und dann gezielt einen vermögenderen als deinen Kurt (Name geändert) heiraten. Noch bist du jung, noch bist du erst neunundzwanzig. Du mußt jetzt handeln – in zehn Jahren ist es zu spät. Mit vierzig sind deine Chancen, einen vermögenden Mann zu bekommen, nicht gerade die besten. Die erfolgreichen Fünfzigjährigen wollen alle junge Frauen um die dreißig – und die wollen auch noch Kinder. Mit vierzig hast du nicht mehr die Figur, die du heute hast. – Männer sind oberflächlich; sie achten nur auf die Schönheit einer Frau; das ist nun mal so. Überleg es dir gut. Ich würde mich an deiner Stelle jetzt scheiden lassen und neu beginnen. Die Zeit läuft dir sonst weg.«

K: »Aber ich hänge an unserer Beziehung. Außerdem glaube ich schon, daß ich ihn liebe.«

F: »Was nützt dir deine Liebe, wenn er fremdgeht?! Du solltest jetzt deinen Verstand gebrauchen. Er liebt dich offensichtlich nicht, denn sonst wäre er nicht fremdgegangen.«

K: »Ich bin aber nicht ganz unschuldig daran. Ich habe auch Fehler gemacht ... ich mit meiner Launenhaftigkeit und meiner Streitlust.«

F: »Moment mal. Du bist nicht fremdgegangen, sondern er.«

K: »Ich habe mir schon überlegt, ob ich auch fremdgehen soll, um mich zu rächen. Du weißt, der Manfred (Name geändert) ist hinter mir her ... ich müßte ihn nur anrufen ...«

F: »Wenn es dir guttut, dann mach es. Aber heirate bloß nicht den Manfred. Der ist ein netter Kerl, und er sieht auch gut aus, aber er hat berufliche Probleme mit seiner kleinen Agentur. Der ist in der falschen Branche, der schafft das nie, da kannst du womöglich mit ihm noch den Konkurs erleben. Gut, geh mit ihm ins Bett, um dich an Kurt zu rächen, aber verliebe dich nicht in ihn.«

K: »Du siehst das alles so nüchtern.«

F: »Du solltest das auch nüchtern sehen. Von der ganzen Romantik der Gefühle hast du nichts.«

K: »Ich möchte doch nur eine glückliche Beziehung mit einem Mann leben. Ich möchte ihn lieben und von ihm geliebt werden. Ich bin nicht materiell, nicht berechnend eingestellt. Hältst du denn nichts von der Liebe?«

F: »Du hast jetzt gesehen, wohin du mit deiner Liebe gekommen bist. Er geht dir fremd.«

K: »Das kann am Sonntag durch unser Gespräch vielleicht wieder repariert werden. Wie soll ich mich verhalten?«

F: »Wenn du einlenkst, wird er vielleicht darauf eingehen. Ihr landet dann zusammen vielleicht im Bett, aber du bist nie sicher, ob er diese Marion nicht wieder treffen wird, nachdem er dir geschworen hat, treu zu sein. – Ich würde den klaren und eindeutigen Kurs fahren: Scheidung einreichen und danach einen vermögenden Mann suchen.«

K: »Das wäre aber sehr berechnend und geht im Grunde gegen meine Gefühle.«

F: »Dann werde glücklich mit deinen Gefühlen, aber frage nicht mich.«

So endete das Gespräch. Gerda war zu mir gekommen, um sich Rat zu holen. Zuvor war sie bei einem Wahrsager und Seher gewesen. Sie hatte ihm Fotos gezeigt und sich die Karten legen, außerdem ihr Geburtsdatum astrologisch bewerten lassen. Der Wahrsager hatte sinngemäß gesagt: »Sie befinden sich in einer Ehekrise. Ihr Mann geht derzeit fremd. Diese Beziehung ist sexueller Natur. Ich sehe, daß er diese Frau nicht heiraten wird. Ihre Partnerschaft steht auf der Kippe: Zu fünfzig Prozent wird sie endgültig zerbrechen, zu fünfzig Prozent haben Sie die Chance, sich wieder zu versöhnen. – Sie werden noch ein Kind bekommen. Ob es von Ihrem Ehemann sein wird, kann ich nicht sagen.«

Damit war Gerda nicht zufrieden. Also sollte ich ihr raten, wie sie sich zu verhalten hatte. Nachdem wir uns gemeinsam das Gespräch mit ihrer Freundin auf Tonband angehört hatten, fragte sie mich: »Die Meinung meiner Freundin ist klar und eindeutig – was sagen Sie dazu? Was würden Sie mir als Psychologe raten, wie ich mich verhalten soll?«

Ich sagte ihr: »Wir brauchen mehrere Sitzungen, in denen wir über Liebe, Bindung und Beziehung, Sicherheit, Eifersucht und Angst, über Sex, über Abhängigkeit und Freiheit reden. Danach entscheiden Sie selbst, wie Sie leben werden. Sie entscheiden – und nicht ich sage Ihnen, wie Sie sich entscheiden sollen. Ich bin kein Wahrsager, der Ihnen Ihr Schicksal voraussagt – Sie sind es, die ihr Schicksal selbst gestaltet. Von mir erhalten Sie also keinen Rat, den Sie zu befolgen haben. Wir finden gemeinsam Klarheit, wir erkennen das Falsche und lehnen es ab ... und so kristallisiert sich mehr und mehr heraus, was richtig und wahr ist.

Eine Entscheidung, die durch Erkenntnis und Bewußtheit gewonnen wird, kann auch gelebt werden. Wir werden gemeinsam prüfen, ob das, was Ihre Freundin gesagt hat, der richtige Weg ist, oder ob etwas ganz anderes – etwas, wovon in diesem Gespräch nicht die Rede war – für Sie wichtig ist. Das werden wir untersuchen.

Bevor diese Untersuchung nicht abgeschlossen ist, werden Sie im Gespräch am Sonntag offen bleiben. Ihr Mann soll Ihnen seine Gedanken vermitteln; Sie hören sie sich an und verhalten sich passiv, nämlich sehend und hörend. Nehmen Sie einfach nur wahr; das ist im

Moment alles. Übrigens: Aus wacher Wahrnehmung ergibt sich schon sehr oft die Lösung.«

FINDE DIE ANTWORT IN DIR

Ich habe das Gespräch zur Illustration benutzt, um zu demonstrieren, wie wir, wenn wir andere um Rat fragen, von deren Meinungen bedrängt werden, denn der Ratgeber geht von seinem Welt- und Menschenbild aus, von seinen Erfahrungen, seinem Wissen und seiner gesellschaftlichen Position. In der seelischen Not neigen wir dazu, andere um Rat zu fragen, da wir verunsichert sind und wieder sicher werden wollen. Durch Verunsicherungen ist unsere innere Ordnung gestört – und deshalb suchen wir nach Ordnung, nach einem System, in dem wir uns zurechtfinden können.

Es gibt viele Möglichkeiten, bei Beziehungsproblemen nach einem Ratgeber zu suchen. Das nächstliegende ist es, den besten Freund bzw. die beste Freundin aufzusuchen. Auf solche Art erfahren wir zunächst einmal, wie er bzw. sie denkt, wie er bzw. sie selbst mit dem Problem umgehen würde. Wir erfahren dabei also einiges von dem Denken und von der Einstellung des Freundes bzw. der Freundin. Aber uns wird noch etwas vermittelt, und zwar etwas sehr Wichtiges: Wir erleben unsere persönliche Reaktion auf seine bzw. ihre Ratschläge: Stimmen wir ihnen zu? Lehnen wir sie ab? Geht uns alles ›runter wie Öl‹, ist alles ›Wasser auf unsere Mühle‹? Sträubt sich in uns etwas dagegen? Wir können das feststellen, wenn wir uns dabei selbst genau beobachten.

Wenn wir einer bestimmten Religion angehören,

dann gehen wir vielleicht zu einem Geistlichen und bitten ihn um Stellungnahme und Rat. Er wird uns nach seinem religiösen System, an dem er sich orientiert, einen Rat geben. Wir werden in uns hineinlauschen und überprüfen, ob uns das hilft oder ob sich etwas dagegen wehrt. Wenn wir autoritätsgläubig sind, werden wir den Rat befolgen, weil wir denken, daß er es besser weiß als wir selbst. Er also ist der Wissende, und wir folgen nach, selbst wenn sich in uns etwas sträubt. In dieser Art ist es durch viele Jahrhunderte abgelaufen: Aufgrund des großen Einflusses der Geistlichen haben sich Millionen von Menschen nach ihrem Rat gerichtet, haben sie deren Einstellung – wenn auch wider besseres Wissen – zu der ihren gemacht. Das geschah zu einer Zeit, die noch gar nicht so lange zurückliegt.

Für viele haben heute die großen Kirchen und mit ihnen die Religion, die sie jeweils vertreten, erheblich an Autorität verloren. Vielleicht wendet sich dann jemand, der Partnerschaftsprobleme hat, an einen Astrologen, erzählt ihm von seinen Konflikten, woraufhin sich der Astrologe zunächst einmal allgemein über die Sternzeichen der beiden Partner ausläßt und darüber spricht, welche Gegensätze der betreffenden Sternzeichen sich ergänzen und welche nicht, welche Eigenschaften miteinander harmonieren und welche nicht, um schließlich noch ein Horoskop über den Ratsuchenden zu erstellen. Aus all dem kann er seine Schlußfolgerungen ziehen – oder es auch bleiben lassen.

Vielleicht gehst du auch zu einem Psychotherapeuten. Er soll dir raten, wie du dich partnerschaftlich zu verhalten hast. Wenn er ein Psychoanalytiker ist, dann wird er deine Kindheit und deine Jugend analysieren, deine Träume und die Beziehung zu deinen Eltern. Die Psychoanalyse ist langwierig; sie dauert viele Monate, meist sogar Jahre. Du suchst aber jetzt einen Rat, denn das Beziehungsproblem besteht jetzt; du kannst nicht ein Jahr darauf warten, um eine Lösung zu finden. Deshalb brichst du möglicherweise die Psychoanalyse ab und gehst zu einem Guru.

Der wiederum heißt dich herzlich willkommen und verspricht dir, dein Problem zu lösen. Du mußt dich allerdings seinem System anschließen, seine Bücher lesen, seine Vorträge anhören, mit ihm meditieren, sein Mantra kaufen, sein Jünger werden, denn der Guru ist eine Autorität, und er erwartet die Bereitschaft der Unterordnung. Auch hier mußt du wieder einem System folgen, wenn du akzeptiert werden willst.

Da ist es der einfachere Weg, eine Seherin aufzusuchen. Du gibst ihr deine Geburtsdaten, die Daten deines Partners, ein Foto von dir und eines von deinem Partner. Es gibt auch Seherinnen, welche die Karten legen, und es gibt Seherinnen, die sich nur unterhalten, also keine Geburtsdaten und sonstige ›Anhaltspunkte‹ benötigen. Eine Seherin ist eine Autorität. Du glaubst an sie (nicht zuletzt deshalb, weil du ihr ein hohes Honorar zahlst). Du mußt also an sie glauben, um vor dir selbst nicht lächerlich und dumm dazustehen. Wenn sie dir etwa sagt, du sollst dich von deinem Partner trennen, dann befolgst du ihren Rat, weil du ihr glaubst. Und wenn sie dir sagt, du solltest dich nicht trennen, dann handelst du ebenso entsprechend.

Zu einem Wahrsager, einem Seher zu gehen ist wohl eine der größten Bankrotterklärungen der eigenen Selbständigkeit. Und doch sind wir anfällig dafür, eben weil wir oft so unsicher sind – schließlich: Vielleicht weiß ein anderer, vor allem ein Wahrsager, mehr als wir? Selbst große Tatmenschen waren und sind anfällig dafür, denn auch sie waren und sind unsicher. Sie halten große Reden, zetteln Kriege an, schicken Menschen in eine Schlacht – und konsultieren bei all dem einen Astrologen, Seher oder Wahrsager. Warum sind wir so unsicher?

Nicht selten sind die Macher, die Aktiven, die direkt Handelnden, die nach außen so sicher wirken, innerlich die Unsichersten. Oft sind die Sensiblen, die schwach erscheinen, die nicht mit großen Worten sagen, was ›Sache ist‹, viel sicherer. Dem gehen wir jetzt nach. Ich kann ein handelnder Machtmensch sein und auf andere jene Sicherheit ausstrahlen, von der meine Entscheidungen getragen zu sein scheinen, und doch bin ich tief innerlich unsicher. Wenn sich von diesen Tatmenschen die Geliebte abwendet, dann brechen sie zusammen. Ich kenne Männer, die im Geschäftsleben viele Millionen Jahresumsatz machen, sich finanziell alles und jedes erlauben können, aber in ihrer Beziehung zu ihrer Ehefrau oder ihrer Geliebten nicht mehr wissen, was vorne und was hinten ist.

Wenn du dich nach außen orientierst, also an eine(n) Ratgeber(in), dann beachte dabei vor allem eines: Dein Gegenüber unterliegt immer einem Denksystem. Er (sie) ist entweder evangelisch oder katholisch, ist Buddhist, Hindu oder Muslim, ist Frau oder Mann, steht politisch rechts oder links, ist Traditionalist oder Liberalist, ist Wissenschaftler oder Künstler. Nahezu jeder flüchtet sich unter den Schirm solcher Systeme. Alle diese Ratgeber sind abhängig. Auch deine Eltern sind das. Wenn deine Mutter sagt: »Ich bin deine Mutter, deshalb rate ich dir, mach das so und so«, ist das Abhängigkeit von einem System. Die Wörter ›Mutter‹ und ›Vater‹ sind mit Autorität belastet. Das alles ist in Frage zu stellen. Was bleibt übrig? Nichts. Du wischst alles beiseite – und es bleibt nichts übrig. Also stehst du allein. So entsteht Angst.

Du bist allein, die Angst ist da. Ich sage: Finde die Antwort in dir selbst. Das macht dir angst, davon willst du nichts wissen. Du suchst lieber einen Astrologen auf, einen Geistlichen, einen Psychoanalytiker, eine Seherin, suchst Rat bei deinem besten Freund, bei deiner besten Freundin. Wenn du so handelst – und das gilt es jetzt zu verstehen –, läufst du vor dir selbst weg. Ich sage: Laufe nicht weg, bleibe bei dir, stelle dich deiner Ratlosigkeit und deiner Unsicherheit. Schau selbst hin, lausche in dich hinein, akzeptiere dich so, wie du bist, sei so, wie du bist, bekenne dich zu dir, denn das ist Selbstfindung. Sei du selbst, verlassen – und nicht beeinflußt! – von Autoritäten, die dich manipulieren könnten. Gehe in diese Angst tief hinein. Finde die Antwort in dir selbst: Du bist dein eigener Guru, bist dein eigener Psychoanalytiker, dein eigener Geistlicher.

Du schielst wieder mit einem Auge nach den Autoritäten. Nein, schaue nur nach innen, denn du bist das Zentrum. Es geht um dich ganz allein. Du bist für dich selbst wichtig, und nur du allein kannst die Antworten finden, die Antworten auf alle Fragen deiner Beziehung. Nur unter dieser Voraussetzung kannst du dein eigenes Leben leben, also als Sieger aus Beziehungskrisen hervorgehen.

Das alles klingt jetzt noch recht abstrakt. Deshalb ist es wichtig, sich stets bewußt zu sein, mehr und mehr Klarheit zu erhalten. So entsteht Ordnung in uns selbst.

DER SCHMERZ
DER EINSAMKEIT

Wenn man bei Beziehungsproblemen nicht bei einer Autorität um Hilfe bittet, sondern die Antwort nur bei sich selbst suchen sollte, dann fühlt man sich häufig einsam, isoliert, verlassen.

Darüber habe ich mit einem Mann ein Gespräch geführt, der mich in der Praxis konsultierte, weil sich seine Frau von ihm getrennt hatte. Wir besprachen zunächst in einigen Stunden, wie es dazu gekommen war, unterhielten uns auch über seine und die Vorstellungen seiner Frau von Partnerschaft. Er war zuvor bei einem Astrologen gewesen und hatte sich von ihm erläutern lassen, warum die Beziehung gescheitert war: Weil ein anderes Tierkreiszeichen, in seinem Fall die Waagefrau, besser zu ihm passen würde (worauf ich jetzt nicht weiter eingehen will).

Mein Klient kam auf die Einsamkeit zu sprechen: »Ich fühle mich seit der Trennung von meiner Frau oft sehr einsam. Diese Einsamkeit ist ein schmerzliches Gefühl, sozusagen ein Isolationsgefühl.«

Ich antwortete: »Sie sind in Ihrer Ehe voll und ganz aufgegangen, ebenso wie in Ihrem Beruf. Ihre Frau war Ihre einzige wirkliche Bezugsperson?«

»Ja, die Kontakte zu früheren Freunden sind irgendwie versickert, weil sie auch geheiratet haben – und so hat sich jeder in seiner Ehe eingeigelt. Mein damaliger bester Freund hat vor vier Jahren geheiratet, hat ein Reihenhaus bezogen, hat schon zwei Kinder und geht voll und ganz in seiner Familie auf. Ich habe ein paarmal mit ihm telefoniert, aber er hatte nie Zeit, sich mit mir zu treffen. – Wie komme ich aus meiner Isolation wieder heraus? Das Gefühl der Einsamkeit ist für mich ein seelischer Schmerz, der sehr weh tut.«

»Die Einsamkeit so intensiv zu fühlen – als einen Schmerz – ist sehr wichtig. Ich bin froh, daß Sie das ansprechen, denn die meisten Menschen wollen sich dann ablenken, vor diesem Gefühl fliehen – suchen Geselligkeit, verbringen Stunden vor dem Fernsehapparat, gehen ins Kino, ins Theater. Sie stellen sich ein regelrechtes Freizeitprogramm auf, so daß der private Terminkalender genauso voll ist wie der berufliche. Diese Flucht in Ablenkungen ist eine Verdrängung, ein Abwehrmechanismus (so der psychologische Fachbegriff). Allem, was uns seelisch schmerzt, versuchen wir zu entfliehen, indem wir auf die vielfältigen Unterhaltungsangebote unserer Zeit zurückgreifen. Die Unterhaltungsindustrie ist ja deshalb so erfolgreich, weil die Menschen ihre Probleme und Konflikte dort vergessen wollen. Das ist ein Symptom der Unreife. Wären die Menschen wirklich erwachsen, also seelisch-geistig reif, hätte die Unterhaltungsbranche nicht diesen Erfolg.

Bitte empfinden Sie das nicht als persönliche Kritik, wenn ich in diesem Zusammenhang von Unreife spreche. Ich sage das fast tagtäglich, weshalb dann viele verärgert und eingeschnappt sind. Es ist nicht als verletzende Kritik gemeint, denn wir betrachten nur beide gemeinsam schonungslos, wie es mit den meisten Menschen bestellt ist: Sie fliehen vor der Einsamkeit, vor diesem Schmerz. Es ist deshalb sehr gut, wenn Sie das offen ansprechen.

Ihre Einsamkeit und Ihre Isolation sind Ihnen bewußt geworden – und das ist gut so. Warum fühlen Sie sich einsam? Weil die anderen Menschen in Ihrer Umgebung in einer Ehe leben, in einer Familie, in einer Partnerschaft, Mitglied einer Partei sind, eines Vereins, sich in einer religiösen Gemeinschaft, einer karitativen Organisation engagieren, einer Sekte angehören, einer Interessengemeinschaft, einem Club und so weiter. Die Zugehörigkeit zu einer Gruppe gibt uns das Gefühl, nicht einsam und isoliert zu sein. Aber hat dieses Gefühl wirklich Substanz? So kann Sie beispielsweise mitten in einer fröhlichen Runde mit Bekannten durchaus das Gefühl von Einsamkeit überfallen, und dabei entstehen Angst und Unsicherheit. Meinen Sie das?«

»Ja, das habe ich schon erlebt, daß mich dieses Gefühl von Einsamkeit und Angst bei einer Veranstaltung meines Tennisclubs überfallen hat.«

»Überfallen heißt, daß plötzlich dieses Gefühl von Einsamkeit unvermittelt da war. Das heißt, es war schon vorhanden, lag sozusagen zum Sprung bereit. Wenn Sie sehr abgelenkt sind, weil etwa ein anderer mit Ihnen redet, weil etwa Sie selbst einem anderen etwas erzählen, ist es nicht präsent. Doch in dem Moment, in dem Sie passiv sind, in dem nichts zu tun ist, in dem Sie keine Aufgabe haben – in dem Moment kommt das Gefühl von Einsamkeit und Isolation an die Oberfläche.

Sicher haben Sie es auch schon bemerkt: Wenn Sie sich während einer ähnlich geselligen Situation in jemanden verlieben, dann stellt sich das Gefühl von Isolation nicht ein, selbst wenn Sie nichts zu tun haben, also passiv sind. Es ist einfach nicht da.

Einsamkeit ist schmerzlich. Alleinsein dagegen ist wunderschön, besonders dann, wenn Sie jemanden lieben. Dann sind Sie zwar mit diesem Liebesgefühl allein, aber Sie fühlen sich nicht isoliert. Einsamkeit und Isolation rufen ein Gefühl von Trennung hervor. Gruppen, die sich zusammenfinden, um der Einsamkeit zu entfliehen, trennen sich von anderen Gruppen, und schließlich trennen sich auch die einzelnen Individuen, die einer Gruppe angehören – und die meisten sind wieder für sich allein. Deshalb suchen sie den Kontakt in der Gruppe, da während dieser Zeit das Alleinsein aufgehoben ist. Wenn Menschen einer Gruppe in geselliger Runde miteinander laut lachen, kann dieses Lachen Ihre Einsamkeit wachrufen, weil Sie nicht dabei sind und nicht wissen, worüber gelacht wird. Sie fühlen sich abgeschnitten, getrennt.

Unsere Gesellschaft ist trennend strukturiert, und zwar in viele kleine Gruppen. Die Familie ist eine Gruppe, die Partei, die Religionsgemeinschaft, der Sportverein, ja selbst so etwas Abstraktes wie Hobby, Kunst, ja selbst Weltanschauung gehört dazu. Die einen sind miteinander verbunden, die anderen stehen getrennt davon außen vor.

Integriert zu sein gibt das Gefühl von Geborgenheit und Sicherheit. Draußen zu stehen vermittelt dagegen das Gefühl von Isolation und Unsicherheit ... Wir kommen in unserer Betrachtung einen Schritt voran ... Ob ich dazugehöre und mir dies Geborgenheit vermittelt, ist eine Abhängigkeit von der Zugehörigkeit. Anpassung hängt damit eng zusammen. Ich passe mich an, ich integriere mich, um dieses angenehme Gefühl von Geborgenheit zu erleben. Passe ich mich aber nicht an, fühle ich mich einsam. Also haben Anpassung und Einsamkeit etwas miteinander zu tun.

Alleinsein, dieses wunderbare Gefühl des Genusses

von Individualität, darf nicht mit Einsamkeit verwechselt werden. Wenn ich diesen Genuß des Alleinseins fühle, dann fühle ich mich losgelöst von den anderen, denn ich muß mich jetzt nicht anpassen und integrieren, sondern ich kann so sein, wie ich bin.

Aus dem Gefühl der Einsamkeit heraus bucht man einen Urlaub mit einem Partner, aus dem Gefühl des Alleinseins heraus bucht man einen Einzelurlaub, weil man einfach nur die Selbstbestimmung genießen will ... Also nochmals die Unterscheidung: Einsamkeit ist schmerzlich, Alleinsein ist lustvoll. Letzteres hat etwas mit Liebe zu tun. Wenn ich geliebt werden will, angenommen und akzeptiert sein will, dann will ich nicht einsam sein. Wenn ich selbst liebe, wenn ich die Menschen und die Natur liebe, dann kann ich allein sein. Aus dem Alleinsein heraus entwickelt sich die Liebe. Wenn ich liebe, stärkt mich das Alleinsein, wenn ich geliebt werden will, dann schwächt es mich.

Einsamkeit ist der Schmerz, nicht die Liebe zu bekommen, die man sich wünscht. Alleinsein ist das Glück, Liebe zu empfinden – für andere und für die Natur, für die Welt. Einsamkeit ist Verlust, Alleinsein ist Gewinn. Ich denke, Sie verstehen, was ich damit meine. Einsamkeit bedeutet, durch Trennung etwas zu verlieren, während Alleinsein beglückend ist, weil ich etwas gewinne. Wenn ich geliebt werden will, dann trete ich an, um viel zu verlieren, wenn ich aber selbst liebe, trete ich an, um das Leben zu gewinnen. Zu lieben bedeutet allein zu sein ... Stille, Ruhe, Raum sind da. Also ist die Einsamkeit ein Signal, ist der daraus resultierende Schmerz ein Signal, daß etwas schiefläuft: Ich liebe nicht, sondern ich giere danach, geliebt zu werden. Wenn mir das versagt wird, fühle ich mich einsam.

Alleinsein ist etwas ganz anderes. Es ist die innere Ordnung der Eigenständigkeit und der Unabhängigkeit. Ich bin allein; das ist eine Tatsache. Ich bin allein in einer Welt der Gruppen und Gruppierungen; das ist eine klare und unumstößliche Wahrheit. Alleinsein und Wahrheit sind untrennbar miteinander verbunden. Ich wurde allein geboren und habe meinen ersten Schrei im Kreißsaal getan, und ich werde allein sterben, ob mir einer die Hand hält oder nicht. Ich bin immer allein; ich kann dieser Tatsache nicht entkommen. Ich bin frei geboren, und ich kann frei sterben. Und dazwischen kann ich mich anpassen, also unfrei werden, oder mich nicht anpassen, nicht abhängig werden, sondern selbst beobachten und entscheiden. Dann bin ich allein, aber nicht einsam.

Wenn ich liebe, nicht geliebt werden will, sondern selbst liebe, dann öffnet sich die Welt für mich.«

»Denken Sie, daß mein Schmerz der Einsamkeit und Isolation ein Mangel an Liebe ist?«

»Ja, Sie leiden darunter, nicht so geliebt zu werden, wie Sie sich das wünschen. Das führt in die Isolation. Lieben Sie sich selbst, die Natur und die Menschen, so unvollkommen und unreif sie auch sind, dann sind Sie offen und frei, dann gibt es keine Isolation mehr. Wenn Sie selbst lieben, hat jede Isolation ein Ende. Diese Liebe ist völlig unegoistisch. Es gibt eine Liebe, die nicht besitzen will – um die geht es. Ihre Liebe wollte besitzen, doch der Besitz ist Ihnen abhanden gekommen, Sie haben also etwas verloren. Die Liebe, die wir jetzt meinen, können Sie nicht verlieren. Sie wird von niemandem besessen, und Sie werden sie auch nicht besitzen wollen.«

»Wollen Sie damit sagen, daß man den Schmerz der

Einsamkeit empfindet, wenn man geliebt werden will und einem diese Liebe entzogen wird? Fühle ich mich dann verlassen, also einsam? Wenn ich aber dieses Lieben finde, von dem Sie sprechen, dann geht es darum, selbst zu lieben, und dann fühle ich mich nicht einsam. Ist es so?«

»Wenn Sie selbst lieben, dann sind Sie allein, nicht einsam. Dieses Alleinsein gibt Ihnen Wohlbefinden – im Gegensatz zur Einsamkeit, die schmerzlich empfunden wird. Die Einsamkeit hilft Ihnen, jetzt zum Alleinsein zu gelangen, sofern Sie das wollen, sich also nicht davor flüchten, wie die meisten Menschen das tun. Flucht vor der Einsamkeit ist üblich, normal im Sinne von üblich. Nicht alles jedoch, was als normal gilt, ist aber auch richtig. In unserer Gesellschaft gibt es so vieles, das als normal gilt, aber dennoch nicht erstrebenswert ist. Solange Sie vor der Einsamkeit und Isolation fliehen, können Sie nicht zum Alleinsein gelangen – und deshalb auch nicht zur Freude an der Liebe.

Für die meisten Menschen ist Liebe ein Geschäft: Ich gebe dir das und bekomme dann von dir jenes. Ich gebe dir zum Beispiel Aufmerksamkeit und meine Zeit und bekomme dann Sex. Ich gebe dir zum Beispiel Geborgenheit, Harmonie, höre dir zu, bin für dich da und bekomme dann deine Zuwendung, deine Bindung an mich. Ich mache dir Komplimente, und du machst mir Mut. Ich koche dir etwas Gutes, und dafür hörst du mir zu.

Sie lachen ... Aber so simpel ist das im normalen Alltag, so entwickeln sich Beziehungen. Man macht sich abhängig voneinander und paßt sich an, und das wird dann üblicherweise als Liebe bezeichnet. Ist das aber Liebe? Oder ist Liebe etwas anderes? Dieser Frage nachzugehen ist in der Regel nicht üblich. Weil es nicht üblich ist – sollten wir deshalb die Frage nicht stellen? Und wenn wir sie stellen – sollten wir sie deshalb schnell wieder fallen lassen?

Wir wollen ja eigentlich nur eine gut funktionierende Beziehung, die sich aus Liebe von selbst ergeben soll. Wenn sie sich nicht ergibt, dann trägt immer der andere daran die Schuld – nach dem Motto: Hätte der andere nicht so und so reagiert, dann wäre die Beziehung nicht schiefgelaufen. Selbst will man ja immer nur das Beste, und der andere scheint einen nicht genug zu lieben. Ich fühle mich also zurückgestoßen, verletzt und unverstanden, weil mir der andere nicht das gibt, was ich von ihm erwartet habe. Also bin ich enttäuscht.«

»Ich bin ja auch enttäuscht, weil meine Frau mich verlassen hat. Auch sie hat mir die Schuld dafür gegeben.«

»Sie haben ihr sicherlich im Gegenzug auch die Schuld zugeschoben.«

»Das ist richtig. Jeder hat dem anderen die Schuld dafür in die Schuhe geschoben. Letztendlich sagte meine Frau zu mir, ich wäre nicht beziehungsfähig.«

»Das sind die großen Wortkeulen, die wir dem anderen in dieser schwierigen Situation über den Kopf hauen: Du bist nicht beziehungsfähig! Oder: Du bist nicht bindungsfähig! Oder: Du bist nicht liebesfähig! All das heißt: Du bist daran schuld, daß es zur Trennung kommt, weil du nicht fähig bist, eine Bindung einzugehen, nicht fähig, richtig zu lieben. Nicht die Bindung, nicht die Liebe mit mir ist ein Problem, nein, du bist generell nicht bindungs- und liebesfähig, also ist es dein Problem.

So und ähnlich wird die Schuld hin und her geschoben ... Du bist schuld, nein, du bist schuld, nein, ganz falsch, du bist schuld und so weiter.

Die Freundin (der Freund) sagt dann ganz weise: ›Ihr seid eben beide schuld, jeder auf seine Art.‹ Geht es denn darum, eine Schuldfrage zu klären?

Ich meine, das wäre zweitrangig. Das Ego möchte natürlich die Schuld auf den anderen schieben – nur: Was hilft das? Eine Beziehung wollten beide leben, auch geliebt werden wollten beide. Wenn einer weniger liebt als der andere, hat er dann Schuld auf sich geladen? Sind wir zur Liebe verpflichtet? Wenn man eine Beziehung oder eine Bindung eingeht, dann scheint es wohl so zu sein. Die Beziehung hat ihre Spielregeln, die Bindung auch. Und was ist mit der Liebe? Ist Liebe Bindung? Derjenige, der sich nicht binden möchte, ist der vielleicht liebesunfähig? Ist Liebe ein System, in das man eintritt?

Wenn du eine Beziehung eingehst, dann mußt du diese und jene Regeln befolgen – vielleicht zehn Punkte, vielleicht zwanzig Punkte, vielleicht auch hundert Punkte sollten dann erfüllt werden. Wenn sie nicht erfüllt werden, dann folgt das Urteil: Liebesunfähig! Das ist üblich, das ist normal, denn so laufen die Diskussionen in Partnerschaften ab. Jeder hat dem anderen die Schuld dafür gegeben, er (sie) sei unfähig zur Bindung – und demnach auch zur Liebe. Zumeist waren jedoch beide nicht liebesfähig. Jetzt sind beide einsam, und jeder flieht in seine Richtung, flieht, um der Einsamkeit zu entkommen. Eine neue Beziehung scheint die Rettung zu sein – aber: Das Grundproblem bleibt bestehen.

Der neue Partner läßt sich auf das gleiche Spiel ein,

das Beziehungsspiel, das Bindungsspiel, jenes Spiel, das man Liebe nennt. Die Liebe wird dazu benutzt, um das Ganze mit einem Etikett zu versehen. Es geht uns gar nicht um die Liebe, denn es geht uns um eine Beziehung.

Und darunter verstehen wir ein Geschäft, ein Geben und Nehmen. Also geht es um Ausbeutung. Entschuldigen Sie das harte Wort ›Ausbeutung‹, aber es ist hier angebracht. Ein guter Geschäftsmann, so sagt man, kauft preiswert ein und verkauft entsprechend teuer. Ist das Wort Liebe nicht sehr oft einem Geschäftstrick ähnlich? Mit diesem Etikett kann ich jedenfalls preiswert einkaufen, verwerten und das Verwertete teuer verkaufen. Solcherart verkommt Liebe zu einem Trick. Mit dem ›Speck‹ Liebe fängt man Mäuse – anders gesagt: Mit dem Speck Statussymbol fängt man Liebe. Fangen nicht die Machos mit ihrem Porsche Mäuse? Lieben die Mäuse den Porsche? Oder den Macho?

Wir untersuchen das jetzt gemeinsam, denn wir müssen das beleuchten, um in diese Verwirrung endlich Klarheit zu bringen...

Wir versuchen der Einsamkeit zu entfliehen. Also machen wir ein Geschäft mit der Liebe. Wir gehen eine Beziehung ein: Du bist für mich da, kümmerst dich um das Haus, gibst mir Sex, wir nennen das Liebe. Ich mache dabei ein gutes Geschäft, denn ich bekomme, was ich will, und du auch, denn du bekommst die Nutzung des Hauses und den Porsche. Wir haben eine Beziehung, sind dadurch aneinander gebunden. Wir benutzen ein schönes Wort, ›Liebe‹, für eine profane Sache. Außerdem fühlen wir uns nicht mehr einsam und isoliert. So wird eine Form nach außen hin aufrechterhalten.

Wir haben dabei unser Alleinsein verloren, aber

auch die Liebe. Muß man deshalb nicht ganz anders an das Problem herangehen? Es ist ein Problem, ein großes Problem in unserem Leben, das sich jedem eines Tages stellt. Wir müssen also trennen zwischen Bindung und Liebe. Partnerschaftliche Bindung ist eine Geschäftsbeziehung, eine geschäftliche Verbindung, aber Liebe ist etwas anders: Es ist eine Verbindung, die tief in unserem Inneren ihre Wurzeln hat, und es ist eine Verbindung, die zunächst einmal mit uns selbst zu tun hat. Eine Verbindung durch Liebe ist demnach etwas ganz anderes, etwas, das mit Bindung im landläufigen Sinne nichts zu tun hat. Natürlich kann aus Liebe ein Verbundensein entstehen, doch wir sollten sehr vorsichtig sein, Liebe und Bindung gleich-zusetzen. Nur allzu häufig werden hier die Begriffe vermischt – und das kann leicht zu Irritationen führen. Wir sollten deshalb unterscheiden zwischen Liebe, Be-ziehung und Bindung. Wir sollten sehr scharf uns selbst sehen und uns fragen, was wir beabsichtigen. Wollen wir ein Geschäft machen und es Liebe nennen, oder wollen wir lieben und dabei das Geschäft außen vor lassen?

Können Sie das trennen? Können Sie sich einsam fühlen, weil Sie nicht geliebt werden? Können Sie sich vielleicht auch allein und wohl fühlen, weil Sie lieben? Vielleicht ist es Ihnen möglich, jenes weite Land der Liebe zu erkennen, jenes große und weite Land, in dem Sie allein sind. Sie stehen ganz allein, Sie beobachten, betrachten und lauschen, Sie berühren, fassen an, empfinden etwas, denn Sie sind sensitiv und – Sie lie-ben. Sie selbst sind selbstvergessen in Liebe. In diesem Moment sind Sie nicht einsam, sondern ›allein‹ – mit dem ›All ein‹s.«

ZWEITES KAPITEL

SO BEGINNEN BEZIEHUNGS- KRISEN

»Zweifle nicht an dem, der dir sagt,

er hat Angst. Aber habe Angst vor dem,

der dir sagt, er kennt keinen Zweifel.«

Erich Fried

Viele glauben, durch die Liebe vor Beziehungs-krisen gefeit zu sein. Sie denken, wenn man sich stark genug liebt, kann man kommende Krisen (sofern dann überhaupt welche kommen) wunderbar managen – eben durch die Kraft der Liebe. Es ist richtig: Wenn die Liebe nachläßt, entstehen schneller Spannungen durch Frustration. Aber Liebe ist kein Schutz gegen Be-ziehungskrisen, jedenfalls nicht die Liebe, welche die meisten mit dem Begriff Liebe verbinden. Ich behaupte, die meisten wissen gar nicht, was Liebe wirklich ist. So beginnen schon deshalb Beziehungskrisen, weil beide Partner verschiedene Vorstellungen von Liebe haben.

Ich werde immer wieder gefragt: Was ist eigentlich Liebe? In den Momenten der Verliebtheit fühlt jeder, was Liebe ist. Sobald man sich aber über den Partner ärgert, überlagert der Ärger das Liebesgefühl. Plötzlich ist es weg, und man fragt sich, was das überhaupt für ein Gefühl war: War es ›nur‹ Verliebtheit, ›nur‹ sexuelle Anziehung – oder war es ›wirkliche‹ Liebe?

Wenn Ehepartner zu mir mit ihren Beziehungsschwie-rigkeiten in die Beratung kommen, dann werden zu-nächst das ganze Spektrum der Spannungen und die Situationen des Mißverstehens und der Frustrationen aufgezählt. Wenn ich frage: »Lieben Sie Ihren Partner«?, heißt es meist: »Ich mag ihn, und ich möchte ihn nicht verlieren.« Wenn ich weiterfrage: »Ist das Liebe?«, sehe ich in ein nachdenkliches Gesicht. Kurzes Schweigen. Dann folgen meist Feststellung und Frage in einem Atemzug: »Ich weiß es nicht. Was ist überhaupt Liebe?« Ich frage dann oft zurück: »Haben Sie Ihren Partner ein-mal geliebt?« Sehr häufig erhalte ich dann die Antwort: »Ja, am Anfang unserer Beziehung.« Relativ seltener ist die Antwort: »Ich glaube, ich habe ihn nie richtig geliebt.«

Die Liebe ist uns während der Beziehung abhanden gekommen. Sie war offensichtlich den Schwierigkeiten des Lebens im Alltag nicht gewachsen. Viele sind dann resigniert und denken, ihre Liebe sei »einfach nicht stark genug« gewesen. In den wenigsten Fällen ist das der wirkliche Grund.

Im Zusammenleben hat sich meist eine Ernüchterung eingestellt, hat sich herausgestellt, daß der andere seine Zuneigung, seine Zärtlichkeit und sein liebevolles Verhalten nicht ›durchhalten‹ konnte. Der Alltag mit seinen vielen Kleinigkeiten, die Streß und Frustrationen mit sich bringen, zeigt, daß der andere zwar verliebt war, aber in seiner gesamten Mentalität nicht ›liebevoll‹ war noch ist. Sobald er sich angegriffen fühlt, wird er gereizt und unwirsch. Wir sind enttäuscht, wir erkennen, daß wir uns in ihm getäuscht haben; also fühlen wir uns von ihm getäuscht, ja, hinters Licht geführt, denn er hat seine Maske fallen lassen. Wir erkennen, daß er sich gegen uns wehrt. Es entsteht Spannung. In angespannten Situationen ergibt ein Wort das andere. Noch ist das Gespräch kein Streit, aber es fallen Bemerkungen, die höhnisch klingen, in denen Ironie mitschwingt, womöglich sogar Zynismus. Damit hat man nicht gerechnet.

Die dahingeworfene Bemerkung: »Deine Mutter hat dich wie Unkraut erzogen«, deren Grund in einem nicht weggeräumten Pullover zu suchen ist und die leicht flapsig und locker-witzig gemeint sein könnte, wirkt plötzlich in einer solch gespannten Situation bedrohlich. Trotzig antwortet man: »Meine Mutter hat mich freiheitlich erzogen und nicht so streng, wie dich deine Eltern erzogen haben. Deshalb bin ich noch lange kein Unkraut. Außerdem bist du nicht mein Vater, brauchst mich also nicht zu erziehen.« Wenn der andere merkt, daß er zu weit gegangen ist, kann eine Umarmung mit der Bemerkung: »Ich habe es ja nicht so gemeint... entschuldige« die Situation entschärfen und die Atmosphäre wieder liebevoll werden lassen. Wenn der Partner jedoch frustriert ist und seine Gereiztheit nicht verbergen kann, wird er vielleicht antworten: »Deine Mutter hat dich nicht freiheitlich erzogen; sie hat dich überhaupt nicht erzogen; sie hat dich einfach gewähren lassen.« So wird die Situation nicht entschärft, sondern weiter angeheizt. Selbst wenn der Partner um des Friedens willen darauf nicht antwortet oder sagt: »Darüber können wir uns bei Gelegenheit noch mal unterhalten. Ich bin jedenfalls mit meiner Erziehung zufrieden. Es ist doch kein Problem: Ich räume den Pullover jetzt weg, dann ist die Angelegenheit erledigt«, so ist sie noch lange nicht erledigt, denn dieses Gespräch bleibt in Erinnerung.

In der Vorstellung taucht es immer wieder auf, und man macht sich Gedanken darüber, wie man hätte reagieren können. Es entsteht ein Gefühl von Wut: Wie kann er es wagen zu sagen, ich wäre wie Unkraut erzogen worden! Was heißt eigentlich Unkraut? Damit ist eine nutzlose Pflanze gemeint, die der Gärtner ausreißt, weil sie die Blumen überwuchert. Was wollte er damit überhaupt sagen? Hält er mich womöglich für Unkraut, für weniger wertvoll im Vergleich zu den Rosen und Tulpen? Das ist ja wohl eine Unverschämtheit! Wie kann er es wagen, ein so vernichtendes Urteil über meine Eltern, meine Erziehung und mich zu fällen?! Das ist kein Spaß mehr ... und außerdem, diese Überheblichkeit! Er weiß ja noch nicht einmal, wie man einen Tisch richtig deckt. Wie wurde denn er erzogen?

So wird der Keim zu weiteren Beziehungskrisen gelegt. Es entsteht ein innerer Groll, und schon bald nimmt man sich vor, bei nächster Gelegenheit auch kein Blatt vor den Mund zu nehmen, wenn er einmal einen Fehler machen sollte. Der Liebe hat das zwar nicht geschadet, denn man sagt sich: Wegen so einer Lappalie kann ja nicht dieses Große und Schöne wie die Liebe in Gefahr sein. So weit sollte es nicht kommen. Aber gefallen lassen kann ich mir in Zukunft solche abwertenden Bemerkungen nicht mehr, auch wenn sie spaßig gemeint sein sollten. Der Groll kann über Tage weiterbestehen: Das hätte ich mir nicht erlaubt, ihm so etwas zu sagen; ihn so zu verletzen, das wäre mir nie in den Sinn gekommen. Warum sagt er das mir? Meint er, daß er mir einfach so etwas sagen kann – und ich schlucke das runter? Hält er sich für etwas Besseres? Meint er, er sei mir überlegen?

Und schon schleicht sich Mißtrauen ein, ein Bewerten der Machtfrage: Wer kann sich was erlauben? Wer nimmt sich mehr raus als der andere? Mit welchem Recht? Bin ich weniger wertvoll? Meint er, daß er mir überlegen ist? Und man nimmt sich vor, bei einer ähnlichen Gelegenheit nicht einzulenken, um den Frieden zu bewahren und die Spannung abzubauen, sondern den eigenen Groll deutlich zu zeigen. Wenn er dann einlenkt, ist es gut, wenn nicht, dann wird man weitersehen ...

So hat jede Situation, hat jede Äußerung ihre Nachwirkung in den Gedanken. Wenn die Situation vorbei ist, etwa nach einigen Stunden, etwa nach Tagen, ist die Verletzung noch lange nicht abgeklungen. Dessen sollten wir uns bewußt sein. Wir sollten sehr genau darauf achten, was wir sagen und – vor allem auch –

in welchem Ton wir es sagen. Selbst wenn wir im Augenblick scheinbar als der Stärkere aus einem verbalen Schlagabtausch hervorgehen – er wird Nachwirkungen beim anderen haben. Es entsteht bei ihm der Vorsatz der Revanche. Er wird auf die Stunde der Vergeltung warten. Und dann ist der andere verletzt und brütet seinerseits darüber nach, wie er sich revanchiert. Vielleicht hat er den Ursprung dafür, das Wort ›Unkraut‹, längst vergessen und ist überrascht, warum der Partner jetzt so verletzend reagiert. So werden die Verletzungen hin und her geschoben. Meist führt das zu einer weiteren Eskalation. Das hat mit Liebe nichts zu tun, auch nichts mit mangelnder Liebe; das sind die ganz normalen Stolpersteine im Alltag, die auf Dauer in die Beziehungskrise führen.

WENN EINER DEN ANDEREN ERZIEHEN WILL

In der Partnerschaft sollte keiner den anderen erziehen, denn es ist schließlich jeder ein Erwachsener. Wenn man sich in eine Partnerschaft mit der Auffassung begibt, den anderen erziehen zu können, hat man ganz schlechte Karten für das weitere Gelingen, denn wir wissen einfach nicht, wie man einen anderen richtig dazu bringt, etwas zu lernen, denn meist übernehmen wir unbewußt dasselbe Erziehungsmuster, das wir vom Elternhaus her kennen und das an uns selbst als Kind und Jugendlicher praktiziert wurde.

Statistisch gesehen, wird mit mehr Tadel als mit Lob erzogen. Und so erziehen auch die meisten Eltern mit Tadel, auch mit Drohungen und Strafe. Diese Erziehungsweise der Eltern war und ist falsch, denn sie ist nicht einfühlsam und liebevoll. Wenn wir diesen Erziehungsstil gegenüber dem Partner anwenden, wird er sich dagegen wehren – wie er es als Kind gelernt hat, sich zu wehren und zu schützen. Er wird sich beispielsweise beleidigt und schmollend in sein Schneckenhaus zurückziehen oder wird trotzig-aggressiv versuchen, das Gegenteil durchzusetzen, oder er wird eine Fassade aufrichten und scheinbar das tun, was von ihm erwartet wird, aber heimlich doch das tun, was er will. Das sind nur einige der vielen Verhaltensmuster, die bei Tadel an den Tag gelegt werden. Jedenfalls wird der Partner es als sehr unangenehm empfinden, als Erwachsener Erziehungsversuchen ausgesetzt zu sein – und er wird offen oder versteckt dagegen rebellieren.

Entweder wird er gedrückt sein und die unangenehmen Empfindungen verdrängen oder zu aggressiven Ausbrüchen neigen, wenn er es nicht mehr ertragen kann, wie ›ein Kind‹ behandelt zu werden. Dann wird er um seine Freiheit und seine Selbstbestimmung kämpfen, denn er möchte in der Partnerschaft auch mit seinen Fehlern respektiert werden.

Jeder hat Schwächen, und jeder macht Fehler. Keiner möchte auf einen Fehler von oben herab in autoritärer Weise hingewiesen werden und zu dem Fehler, den er ja einsehen möchte, auch noch den Tadel erhalten. Wir müssen in einer Beziehung lernen, respektvoll miteinander umzugehen. Wenn schon ein Kritikhinweis erfolgt, dann sollte er konstruktiv und nicht destruktiv formuliert sein. Man sollte mehr loben statt tadeln, also das Positive herausheben, um dem Negativen die Schärfe zu nehmen. Dabei kommt es vor allem auf den Ton und die Mimik an. Wenn die Stimme grollend oder höhnisch klingt und die Mimik miß-billigend ist, klingt auch eine lobende Formulierung dennoch rügend, also destruktiv.

Es ist sehr viel Selbstbeobachtung erforderlich, um den persönlichen Stil, der bei der ›Erziehung‹ des anderen zutage tritt, bei sich selbst zu erkennen. In der Kindheit wurden wir durch die Erziehung der Eltern ständig verletzt, und das setzte sich in der Schule durch die Leistungsbewertung weiter fort: Der kann das besser als du, nimm dir den als Beispiel! Immerzu wurden wir mit anderen verglichen und erhielten Bewertungen. Diese Bewertungen haben Wunden in uns hinterlassen.

Wenn uns der Partner diesem Vergleich aussetzt und er sagt: »Meine frühere Frau hat das aber besser gemacht, nämlich so und so«, dann wird ein Stachel in diese alte Wunde gesteckt, und der vergangene Schmerz der Verletzung wird aktualisiert.

Aufgrund der Erziehungsweise in Kindheit und Jugend sind wir alle sehr verletzbar. Diese wunden Punkte müssen ständig beachtet werden, um den Partner nicht zu kränken. Wir sind aber nicht so aufmerksam, weil wir glauben, der Vergleich mit anderen wäre völlig normal und richtig. Wir hinterfragen nicht, weil wir das Verhalten unserer Eltern uns gegenüber verdrängt haben. Wenn der Partner uns kritisiert und erziehen will, dann kommt es wieder hoch: Die aktuelle Kränkung wirkt besonders intensiv, weil sie mit Kränkungen aus der Vergangenheit in Zusammenhang steht, von denen man glaubte, sie längst hinter sich gelassen zu haben.

Wir brauchen deshalb ein völlig neues Erziehungskonzept, um in einer Partnerschaft mit Fehlern des anderen umgehen zu können. Das müssen wir lernen. Viele sind jedoch nicht bereit dazu; sie glauben, wenn sie verliebt sind und der andere auch verliebt ist, könnte nichts mehr schiefgehen. Aber gerade das ist völlig falsch, denn einen anderen zu lieben bringt auch Unsicherheit mit sich. Auch da spielen die Kindheitserlebnisse eine große Rolle: Wurde ich bei den autoritären Erziehungsmaßnahmen geliebt, oder hatte ich das Gefühl, mir die Liebe der Eltern verdienen zu müssen? Wurde ich anerkannt, auch wenn ich etwas falsch machte, oder wurde dann meine ganze Person in Frage gestellt? Diese alten Kindheitsängste tauchen in solchen Momenten dann wieder auf.

Natürlich ist die erotische Liebe zwischen Mann und Frau anders als die Liebe zwischen Eltern zum Kind und die des Kindes gegenüber den Eltern. Das war eine ganz andere existentielle Situation, denn damals war man noch nicht erwachsen – man war abhängig. Wenn zwei Erwachsene sich lieben, eine sexuelle Verbindung eingehen, dann sollte man meinen, daß diese neue Form der Liebe keinen Bezug zur früheren Eltern-Kind-Beziehung hätte. Es bestehen aber sehr wohl emotionale Verbindungen zu diesen frühen Erfahrungen und Erlebnissen.

Davon sollten wir Abstand gewinnen. Das geschieht durch Bewußtheit und durch großen Respekt vor der Andersartigkeit des anderen. Wir müssen sehr behutsam mit ihm umgehen und diese neue erotische Liebe, die nun auftaucht, als Geschenk des Lebens an uns sehen. Es ist eine neue Chance, liebevoll zu werden, unser gesamtes Bewußtsein durch die Liebe verwandeln zu lassen. Die alten Wunden könnten jetzt endgültig verheilen. Die Liebe hat die Kraft, alle Kränkungen der Seele aus der Vergangenheit auszuheilen. Sie vermittelt die Energie, die Welt mit neuen Augen zu sehen. Wir sehen klarer, obwohl Zyniker sagen, Liebe würde ›blind machen‹. Ich behaupte, sie macht sehender.

Leider können wir diesen neuen energetischen Zustand nur mehr oder weniger kurz behalten – manchmal auch etwas länger als kurz. Meist fallen wir wieder in unsere alten Konditionierungen zurück.

Der schlimmste Feind dieser heilenden Energie Liebe ist die Angst. Die Ursache für die Angst liegt im Denken. Wir selbst erzeugen mit unserem Denken die Angst in uns. Dann ist es wiederum manchmal der andere, der sie mit seinem Denken und seinen verbalen Äußerungen an uns heranträgt. Vergessen wir nicht: Auch die Angst ist eine seelische Energie. Sie ist die Gegenenergie zur Liebe. Erst dann, wenn die Liebe sich voll entfaltet, erst in diesem Augenblick sind wir völlig angstfrei.

Sobald aber die Angst Macht über uns erlangt, entweicht die Liebe. Dann entsteht Sehnsucht nach Liebe. Die Angst ist eine mächtige Energie, die uns aus dem Paradies wieder hinauswirft. Die Sehnsucht nach Liebe ist das quälende Gefühl, aus dem Paradies vertrieben zu sein. Sehnsucht allein bringt Liebe nicht zurück. Wir müssen sehr viel dafür tun, um die Angst zu besiegen, damit die Liebe wieder Raum gewinnt, denn wo Angst herrscht, hat die Liebe keinen Platz. Jeder muß sich also mit seinen Ängsten befassen, wenn ihm die Liebe wichtig ist. Und er sollte die Ängste des anderen ernst nehmen und verstehen lernen.

SCHENKEN WIR UNSERE SEELE

Innere Gelassenheit führt zu einem anderen Umgang mit uns selbst und dem Partner. Gelassenheit ist nicht erzwingbar. Wenn eine Drohung auftaucht, entsteht Angst. Um der Angst zu entgehen, passen wir uns an und schließen Kompromisse. Damit gelangen wir in den Bereich einer merkantilen Beziehung: Wir verkaufen unsere Seele, anstatt sie zu verschenken. Ein Geschenk aber ist nicht an Bedingungen geknüpft; es ist und bleibt, was es sein möchte: etwas Freiwilliges. Wenn aber das Geschenk zu einer Ware wird, zu einem Druckmittel, zu einem Gegenstand der Erpressung und der Erpreßbarkeit, dann ist jede Partnerbeziehung in der Krise.

Wenn wir uns einem anderen Menschen emotional mit Liebe öffnen, schenken wir ihm unsere Seele. Kann er mit unserer Seele überhaupt etwas anfangen? Vielleicht legt er gar keinen Wert auf unsere Seele und möchte lieber etwas Handfestes, etwas Praktisches, etwas Materielles. Wenn ich sage: »Ich liebe dich«, dann ist das ein Ausdruck meiner Seele und wird sehr gerne angenommen. Wenn ich aber sage, ich öffne mich dir und schenke dir einen Einblick in meine Ängste, dann können leider nur wenige etwas damit anfangen. Es ist leider so.

Die meisten Menschen haben deshalb den Deckel zugemacht und geben von ihrer Seele nichts preis – meist aus der Enttäuschung heraus, die entstanden ist, als dieses sensible Geschenk einmal abgelehnt wurde. Deshalb halte ich es für den effektivsten Test, einem anderen die eigene Seele zu offenbaren, ihm dieses Geschenk zu machen. Er wird es entweder annehmen oder ablehnen. Nimmt er es mit Einfühlungsvermögen an, sind seine Worte: »Ich liebe dich« gefühlt und nicht als rationales Kalkül gebraucht. Nimmt er es nicht an, fühlt er sich davon sogar belastet, dann sind besagte drei Worte nicht tief empfunden, sondern lediglich Strategie.

Dieses Buch handelt zwar von der Beziehung zwischen Mann und Frau, ist aber kein Liebes- oder Eheratgeber. Mein Anliegen in diesem Zusammenhang ist folgendes: Es soll erkannt werden, daß zwischen Beziehung und Liebe eine Trennung besteht. Diesen trennenden Graben gilt es zu überwinden. Im Prinzip geht es uns ja um Liebe, auch in einer Beziehung – und dabei ist das elementare Problem die Liebe. Wann haben wir den Anschluß verloren? An welchem Punkt sind in der Beziehung – oder durch sie – die Dinge auseinandergelaufen? Gibt es eine Möglichkeit, die Linien wieder zusammenzuführen und zur Deckung zu bringen?

Deshalb haben wir uns auch damit zu befassen, wie Schenken und Verkaufen zusammenhängen. In Kontakt trete ich mit anderen mit meinen drei Bereichen Körper, Seele und Geist. Auf diese simple Tatsache möchte ich nochmals zurückkommen. Ich kann meinen Körper für Sexualität schenken; dann spricht man von Liebe auf sexueller Basis. Wenn ich meinen Körper verkaufe, also Geld dafür nehme, dann spricht man von Prostitution. Wenn ich ihn für andere Vorteile hergebe, etwa für die Protektion meiner beruflichen Karriere, dann ist das natürlich auch Prostitution. Wenn ich ihn anbiete als Künstler, um danach ein Engagement zu erhalten, dann bewegt sich das zwar im kulturellen Bereich, sozusagen auf einer ›angesehenen‹ höheren Ebene, aber es bleibt dennoch ein Tauschgeschäft.

Verkäuflich ist aber nicht nur die Materie, der Körper, sondern auch das Immaterielle, also Seele und Geist. So kann ich auch meine Seele entweder schenken oder verkaufen. Wenn ich erkenne, daß meine Seele weniger wert ist, weil dieses Geschenk nicht geschätzt und anerkannt wird, werde ich sie verstecken und verbergen. Steht die Seele als Ware hoch im Kurs? Ich muß nochmals sagen: Das Geschenk unserer wahren Gefühle wird nicht hoch geschätzt. Also können wir sie allenfalls verschenken und nur schwer verkaufen. In dieser kapitalistischen Gesellschaft kann das nur der Künstler, der seine Seele so präsentiert, daß andere bereit sind, dafür zu bezahlen. Besteht ein Markt für die Entblößung der Seele? Hat sie einen Unterhaltungswert? Besteht ein Markt dafür, die Seele zwischen Mann und Frau zu entblößen? Ich behaupte, es besteht nur ein geringer oder kein Marktwert.

Zwischen Mann und Frau dominieren die körperlichen Signale der sexuellen Anziehung über die Signale der Seele. Man mag das sehr bedauern, aber es ändert nichts an den konkreten Tatsachen. Seele hat einen geringen Marktwert, körperlicher Sex dagegen einen hohen – er ist in allen Bereichen vermarktbar. Wir sollten die Tatsachen schonungslos betrachten und nicht von Idealen ausgehen, denn daß das nicht ideal ist und wir das alles nicht so schonungslos sehen möchten, das ist klar. Aber Illusionen ändern nichts. Es geht hier um eine Betrachtung der Realität, so, wie sie wirklich ist.

Wie steht es um die dritte Dimension, den Geist, das Denken, die Rationalität? Der Geist ist beruflich vermarktbar. Wir verkaufen unseren Geist aufgrund unserer Studienausbildung an einen Arbeitgeber, weil er ihn nutzen und damit Gewinn erwirtschaften kann. Mit Liebe hat das ja nun wirklich nichts zu tun. Oder doch? Die modernen Managementlehren versuchen die Mitarbeiter hineinzulocken in ein Arbeitssystem, das angeblich mit Human touch zu tun hat. Wer seine Arbeit liebt, der wird angeblich auch von der Geschäftsleitung geliebt – und dann kriecht in uns wieder die Enttäuschung hoch während dieser Reden zu Weihnachten und zum Jahreswechsel: »Wir sind eine Betriebsfamilie und stehen zusammen als Menschen und in Liebe für unsere Mitarbeiter und die Aufgaben für die Zukunft.« Solch ein Geschwätz ist nicht mehr ernst zu nehmen. In diesem Bereich sind alle Illusionen in sich zusammengebrochen. Aber wir bewahren das Ideal: Es wäre schön, wenn es so wäre.

Kehren wir zurück in die kleine Zelle der Beziehung zwischen Mann und Frau. Ist es dort anders? Auch hier geht es um die Thematik, die sich wie folgt äußert: Ich gebe dir das, ich schenke oder verkaufe es dir. Wird die Arbeitskraft durch Arbeitsvertrag verkauft, so geschieht dies mit der Beziehungskraft durch den Ehevertrag. Es wird von beiden Vertragsseiten guter Wille erwartet. Wenn die Firma sagt: Du bekommst dein Gehalt für deinen Einsatz, so sagt der Ehevertrag: Du bekommst deine Beziehungsvorteile. Es ist ein Geschäft: Männer suchen häusliche Versorgung und Frauen finanzielle Sicherheit. Wir sind also meilenweit weg von der Liebe.

Liebe möchte schenken und freut sich über Geschenke. Das Beziehungsdenken will aber einkaufen und verkaufen. Wird nun die Trennung zwischen Liebe und Beziehung deutlich? Das ist wichtig für die weiteren Gedanken. Was ist also Liebe? Liebe ist, wenn ich mich ganz schenke, meinen Körper, meine Seele und meinen Geist. Statt dessen vermarkte ich meinen Körper, nicht meine Seele (denn die hat ja keinen Marktwert), auch nicht meinen Geist (denn den kann ich ja unabhängig von der Sexualität beruflich nutzen, schließlich ist ein gewisser Intelligenzgrad auf allen Gebieten eher förderlich als hinderlich).

Das ist doch die fatale Situation: Jeder hat eine Prioritätsskala. Der Mann sucht (an erster Stelle) einen Körper, der sexy ist, danach Klugheit und eine anpassungsfähige Seele. Die Frau sucht (an erster Stelle) Erfolg und materielle Sicherheit, danach Klugheit, Macht und eine anpassungsfähige Seele.

So sind Mann und Frau getrennt voneinander. Wir wollen uns eigentlich verschenken mit Seele und Geist, aber dieses Geschenk wird nicht gewertet. Also fühlen wir uns unverstanden. Wir wollen eigentlich nichts verkaufen, da wir im Grunde geliebt werden wollen. So stehen wir in dem Dilemma schenken zu wollen aus Liebe, aber besser verkaufen zu müssen aus Kalkül. Deshalb sage ich: Schenke dich aus Liebe, und verzichte auf jegliches Kalkül. Ich rede damit gegen alle Konditionierungen an, gegen etwas, das so stark wie Beton zu sein scheint. Wir werden uns weiterhin verkaufen, anstatt uns zu verschenken. Das ist die Realität.

Lassen wir all das einfach los – und betreten wir somit eine neue Dimension. Ich schenke dir meine geöffnete Seele – und ich denke, du kannst damit nicht viel anfangen. Wenn ich einen der drei Bereiche verkaufe, dann habe ich mich prostituiert, dann gelten die Gesetze des Marktes, dann wird gefeilscht um den Preis.

Beziehungen...unterliegen (leider) diesen Marktgesetzen, wobei es um einen Austausch von Rechtspositionen geht. Liebe ist davon absolut unabhängig. Deshalb sind wir ja so schmerzlich berührt nach einer Trennung, wenn alles so banal und merkantil endet. Wir sind dann erschüttert bis ins Mark! Wir wollten unsere Seele verschenken und landen beim Zusammenbruch unserer Ideale, Ideen, Hoffnungen und Visionen.

DIE ÄNGSTE VERSTEHEN UND LOSLASSEN

Befassen wir uns, obwohl die Seele keinen Marktwert hat, dennoch mit ihr. Wir sollten uns selbst erforschen und unsere Ängste schonungslos betrachten und sie dadurch kennenlernen. Es ist ein wichtiger Schritt der Selbsterkenntnis, anzuerkennen, welche verschiedenen Ängste man hat. Es gibt ja nicht nur eine Angst, sondern ein breites Spektrum von Ängsten unterschiedlichster Art. Wir befassen uns jetzt nur mit den Ängsten, die mit einer Partnerschaft zu tun haben.

Männer haben teilweise andere Ängste als Frauen. Die unangenehmste Angst des Mannes ist die Angst vor Potenzverlust, während die verbreitetste Angst der Frau der Verlust ihrer Schönheit und ihrer erotischen Attraktivität ist (was mit dem Warencharakter des Körpers zu tun hat).

Greifen wir eine Angst heraus, um daran deutlich zu machen, wie man mit ihr umgeht. Widmen wir uns der Potenzangst.

Wenn ein Mann nur ein einziges Mal beim sexuellen Akt mit seiner Partnerin Potenzschwierigkeiten hatte, ist die Angst bereits geweckt. Er beschäftigt sich nun gedanklich damit, und in seiner Vorstellung empfindet er diesen Vorfall als peinlich. Der Gedankenablauf: ›Das ist mir ja noch nie passiert. Woran kann es gelegen haben? Wie soll ich mich verhalten, wenn es beim nächsten Mal wieder passiert? Ich kann das ja nicht kaschieren oder überspielen. Was denkt sie nur darüber? Bin ich für sie dann kein vollwertiger Mann mehr? Es ist nicht auszudenken, wie peinlich es wäre, wenn mir das wieder passiert. Ich weiß nicht, was ich dagegen tun kann.‹

Im Denken und in den Vorstellungen verstärkt sich der Schrecken zu einer Panik. Durch unsere Gedanken machen wir den Vorfall schlimmer, als er ist. Dadurch ist die Angst vor dem nächsten sexuellen Zusammentreffen so groß geworden, daß dann geradezu automatisch das passiert, was nicht passieren soll. Somit ist die Wahrscheinlichkeit des Versagens zuvor kontinuierlich gestiegen. Wenn also erneut geschieht, daß die Potenz in sich zusammenfällt, wird die Angst noch größer – der Mann manövriert sich in die ›psychische Impotenz‹.

Es gibt nur einen Ausweg aus diesem Dilemma: Die Tatsache der Potenzschwierigkeit anzunehmen und in der Vorstellung keine in die Zukunft projizierte Katastrophe daraus zu machen. Das Denken sollte sich nicht mehr damit befassen. Gerade solch ein Denken ist sehr problematisch, denn es fördert jede Art von Angst. Ich sage immer: Denkbar ist alles! Ich kann denken, daß mich auf der Straße ein Auto anfährt, daß die Autobahnbrücke, über die ich gerade fahre, unter mir zusammenbricht, daß der Fahrstuhl steckenbleibt, daß mein Sparbuch geplündert wird, daß mein Partner, wenn er eine Stunde später nach Hause gekommen ist, mit einer anderen im Bett war, daß mein Flugzeug abstürzen wird, daß mich der Chef belogen hat, daß ich demnächst arbeitslos sein werde, daß das Gespräch meiner Partnerin auf einer Party mit einem Gast vielleicht ein Flirt ist, aus dem sich mehr entwickeln könnte. Das alles ist denkbar, weil es – selten zwar, aber immerhin – passieren könnte.

Wir machen uns viele, ja allzu viele Gedanken darüber, was sein könnte. Wenn ich demnächst am Automaten eine Zigarettenschachtel ziehe, könnte aus der Kammer eine Vogelspinne hervorkriechen; das ist zwar sehr unwahrscheinlich, aber denkbar ist auch das. Das Denken ist surrealistisch. Ein kreativer Künstler wie Salvador Dalí hat mit seinen Denkvorstellungen geniale Meisterwerke der Malerei geschaffen; er hat aus denkbaren Visionen einen Beruf gemacht und sich somit sein eigenes Denkmal geschaffen.

Für uns Normalbürger sind solche Visionen des Denkens nicht lukrativ. Wir sollten uns in Gedanken nicht mit dem befassen, was sein könnte, sondern mit dem, was konkret ist. Ein Freund sagte neulich zu mir: »Wir machen uns alle mit unserem Denken verrückt. Ich habe gestern mit einer alten Bekannten gesprochen; sie macht sich selbst verrückt mit ihren Gedanken darüber, daß ihr Markus auf seinen Geschäftsreisen mit anderen Frauen ins Bett gehen könnte. Sie telefoniert ihm hinterher oder versucht über die Rezeption herauszufinden, ob eine Frau auf seinem Zimmer ist. Wenn die so weitermacht, bringt sie ihre Ehe in Gefahr, aber nicht, weil Markus fremdgeht, sondern weil sie ihn in seiner beruflichen Aktivität behindert. Er fühlt sich kontrolliert. Irgendwann rastet der aus, und dann hat sie genau das, was sie nicht will, nämlich die Trennung! Phantasie ist wirklich etwas Schönes und Positives, aber wenn sie dazu führt, daß der andere in ein Licht gerät, das er überhaupt nicht verdient hat, wird es problematisch.«

Ich bemerkte: »Durch ihr Denken erzeugt sie die Angst und verstärkt sie.«

»Ja, wir machen uns selbst meschugge mit den Gedanken, was alles sein könnte. Das, was sein wird, läßt sich sowieso nicht ändern. Wenn er nachts eine Frau mit aufs Hotelzimmer nimmt, kann sie das durch ihre Angst weder verhindern noch ändern. Sie macht sich schon in Gedanken zur betrogenen Frau, bevor der arme Kerl überhaupt eine Chance dazu hat. Man nennt das Liebe, aber ich frage dich: Ist das Liebe?!«

»Es ist die Angst davor, den anderen zu verlieren – oder die sexuelle Exklusivität für einen Abend zu verlieren... an eine andere«, antwortete ich.

»Nun gut, dann soll er die andere eben vernaschen. Was soll's! Sie kann es sowieso nicht verhindern. Wenn er das will und sich das so ergibt, dann wird er es tun. Die Angst macht es nicht besser, und es ist durch sie nichts zu verhindern. Er könnte ja auch ins Bordell gehen, er könnte sich auch auf einen homosexuellen Trip einlassen, er könnte sich mit Aids anstecken, er könnte auch erstochen und beraubt werden.«

»Das Leben ist lebensgefährlich, willst du damit sagen.«

»Nun muß ich sagen, was du immer sagst: Denkbar ist alles. Alles, was denkbar ist, kann geschehen. Natürlich kann er sich anstecken, natürlich kann er sich verlieben; er kann auch Krebs bekommen, sich durch Virenübertragung eine Gelbsucht holen. Dann kann er bei seiner Mission für die Firma Erfolg wie Mißerfolg haben; wenn er zurückkommt, ohne konkrete Geschäftsergebnisse, könnten die Bosse ihn feuern. Wir machen uns krank mit unseren Gedanken, was alles passieren könnte, bevor überhaupt etwas passiert ist; wir sollten lernen, einfach in Ruhe abwarten zu können.«

»Du hast absolut recht«, sagte ich. »Wir nehmen in Gedanken vorweg, was in Wirklichkeit ganz anders verläuft. Ich denke an das Sprichwort: Erstens kommt es anders, zweitens als man denkt. Also sollten wir offen sein für das, was kommt, gerade auch dafür, wenn es anders kommt, als wir dachten. Die durch das Denken aufgestaute Angst macht uns eng und krank. Ängste sind das größte Hindernis für die Ausschöpfung der Realität. Aus Angst ziehen wir uns zurück und versuchen Situationen zu vermeiden. Wenn wir die Angst gänzlich fallen lassen, begeben wir uns in das Leben. Deshalb sollte jeder eine Angstanalyse machen, bevor er sich mit einem anderen Partner verbindet. Die Frage: ›Wovor hast du Angst?‹ ist viel wichtiger und einschneidender für eine Partnerschaft als die Frage nach dem, was einer mag oder sich wünscht. Sage mir, wovor du Angst hast, und ich sage dir, ob wir zusammenpassen.«

»Wie kann man den Menschen ihre Ängste nehmen?«

»Indem du ihnen sagst, daß sie das Denken nur einsetzen sollen, wenn es wirklich gebraucht wird. Das Denken, die Rationalität, steht aber in so hohem Ansehen, daß du mit dieser Warnung nur auf Widerstand stößt. Man wird dir nicht glauben. Also werden sie das Denken beibehalten und sich durch ihre Ängste weiter verrückt machen.«

»Sie machen sich gegenseitig neurotisch«, sagte er.

»Er hat diese Ängste, sie hat jene Ängste – und so treiben sie sich gegenseitig mehr und mehr, von Tag zu Tag, in einen Horror. So kann keine Beziehung gelingen, wenn den einen dieses ängstigt, den anderen jenes. Wie soll da noch eine Beziehung funktionieren?! Angst auf Angst – was ergibt das? Ich weiß es nicht: Mißtrauen, Lähmung, Depression? So werden beide krank.«

»Es ist besser, wenn keiner krank wird. Die zweitbeste Lösung ist die, wenn nur einer krank wird. Die dritte Möglichkeit, die ist leider alltägliche Realität: Beide werden krank.«

»Das ist aber keine Lösung«, sagte er. »Wir müssen doch einen Weg finden, miteinander offen, fair und ehrlich zu reden, ohne uns verrückt zu machen.«

»Es ist der Weg, das Denken nicht nur zu verlassen, sondern sich ganz herausfallen zu lassen in das Gefühl, in die Realität, in das, was gerade jetzt ist und geschieht. Alles andere ist hirnspinstig. Das Denken muß als das erkannt werden, was es ist: Nur ein Werkzeug für konkrete Aufgaben, mehr nicht. Es ist aber völlig ungeeignet, mit ihm den Sinn des Lebens zu finden oder liebend glücklich zu werden.«

KRISEN ... OFT DURCH SEXUALITÄT VERURSACHT

Ich will die Sexualität wirklich nicht überbewerten, wie das in vielen Medien geschieht. Für die meisten Menschen ist – das zeigt sich in Diskussionen und Gesprächen – Sexualität und Liebe nahezu identisch. Wenn man zusammen Sex hat, dann ist hier häufig von »Liebe machen« die Rede. Mit Liebe kann das zwar zu tun haben, muß es aber nicht (wobei man übrigens Liebe nicht ›machen‹ kann, schon gar nicht durch Sexualität). Ich weiß, ich wiederhole mich, aber ich möchte es an dieser Stelle nochmals betonen: An erster Stelle steht die Liebe, und aus ihr heraus sollte sich Sex ergeben, damit sich nach dem Orgasmus ein Gefühl der Wärme und Geborgenheit einstellt. Körperliche Liebe um des Sexus willen mit dem Ziel, einen Orgasmus zu haben, hinterläßt ein Gefühl von Leere und Unausgeglichenheit in der Seele. Deshalb ist Liebe primär und Sexualität sekundär – letztere sollte ein Ausdruck von Liebe sein.

An oberster Stelle sollte die Liebe stehen. Ich gebrauche in diesem Zusammenhang bewußt das Wörtchen ›sollte‹. Mache ich die Liebe deshalb zu einem Ideal? Bin ich demnach jemand, der mit idealistischen Vorstellungen von der Liebe durch das Leben geht?

Nein – und ich bleibe dabei: Die Realität ist die Nichtliebe. Vor diesem Hintergrund kann sich jedoch Liebe ereignen und zur Realität werden. Damit wird die Liebe nicht zu einem Ideal erhoben – schließlich gibt es die Wirklichkeit der Liebe. Ein Ideal dagegen ist eine Illusion. Wir entwickeln immer eine Sehnsucht nach dem, was wir nicht haben, aber erreichen wollen. So sehnen wir uns auch in der Partnerschaft nach befriedigender Sexualität.

Viele reden von Liebe, verbergen aber dahinter die konkrete Sehnsucht nach sexueller Entfaltung. Beobachten wir die Menschen und erforschen sie: Welches Motiv steckt wirklich dahinter? Wenn Mann und Frau sich begegnen, geht es nicht nur um Liebe, sondern auch um ›handfeste‹ Sexualität. Beide haben hohe

Erwartungen an die körperliche Verbindung. Das ist legitim. Die Sexualität darf nicht zu gering eingeschätzt werden, nur weil die Liebe über ihr steht.

Die sexuelle Entfaltung ist eine eigene Welt, in der sich die Lebendigkeit ausdrückt. Betrachten wir jetzt diese Welt der Sexualität einmal völlig losgelöst von der Liebe. Mann und Frau haben hohe Erwartungen an die sexuelle Erfüllung. Wie kommen sie damit klar? Welche Probleme können daraus entstehen?

Nach einer aktuellen Studie der Universität von Chicago ist es um die Sexualität zwischen Mann und Frau nicht sehr gut bestellt, vor allem für die Frauen nicht. So wurde von den amerikanischen Wissenschaftlern festgestellt, daß sich 70 Prozent der Frauen mehr sexuellen Kontakt wünschen, als sie von ihren Partnern erhalten. Hier wird das Vorurteil widerlegt, daß Männer ›immer nur das eine‹ wollen und Frauen sich nur anpaßten. Offensichtlich ist das Gegenteil der Fall. Die Frauen halten sich dem Mann gegenüber eher zurück. Eigentlich wünschen sie, daß die Männer sie stärker sexuell begehren.

Die Chicagoer Wissenschaftler fanden weiterhin heraus, daß ein durchschnittlicher Liebesakt etwa zehn Minuten dauert, und zwar vom Vorspiel bis zum Orgasmus des Mannes – 75 Prozent aller Männer kommen bereits zwei Minuten nach der Penetration zum Höhepunkt. Die Forscher haben auch festgestellt, daß die Frau dagegen durchschnittlich zwanzig Minuten Stimulation benötigt, um zum Orgasmus zu gelangen. So können logischerweise mindestens 75 Prozent der Frauen nicht zum Orgasmus kommen. Erst beim zweiten ›Anlauf‹ des Mannes besteht – sofern er nicht befriedigt eingeschlafen ist – eine höhere Wahrscheinlichkeit, weil der Mann dann länger kann, so daß die Frau eventuell zum Orgasmus kommt.

Übrigens haben 10 Prozent der Frauen nach dieser Studie noch nie in ihrem Leben einen Orgasmus erlebt, zumindest in der Partnerschaftssexualität. Sie kennen den Orgasmus, wenn überhaupt, nur über die Onanie. Auch da existiert eine Zahl aus den USA: 25 Prozent der Frauen zwischen achtzehn und fünfunddreißig Jahren haben Masturbationserfahrung mit dem Vibrator.

Das hier offensichtlich werdende Dilemma, welches sich tagtäglich in den sexuellen Beziehungen abspielt, hat einen Grund sicherlich auch in dem Umstand, daß nur 41 Prozent der Frauen ihre sexuellen Wünsche dem Partner mitteilen, obwohl das 98 Prozent gerne tun würden. Es besteht also immer noch eine große Hemmung der Frau gegenüber dem Mann, sich zu offenbaren... Und wie oft geschieht Sexualität in einer Paarbeziehung? Statistisch gesehen 1,2mal pro Woche. Das ist den Frauen zu wenig, zumal sie meistens nicht zum Orgasmus gelangen.

Nicht nur aufgrund dieser Untersuchung scheint es offensichtlich, daß der sexuelle Akt für die Männer fast immer mit dem Orgasmus verbunden ist, für ihre Partnerinnen dagegen oft nicht. Kein Wunder also, daß sich viele Frauen den sexuellen Akt öfter wünschen und ihn sich vorstellen; sie deshalb jedoch als triebhafter als den Mann abzustempeln, wäre fehl am Platze. Der Mann kommt eben schneller zum Orgasmus als die Frau; ihr fehlen (im Durchschnitt gesehen) zehn Minuten nach dem Vorspiel des Mannes inklusive zwei Minuten Penetration. – Das sollten einige Medien den Männern einmal vor Augen führen, denn ich bin sicher, daß viele das nicht wissen.

Nicht wenige Frauen – immerhin 56 Prozent – begehen allerdings den großen Fehler, dem Mann öfters einen Orgasmus vorzutäuschen, um ihn nicht zu kränken. Natürlich glaubt der dann, er wäre – wie könnte man es ihm auch verdenken – der Größte und alles wäre in bester Ordnung.

Sexuell besteht also eine große Enttäuschung und Unzufriedenheit bei den Frauen. Das heizt natürlich den Kampf der Geschlechter an. Viele Frauen machen sich bei ihren Freundinnen über ihren jeweiligen Partner lustig, und der wiederum meint mit seiner Potenz Frauen beeindrucken und befriedigen zu können – nicht ahnend, wie die Realität aussieht. Aus ihrer Enttäuschung machen die Frauen in besagten Gesprächen also keinen Hehl aus dem ›Versagen‹ so manchen Mannes, und deshalb drängt sich hier die Frage auf: Warum sagen sie das ihrem jeweiligen Partner nicht offen und direkt ins Gesicht?

Die Emanzipationsbewegung hat diesen intimen Bereich wohl noch nicht für sich ›entdeckt‹. Hat die Gleichberechtigung der Frau im gesellschaftlichen und beruflichen Alltag viele Fortschritte und Erfolge gebracht, so scheint sie im sexuellen Bereich offensichtlich noch ein Tabuthema zu sein. Zunächst einmal besteht offenbar ein großer Respekt vor den Männern. Sicher hat dies alles auch mit der Scham der meisten Frauen zu tun, ihre sexuellen Wünsche zu offenbaren. Im Grunde haben die Frauen – trotz ihrer ›sexuellen Schieflage‹ – keinen Anlaß zum Respekt vor den Männern, denn auf sexuellem Gebiet sind zahlreiche Adams gewiß keine Autorität. Auf der anderen Seite hat die Sexualität die meisten Männer nicht abhängig gemacht.

Der eine oder andere Mann weiß zwar herzlich wenig über die fraulichen Hintergründe in bezug auf die Sexualität, aber er ahnt, daß nicht wenige Frauen mit ihren männlichen Partnern auf sexuellem Gebiet nicht die volle Erfüllung finden. So entsteht ein elementares Mißtrauen der Geschlechter untereinander. Der Mann spürt intuitiv, daß er, sexuell gesehen, nicht dominant ist, obwohl er meist seine Befriedigung erlangt. Dieses mitschwingende Gefühl hat man schon vor hundert Jahren als das »Rätselhafte der Frau« umschrieben. Die Frau aber ist nicht rätselhaft!

Warum ist die Sexualität der Frau biologisch so programmiert, daß sie zwanzig Minuten braucht, um zum Höhepunkt zu kommen, während der Mann nur zehn Minuten benötigt? Welchen Sinn soll das haben? Vor allem: Welchen Sinn soll das machen in einer monogamen Ehe? Hat die Schöpfungsgeschichte vielleicht etwas anderes vorgehabt? Sollte die Frau vielleicht mit mehreren Männern gleichzeitig bzw. nacheinander sexuellen Kontakt haben, um zum Orgasmus zu kommen, damit sie so auf jeden Fall schwanger wird? Sollten mehrere Männer eine Frau begehren und lieben, um für sie zu sorgen, damit, sobald Kinder da sind, der Nachwuchs im Sinne des Lebensprinzips geschützt aufgezogen wird? Sollte die Frau einem Harem von Männern vorstehen, sollte sie mehrere Männer haben, damit sie zur sexuellen Erfüllung und zur materiellen Absicherung kommt?

Wir kennen nur das umgekehrte Prinzip. So unterhalten Männer, sofern sie vermögend sind, in arabischen Ländern einen Harem. Die Bediensteten im Harem sind zwar Männer, sind aber Kastraten: Eunuchen. Müßte es eigentlich biologisch nicht genau andersherum sein: Die Frau unterhält einen Harem mit Liebhabern, die sie zum Orgasmus bringen und somit Mutterschaft (Nachkommenschaft) garantieren? Warum hat also die Frau die sexuelle Macht nicht an sich gerissen? Statt dessen haben die Männer die politische, sexuelle, ja auch die religiöse Macht an sich gerissen! Trotz der Emanzipationsbewegung hat sich nichts Wesentliches geändert. Nach wie vor heißt es, die Frauen wären das stärkere Geschlecht, könnten beispielsweise Schmerzen besser ertragen. Die Sache mit dem ›stärkeren Geschlecht‹ ist auch gar nicht so abwegig: In den Industrieländern wird die Frau im Durchschnitt sieben Jahre älter als der Mann.

Biologisch gesehen sind die Frauen also stärker als die Männer. Ich füge hinzu: Auch psychisch sind Frauen stärker. Warum haben sie dennoch ihre Stärke nicht deutlich machen können? In den großen historischen Linien der Gesellschafts- und Sozialpolitik sowie in der Kulturgeschichte ist ihre Präsenz nur marginal eingeprägt. Einmal natürlich, weil die Männer seit Urzeiten die politische Macht haben – und wer einmal die Macht hat, der gibt sie nicht freiwillig ab. Jedenfalls hat die sexuelle Nichterfüllung der Frau nicht zu einer Energie geführt, die sie befähigt hätte, Macht zu erringen. Dennoch besteht der Machtanspruch der Frau. Wie setzt sie nun ihr Unbefriedigtsein im Alltag um? Um es kurz und knapp – und etwas provokant – zu sagen: Die Frau beutet den Mann auf anderen Gebieten aus. Sie lauert darauf, einen schwachen Punkt an ihm zu entdecken, und versucht dann, daraus ihre Vorteile zu ziehen. So haben wir einen unterschwelligen Machtkampf der Geschlechter, über den niemand offen spricht. Der sexuelle Ursprung hat einen großen Anteil daran. Dieser Punkt ist es wert, sich etwas näher mit ihm zu befassen – nicht zuletzt deshalb, weil nahezu jede Beziehungskrise auch damit zu tun hat.

ALS MENSCHEN GLEICH – UND DOCH GETRENNT

Die Unzufriedenheit der Frauen mit den Männern ist sehr elementar: Sie sitzt tief im sexuellen Kern. Die Frau sucht einen Mann, der geeignet ist, ihre biologische Bestimmung zu erfüllen: Kinder zu bekommen und so für den Nachwuchs zu sorgen. Sie braucht dafür einen verläßlichen Partner, der ihr Sicherheit bietet. Dabei findet die Frau das gesellschaftliche Umfeld vor, in dem die Männer dominieren und die Macht haben.

Die Emanzipationsbewegung hat der Frau in den letzten zwei Jahrzehnten jedoch mehr Einfluß und Gleichberechtigung verschafft. Das ist richtig und gut so, und darüber gibt es nichts zu diskutieren. Die Frauenbewegung wird auch in Zukunft noch viele Ungerechtigkeiten aufspüren, anprangern und beseitigen.

Im Zusammenhang mit der Emanzipation sind Männer den Frauen entgegengekommen. Sie wurden weicher, offener, sensibler, bekannten sich auch dazu, ein Softie zu sein. Dieses ›weiche Entgegenkommen‹ der Männer (geradezu mit dem Beigeschmack der Anbiederung) wollten die Frauen jedoch gar nicht. Der Softie kam Ende der siebziger und Anfang der achtziger Jahre in Mode, wurde aber schnell belächelt.

Seit mehr als fünfundzwanzig Jahren habe ich Er-

fahrungen in meiner Praxis in der Ehe- und Partner-
schaftsberatung gesammelt. Das hat mir gezeigt, daß
die Frauen keinen Softie wollen, allerdings auch keinen ›Macho‹ (im Sinne ›arroganter Pfau‹, ›autoritärer
Pascha‹). Dem Softie fühlt sich die Frau ganz schnell
überlegen, während es andererseits der klassische
Macho nicht schafft, daß sie sich ihm unterlegen fühlt
und sich ihm anpaßt. Frauen wollen also weder den
Softie noch den eitlen Macho. Wen wollen sie dann?

In den Tausenden von Gesprächen mit Frauen habe
ich herausgefunden, daß sie die Gleichberechtigung
generell richtig finden, aber eine sehr differenzierte
Einstellung dazu haben. Gleichberechtigung ja, und
zwar im Sinne von Gleichgerechtigkeit: Die Pflichten
und Lasten sollen von beiden Teilen gleich getragen
werden; die Bezahlung der Arbeit soll für Männer und
Frauen gleich sein; Frauen dürfen bei den Karriere-
chancen nicht benachteiligt werden; die Diskriminie-
rung der Frau darf es nicht geben. Das einhellige Fazit
lautet: Eine Frau darf auf keinem Gebiet in der Gesellschaft in irgendeiner Form benachteiligt werden. Soweit
ist das alles sehr richtig und vernünftig.

Mann und Frau sind auch, unabhängig von dem
kleinen Geschlechtsunterschied, seelisch gleich. Wenn
eine Frau aus Angst zur Seite springt, weil ein Auto auf
sie zurast, ist das genau die gleiche Angst, die ein
Mann dabei fühlt. Wenn eine Frau Liebeskummer hat,
weil sich der Mann von ihr getrennt hat, ist das der
gleiche Kummer, den ein Mann fühlt, wenn sich eine
Frau von ihm trennt. Körperlich sind Mann und Frau
gleich – der gleiche Blutkreislauf, das gleiche Nervensystem. Beide tragen in sich das Erbe der gesamten
Menschheitsentwicklung, die Gene aus der Evolution,

kurz: Sie repräsentieren das Menschsein. Beide haben auch das gleiche Gehirn, wobei Wissenschaftler festgestellt haben, daß Frauen sprachbegabter sein sollen als Männer und diese wiederum ein besseres räumliches Vorstellungsvermögen als Frauen hätten. Das sind alles Kleinigkeiten, die keine Überlegenheit rechtfertigen, weder eine der Frau gegenüber dem Mann noch umgekehrt.

Ich gehe einen Schritt weiter: Alle Menschen jedweder Rasse, jedweder Hautfarbe auf diesem Globus sind gleich. Es mag hier und dort in einer abgeschiedenen Region einen kleinen Evolutionsunterschied geben, aber dieser Unterschied ist so gering, daß er nicht ins Gewicht fällt. Wir Menschen sind also gleich, wobei die Trennung in Hautfarbe, wobei Religion und Kultur, wobei gesellschaftliche Unterschiede keine Bedeutung haben. Politikstrategie wie Religionsverständnis spielen diese Unterschiede aber hoch. Wenn jedoch ein Christ meint, er wäre etwas Besseres als ein Jude oder ein Moslem, so liegt er falsch – genauso der Moslem, der meint, aufgrund seiner Zugehörigkeit zum Islam (er beruft sich auf den Koran) wäre er ein bevorzugter Mensch. Alle Menschen aller Rassen (männlich wie weiblich) sind absolut gleich.

Nur das Denken trennt die Menschen. Ich bin katholisch, du bist evangelisch – und dennoch sind wir beide Christen, obwohl wir durch ein anders geartetes religiöses Dogma ›getrennt‹ sind. Religionen sind Denkstrukturen. Der Christ sagt: Ich bin etwas anderes als der Moslem, denn ich stehe zum Neuen Testament, jener zum Koran. Als Menschen würde uns nichts trennen, aber das Denken, so etwa der Glaube an ein religiöses Denksystem, trennt uns radikal – so extrem, daß wir bereit sind, den anderen in Glaubenskriegen töten zu lassen, obwohl in uns das gleiche Herz schlägt und wir die Gabe zu lieben besitzen und die Liebe uns gleich macht.

Beim sexuellen Akt verhält es sich nicht anders – ob Christ oder Moslem: Orgasmus ist Orgasmus. Es ist, wie gesagt, das Denken, das uns voneinander trennt. Das ist die größte Tragikomödie des Menschen. So trennen sich auch Mann und Frau voneinander, obwohl beide eine Gleichheit in Einheit sein möchten und sich gegenseitig benötigen.

Auf unserem Globus herrscht Trennung. Schauen wir uns die Landkarte an. Sie ist zerteilt von Grenzen: Das ist dieses, das ist jenes Land. Jedes Land wird regiert von einer politischen Macht, und so steht nahezu jedes Land gegen ein anderes. Aber die Menschen, die in diesen Ländern leben, die sind gleich. In dem einen Land herrscht Monogamie, in dem anderen Land Polygamie, während das nächste Land von einer Struktur der Männermacht geprägt ist. Wir gebrauchen dafür die Wörter ›Gesellschaftsstruktur‹, ›Kultur‹, ›Religion‹, ›Tradition‹. Warum nehmen wir das so einfach hin? Rassismus wird zu Recht angeprangert, doch wie sieht es mit anderen gesellschaftlichen ›Fetischen‹ aus, die sich mittlerweile auch zu regelrechten ›Ismen‹ entwickelt haben – und somit in Dogmatismus erstarren (und Lebendiges einengen)? Ich prangere deshalb auch an:

- Religionsfanatismus,
- Kulturherrlichkeit,
- Elitedenken,
- Bildungsdünkel.

Wir trennen uns also durch das Denken voneinander. Was soll Feminismus gegen einen Machismus bringen? Wir haben keinen Vorteil vom Aufbau dieser Trennung. Wir wollen lieben, also verbinden, und nicht trennen. Trennung aber ist der reale Alltag. Wir suchen den Orgasmus, die Frau sucht ihn, ebenso der Mann, aber beide agieren sexuell aneinander vorbei. Das kann nicht der Sinn von Partnerschaft sein.

DRITTES KAPITEL

DIE HAUPT-KRISEN

»Was könnte wichtiger sein als das Wissen?« fragte der Verstand.

»Das Gefühl und mit dem Herzen sehen«, antwortete die Seele.

Spanisches Sprichwort

In diesem Kapitel werde ich sechs Krisenarten vorstellen, die besonders häufig vorkommen und mit denen fast jeder, der in einer Beziehung lebt, früher oder später konfrontiert wird. Diese Krisenarten treten nicht unbedingt isoliert auf, sondern verflechten sich oft miteinander.

Die erste Krise, die sich meist in dem Vorwurf: »Du liebst mich nicht genug« äußert, taucht sehr häufig auf. Es kann dafür Hunderte von Gründen geben, ebenso wie für den Vorwurf: »Du kritisierst mich zuviel«, den ich als zweite Krise vorstelle. Die dritte, wichtige, weil sehr verbreitete Krise hat mit der Eifersucht zu tun, die sowohl dem Eifersüchtigen selbst als auch dem von der Eifersucht betroffenen Partner schwer zu schaffen machen kann.

Die vierte Krise wird seit etwa einem Jahrzehnt vor allem von den Frauen initiiert. Der Vorwurf lautet: »Du behinderst meine Entwicklung.« Die Statistik sagt, daß 70 Prozent aller Scheidungen von Frauen eingereicht werden, die mit der Routine der Ehe so unzufrieden sind, daß sie sich trennen. Die Männer nehmen die Unzufriedenheit ihrer Partnerin einfach nicht ernst. Sie belächeln eher den ›Selbstverwirklichungstrip‹, nehmen diese Signale nicht wichtig genug und werden dann von der Trennung sehr überrascht. Wenn sie zu mir in die Beratung kommen, ist es dann meist zu spät und eine Versöhnung kaum mehr möglich. Ich habe immer wieder die Erfahrung gemacht: Wenn eine Frau die Initiative zur Trennung vollzogen hat, dann bleibt sie meist dabei und ist nicht mehr umzustimmen, vor allem dann, wenn sich bereits ›sexuelles Desinteresse‹ breitgemacht hat – ein Punkt, den die fünfte Krise zum Thema hat.

Der letzte Abschnitt dieses Kapitels ist dem ›Seitensprung‹ gewidmet, der vor allem dann zur Trennung führt, wenn Verliebtheit und Liebe ins Spiel kommen. – Der Seitensprung hat übrigens in der gesellschaftlichen Oberschicht eine geringere Bedeutung als in der Mittel- und Unterschicht.

Mitunter treten in einer Beziehung mehrere Krisensymptome auf – vor allem dann, wenn die erotische Spannung nachgelassen hat. Das führt meist zum Seitensprung, der in der Regel natürlich verheimlicht wird. Der Betrogene hat jedoch einen sechsten Sinn dafür, er ahnt, daß etwas ›im Busch‹ ist, und reagiert bei jedem ›falschen Blick‹ und jeder Geste des anderen mit Eifersucht. Dann kommt es auch zu dem Vorwurf: »Du liebst mich nicht genug.« In solchen Zeiten wird jeder Blumenstrauß, jedes Geschenk mit dem sprichwörtlichen ›schlechten Gewissen‹ in Verbindung gebracht. Es entsteht Anspannung, Unzufriedenheit und Reizbarkeit. Jede Kritik wird auf die Goldwaage gelegt, jedes Wort, jede Mimik wird interpretiert und kritisiert. Die beiden Partner haben das Gefühl, aneinander vorbeizureden, nicht verstanden zu werden und sich nicht mehr verständlich machen zu können. Die Schwelle des Beleidigtseins wird immer niedriger angesetzt, und jeder zieht sich in sein Schneckenhaus zurück. Genau beobachten beide alle Reaktionen und machen sich darüber so ihre Gedanken. All das geht einher mit beginnenden Einschlafstörungen. Dann wacht der Betroffene morgens eine Stunde früher als sonst auf und beginnt zu grübeln: Wie hat er das gemeint? Was ist von der Reaktion zu halten? Warum hat er das so gesagt und nicht so?

Die Goldwaage wird immer genauer, reagiert schon bei kleinsten ›Erschütterungen‹:

- Wenn sich beispielsweise der Partner schneuzt, empfindet man das schon als rücksichtslos laut.
- Wenn er müde ist, bezieht man es auf sich: Ich scheine dich zu langweilen.
- Wenn er Überstunden macht: Du hast keine Zeit für mich.
- Wenn er sich seinem Hobby widmet: Du bist wohl auf der Flucht vor unserer Beziehung.
- Wenn er in Geselligkeit Alkohol trinkt: Du willst dich wohl betäuben.
- Wenn er witzig und humorvoll ist: Du willst immer nur deinen Spaß haben.
- Wenn er im Gespräch nach einem Wort sucht: Du wirst immer unkonzentrierter.
- Wenn er Pläne und Ideen äußert: Du gehst mir auf den Geist mit deinen ständigen Bocksprüngen.
- Wenn er schweigsam ist: Du warst auch schon mal unterhaltsamer.
- Wenn er vergißt, den Mülleimer rauszusetzen: Du bist nicht mehr bei der Sache. Bist du etwa verliebt?
- Wenn er etwas vergißt: Du hörst mir einfach nicht mehr richtig zu.
- Wenn er ins Kino möchte: Du willst diesen Film doch nur sehen, weil du die Schauspielerin so toll findest.
- Wenn er nicht ins Kino will: Du wirst immer bequemer und langweiliger.

In solchen Fällen tritt eine Entwicklung ein, die fatal ist. Egal, wie man sich verhält und was man sagt – es ist immer irgendwie falsch. Jedes Ding hat dann nicht nur zwei Seiten, sondern fünf oder zehn, so daß für Mißdeutungen reichlich Platz ist. Wenn diese Gereizt-

heit auftritt, ist die Beziehung in eine schwere Krise
geraten, in der mitunter auch mehrere Krisenarten
ineinanderspielen. Einige dieser (besonders oft vor-
kommenden) Krisenarten stelle ich nun vor.

»DU LIEBST MICH NICHT GENUG!«

In jeder Beziehung dreht es sich immer wieder um das
Thema Liebe. Mit dem Vorwurf: »Du liebst mich nicht«
kann der andere unter Druck gesetzt werden, denn dieser Vorwurf wiegt schwer. Aus Erfahrung weiß ich, daß
es vielen schwerfällt, überhaupt diese drei Wörter über
die Lippen zu bringen. Es wird ausgewichen in Äußerungen wie: »Ich mag dich sehr« oder: »Du bist mein
bestes Stück« oder: »Ich will dich nicht missen.« Wir
wollen aber klar und eindeutig nur das eine hören: »Ich
liebe dich.«

Die Liebe hat einen sehr hohen Stellenwert in der
Partnerschaft. Das Verhalten des Partners wird deshalb
sehr genau auf- oder abgewertet, wobei stets die Frage:
»Liebt er mich, oder liebt er mich nicht?« im Hintergrund steht. Wenn er mir Blumen mitbringt oder ein
kleines Präsent, dann drückt er mir damit seine Liebe
aus, wenn er etwas, das ihm zuwider ist, mir zuliebe
macht, sich also überwindet, dann ist das ein Zeichen
von Liebe. Wenn er seine Klamotten immer wieder auf
den Sessel wirft und sie nicht wegräumt, obwohl er
genau weiß, wie sehr mir das mißfällt, dann ist das ein
Zeichen von Lieblosigkeit, dann kann er mich ja gar
nicht lieben, selbst wenn der Sex zwei Stunden später
noch so schön sein sollte, denn das ist ja nur sexuelles

Begehren. Die Sexualität wird dann geringer bewertet als die Liebe, obwohl sie ein wichtiger Ausdruck des erotischen Begehrens ist.

Wir wollen geliebt werden. Der andere soll das zeigen, dokumentieren, etwas dafür tun. Wir wollen Taten der Liebe sehen. Die Liebe braucht aber keine solchen Taten. Viel wichtiger wäre die Frage, ob der andere überhaupt dazu in der Lage ist zu lieben. Wir sollten uns diese Frage auch selbst stellen: Liebe ich meinen Partner? Wenn ich das bejahe, sollte ich mich weiter fragen: Warum liebe ich ihn eigentlich?

Darüber führte ich vor einiger Zeit ein Gespräch mit einem vierzigjährigen Mann, der bei mir Rat suchte. Er hatte Angst, daß seine Frau ihn nicht genug liebte, war sich jedoch sicher, daß er sie liebte.

Ich fragte ihn also: »Warum lieben Sie sie?«

»Ich komme aus kleinen Verhältnissen, sie kommt aus gutem Haus. Ich liebe sie, weil ich sie bewundere und glücklich bin, daß sie mich geheiratet hat«, antwortete er.

»Bewunderung ist keine Liebe. Wenn es dem Ego schmeichelt, daß Sie diese Frau erobern konnten, dann sind Sie stolz darauf, jetzt mit ihr verheiratet zu sein. Nennen Sie andere Gründe, warum Sie glauben, sie zu lieben.«

»Ich finde sie sehr schön ... sie ist eine attraktive und selbstbewußte Frau.«

»Gut, sie gefällt Ihnen also. Das führt zur erotischen Anziehung – und das ist ein Segment, das zur Liebe dazugehört, aber das alleine ist noch keine Liebe.«

»Ich bin sehr stolz darauf, daß sie bei keinem Mann vor mir einen Orgasmus bekam, aber bei mir.«

»Das ist eine befriedigende Voraussetzung für das gute Funktionieren Ihrer sexuellen Beziehung – und das ist wichtig im Verhältnis zwischen Mann und Frau. Es trägt zur Liebe einen Teil bei. Aber ist das Liebe? Warum also lieben Sie Ihre Frau?«

»Sie kümmert sich um unser Haus, vor allem um den Garten. Sie hat viel Geschmack, hat Wohnkultur. Sie zaubert schon beim Frühstückstisch ein schönes Umfeld. Das ist ihr wichtig, und ich finde das sehr angenehm.«

»Sie sagen es mit dem richtigen Wort: Sie macht es Ihnen ›angenehm‹. So kümmert sie sich um Ästhetik und Garten; daran kann man sich gewöhnen. Daraus können Sie allerdings weder schlußfolgern, daß Ihre Frau Sie liebt noch daß Sie sie lieben. Sie haben sich daran gewöhnt, das zu genießen, aber ist das Liebe? – Wenn Ihre Frau sich heute von Ihnen trennen würde, was empfänden Sie dabei?«

»Ich möchte mir das gar nicht vorstellen, denn ich habe Angst davor.«

»Ist das Liebe – die Angst, der andere könnte mich verlassen?«

»Das könnte sein. An dieser Angst kann ich ermessen, wie wichtig meine Frau für mich und mein Leben ist.«

»Ist es Ihre Frau, die Ihnen wichtig ist? Ist es nicht ihr Herkommen, ihre Schönheit, ihre Kultur, ihr Kümmern um die alltäglichen Dinge wie Garten und Frühstück? All das sind äußere Attribute. Es sind Gewohnheiten eingetreten, Formalien – aber lieben Sie wirklich den Menschen, der dahintersteht? Die Frage lautet: Schätzen wir die angenehmen Äußerlichkeiten der Person, die sie uns bereitet, oder schätzen wir die Person selbst?«

»Jetzt weiß ich, was Sie meinen. Ich schätze meine Frau wegen der Dinge, die sie für unsere Beziehung tut, und habe nichts über sie selbst gesagt.«

»Die Schönheit ist eine Äußerlichkeit, die vergeht. Wenn sie eines Tages vergeht, dann werden Sie enttäuscht sein und Ihre Liebe in Frage gestellt sehen. Das ist ja die Regel bei Männern. Neulich hörte ich den Spruch: ›Wenn die Schönheit verblüht, verduften die Männer.‹ ... Warum haben Sie Angst, daß Ihre Frau Sie nicht genug liebt? Könnte es sein, daß Sie sich selbst unsicher sind, sie zu lieben? Wenn man selbst nicht genug liebt, projiziert man das gerne auf den anderen.«

»Meine Frau sagt öfters zu mir: ›Du liebst mich nicht, sonst würdest du häufiger mit mir ausgehen.‹ Das trifft mich jedesmal sehr. Sie hat ja recht; ich gehe selten zu Galaveranstaltungen und zu Vernissagen, überhaupt zu Veranstaltungen. Sie zeigt sich gerne in der Öffentlichkeit; ich muß mich jedesmal dazu überwinden. Ich bin kein Mann des öffentlichen Parketts.«

»Weiß das Ihre Frau?«

»Ja, wir haben offen darüber geredet.«

»Dann weiß sie ja auch, daß Ihnen das nicht liegt und daß Sie nicht aus Lieblosigkeit ihr diesen Gefallen so selten tun. Sie möchte aber wohl, daß Sie sich aus Liebe dazu überwinden sollten. So handhaben nun einmal die meisten die Liebe: Wir genießen sie nicht einfach nur als ein Geschenk des Lebens, das wir uns gegenseitig geben, wir knüpfen Forderungen an sie, erpressen den anderen damit. Wenn du nicht das und jenes tust, dann liebst du mich nicht. Oder anders herum gesagt: Ich liebe dich, und wenn du mich auch liebst, dann erwarte ich von dir dieses und jenes, ob es dir Spaß macht oder nicht. Aus Liebe solltest du für mich das machen. Es steht also drohend die Liebesfrage im Raum. Wenn wir dem anderen so drohen, ist das Liebe? Es ist Egoismus und Egozentrik. Mit dem Begriff ›Liebe‹ sind wir erpreßbar. Wenn wir die Forderungen des anderen zähneknirschend erfüllen, nur um diesen Vorwurf zu entkräften, handeln wir dann aus Liebe oder aus Angst? Das ist nicht gut, denn die Angst ist der Widersacher der Liebe – Angst frißt die Seele auf. Mit der Liebe zu pokern und damit jemanden zu erpressen, das halte ich für eine sehr lieblose Mentalität.«

»Meinen Sie, daß meine Frau mich gar nicht lieben kann, wenn sie mich so unter Druck setzt?«

»Darüber müßte ich mit Ihrer Frau sprechen, um das beantworten zu können. Sie kann Sie durchaus lieben und dennoch ihre Liebe als Druckmittel gegenüber Ihrer Liebe einsetzen. Das geschieht oft unbewußt, weil wir so konditioniert sind. Es ist ein schäbiges Spiel: Liebe soll man sich verdienen, man soll etwas dafür tun. Die meisten sind so konditioniert und deshalb erpreßbar. Das ist traurig und bedauerlich, denn keiner wünscht sich das. Aber mit den ganz normalen Neurosen der Männer müssen Frauen leben, und mit den Neurosen der Frauen werden die Männer konfrontiert. Das neurotische Spiel um die Liebe, mit Angst, Eifersucht und Verletzung, mit Macht und Ohnmacht, mit Minderwertigkeit, Selbstwert, Verlangen und Verzagen, das ist der Kreislauf, in den man sich begibt. Nur durch Erkenntnis können wir diesen Kreislauf durchbrechen, und zwar, um des Begriffes Liebe willen uns nicht erpressen zu lassen. Wir sollten klären, ob wir selbst überhaupt lieben und ob es beim anderen Liebe ist. Denn oft ist es nicht Liebe, sondern Gewohnheit, Vertrautheit, Verbundenheit, Freundschaft und – ganz wichtig – Wirtschaftsgemeinschaft. Das Wort ›Liebe‹ ist das am meisten mißverstandene und mißbrauchte Wort unserer Sprache.«

»SEI NICHT IMMER SO EIFERSÜCHTIG«

Die meisten Menschen sind eifersüchtig, weil sie den anderen besitzen wollen. Dabei ist Eifersucht moralisch und psychologisch ›anerkannt‹, denn sie gilt als Gradmesser der Liebe. Ist jemand nur gering oder gar nicht eifersüchtig, wird das als Gleichgültigkeit ausgelegt. Gleichgültigkeit aber gilt als Todfeind einer Partnerschaft.

Eifersucht ist für die Partnerschaft hinderlich, Gleichgültigkeit aber auch. Die Eifersucht zeigt graduelle Unterschiede von ›ein wenig eifersüchtig‹ über ›normal eifersüchtig‹ (im Sinne von üblich) bis ›extrem eifersüchtig‹. Die Gleichgültigkeit dagegen kennt keine graduellen Unterschiede – entweder man ist gleichgültig oder nicht. Gleichgültigkeit ist einfach Desinteresse. Eifersucht und Gleichgültigkeit sind keine Gegensätze. Jemand, der am anderen desinteressiert ist, hat natürlich keinen Grund zur Eifersucht, und deshalb wird sie nicht sichtbar. Er kann aber durchaus sehr eifersüchtig werden, doch nur dann, sobald sein persönliches Interesse geweckt wird.

Neulich sagte mir eine eifersüchtige Frau: »Es gibt keinen Liebenden, der nicht eifersüchtig wäre; Liebe und Eifersucht gehören zusammen.« So kennen wir es, so sind wir es gewohnt. Ist Eifersucht ein Gradmesser der Liebe? Ich sage nein. Es gibt eine Liebe in Freiheit, in Losgelöstheit, die Eifersucht nicht ins Spiel bringt (was ich im sechsten Kapitel näher erläutern werde).

Die Eifersucht führt in jeder Beziehung zu Problemen. Da man davon ausgeht, am anderen Exklusivrechte zu haben, ihn in Besitz genommen hat und von ihm in Besitz genommen wird, muß dieser Besitz verteidigt werden, nicht nur gegen mögliche Rivalen, die einem diesen Besitz streitig machen können, sondern auch allgemein. Dabei geht man von folgender Überzeugung aus: Da man ein Paar ist, muß man alles miteinander teilen, seien es nun die Gedanken, die Hobbys, die Pläne, die Urlaubsreisen, seien es die Bekannten, die Freunde, sei es Sport, Freizeit, seien es die beruflichen Ereignisse. Ich kenne Paare, die sich fünf- bis zehnmal täglich gegenseitig am Arbeitsplatz anrufen und fragen: »Was machst du gerade?« Auf der Rückfahrt mit dem Auto nach Hause wird mit dem Handy nochmals telefoniert: »Ich bin gerade am Brüsseler Platz. In etwa zehn Minuten bin ich da.«

Viele sind eifersüchtig auf das Hobby, das der andere ausübt, auf seinen Sport, seine Freunde. Jedwede Zeit, die der andere für sich und seine Aktivitäten aufwendet, kann die Eifersucht hochkriechen lassen. Diese krankhafte Eifersucht wird als Frustration erlebt, die verstimmt, schlecht gelaunt, depressiv machen kann, sogar aggressiv. Der Eifersüchtige leidet selbst unter seiner Erkrankung, und der Partner, der davon betroffen ist, fühlt sich in seiner Freiheit eingeschränkt, fühlt sich kontrolliert und überwacht. Das alles führt manchmal schnell zu Spannungen und zu Streitgesprächen.

Der Eifersüchtige will auf seinen Partner Einfluß haben. Wenn diesem das aber lästig wird, will er die

fremde Macht in seine Schranken verweisen und ab-
schütteln. Ein Streitgespräch entwickelt sich dann
etwa folgendermaßen:

»Warum kommst du eine Stunde später? Du hättest
doch anrufen können, damit ich Bescheid weiß.«

»Wir hatten heute doch nichts Besonderes vor, und
da dachte ich, daß es dich nicht stört, wenn ich später
komme. Ich habe mit einem Berufskollegen noch einen
Kaffee getrunken.«

»Vielleicht war es auch eine Kollegin?!«

»Natürlich nicht. Nun sei doch nicht so eifersüchtig!
Selbst wenn ich mit einer Kollegin reden würde, was
wäre schon dabei?«

»Siehst du, nun gibst du selbst zu, daß du auch mit
einer Kollegin reden würdest. Daraus kann sich ganz
schnell ein Flirt entwickeln. Das will ich nicht! So
fängt es doch immer an. Ich sitze zu Hause und warte
auf dich, und du trinkst mit einer Kollegin Kaffee.
Demnächst komme ich auch nach Hause, wann ich
gerade Lust habe.«

»Du kannst doch selbstverständlich auch einmal
später kommen.«

»Ach, wie gnädig!«

»Nun sei doch nicht so ironisch und gereizt. Es ist
doch nichts dabei.«

»Das werde ich dir demnächst auch sagen, es wäre
nichts dabei, wenn ich mache, was ich will.«

»Das kannst du doch. Ich habe es dir doch nicht
verboten.«

»Du kannst mir auch nichts verbieten. Du meinst, es
wäre nichts dabei. Du bist ja ganz schön gleichgültig,
wenn dir das nichts ausmacht. – Du liebst mich nicht.«

123

»Ich dokumentiere damit doch nicht, daß ich dich nicht liebe. Ich lasse dir doch nur deine Freiheit. Es muß doch auch ein Stück Freiheit da sein – wir können uns doch gegenseitig nicht so einschränken.«

»Einschränkung nennst du das? Wenn man den anderen liebt, dann tut man ihm das einfach nicht an. Deine Liebe hat mir gegenüber nachgelassen. Früher warst du viel aufmerksamer und rücksichtsvoller mir gegenüber.«

»Wenn man sich einen Freiraum läßt, ich dir und du mir, dann hat das doch auch Vorteile. Wir wollen uns doch nicht gegenseitig überwachen und die Luft zum Atmen abschnüren.«

»Wenn dir die Freiheit so wichtig ist und du meinst, daß ich dir die Luft zum Atmen nehme, dann kannst du mich doch gar nicht lieben. Wenn man sich liebt, dann ist man füreinander da, und es macht nicht jeder, was er will.«

»Das mache ich ja gar nicht. Ich mache doch nicht, was ich will! Du übertreibst maßlos. Du kannst mich doch mit deiner Eifersucht nicht voll und ganz beherrschen! Ich bin immer noch ein eigenständiger Mensch.«

»Warum hast du mich dann geheiratet? Dann wärst du besser Single geblieben. Dein Verhalten ist mir gegenüber rücksichtslos und lieblos. Ich verstehe unter Liebe etwas anderes.«

»Ich habe dich geheiratet, weil wir uns liebten. Ich konnte doch nicht wissen, daß du über alles Rechenschaft haben möchtest. Und ich ahnte nicht, daß du so eifersüchtig bist.«

»Jede andere Frau würde genauso reagieren. Ich lasse mir von dir nicht vorwerfen, daß ich eifersüchtig bin. Bist du etwa nicht eifersüchtig?«

»Ich bin auch eifersüchtig, aber nicht so extrem. Du willst einfach Macht über mich haben.«

»Jetzt werde ich auch noch als machtbesessen dargestellt. Mit Macht hat das überhaupt nichts zu tun.«

»Laß uns doch nicht streiten. Wir sollten die Zeit, die wir zusammen verbringen, miteinander genießen und nicht streiten.«

In dieser Art verlaufen in Millionen von Beziehungen die Gespräche über das Thema Eifersucht. Je häufiger solche Situationen auftreten, um so aggressiver wird die Unterhaltung. Eifersucht ist eine schwerwiegende Krise, weil sie das Paar nicht verbindet, sondern trennt. Psychologisch entsteht im Eifersüchtigen ein Gemisch aus Angst, den anderen zu verlieren, aus Selbstzweifeln und aus dem Bedürfnis, Macht über ihn zu gewinnen, ihn zu beherrschen. Der Eifersüchtige empfindet Ohnmachtsgefühle, der andere könnte ihm entgleiten. Die Macht über ihn soll durch das Gespräch zurückgewonnen werden, und in solch einem Gespräch wird ›getestet‹, wie betroffen er ist und wann er einlenkt. Auch hier ist die Liebe wieder das Druckmittel: »Du liebst mich nicht mehr richtig.«

Das Stück Freiheit, das sich einer in der Partnerschaft bewahrt, hat weder etwas mit Gleichgültigkeit noch mit mangelnder Liebe zu tun. Dessen sollte man sich stets bewußt sein und das dem Eifersüchtigen klarmachen. Seine Eifersucht hat nichts mit Liebe zu tun, sondern mit Machtstreben. Sich unterzuordnen (oder auch nicht) ist kein Gradmesser für Liebe. Nur wenn das klar und deutlich geworden ist, kommen beide aus dieser Krise wieder heraus. Ansonsten ist das der Anfang eines Kleinkriegs, der sich mehr und mehr ausweitet und genau dahin führt, was die Eifersucht eigentlich verhindern will: zum Verlust der Liebe.

»DU KRITISIERST MICH ZU OFT!«

Den anderen zu kritisieren ist ein großes Problem für jede Beziehung. Kritik hat nicht unbedingt damit zu tun, den anderen erziehen zu wollen. Bei Erziehung spielen die Strategien wie Lob und Tadel, Anerkennung und Bestrafung eine Rolle.

Der Kritisierte meint, der Fehler würde bei ihm liegen, da er die Kritik hinnehmen und verarbeiten muß. Vielleicht hat er tatsächlich etwas falsch gemacht und sieht das jetzt ein. Das verdeckt oft die Erkenntnis, daß der andere mit seiner Kritik ein unbewußtes oder bewußtes böses Machtspiel treibt.

Rationalität und Intelligenz stehen in unserer Gesellschaft auf der Werteskala ganz oben. Wer seine Intelligenz zum Ausdruck bringen will, möchte damit zeigen, wie wertvoll er ist. In der Beziehung kann man seine Intelligenz auf drei Wegen zeigen:

- Intelligenz als Statussymbol. Im Gespräch werden Bildung und Wissen ausgebreitet. Dem anderen wird dadurch gezeigt, daß man viel weiß und daß man sich verbal brillant darüber ausdrücken kann.
- Konstruktiv eingesetzte Intelligenz. Die eigene Intelligenz wird eingesetzt, um dem anderen zu helfen und ihm davon abzugeben.
- Destruktiv eingesetzte Intelligenz. Sie wird nahezu stets in Form von Kritik eingesetzt. Das Wesen der

Intelligenz sind scharfsinnige Analyse und Synthese. Wenn man den anderen kritisiert, dann kann man mit dem Deckmantel, ihm helfen zu wollen, ein Machtgefälle aufbauen: Siehst du, ich will dir helfen, indem ich dich kritisiere, und zeige dir damit, daß ich dir überlegen bin.

Davon unabhängig gibt es natürlich auch noch die Kritik, die aus einer spannungsgeladenen Unzufriedenheit heraus erfolgt: das gereizte Nörgeln. Dahinter verbergen sich Frustration und Aggression. Auch diese Form der Kritik ist destruktiv. Mitunter ist es schwer zu unterscheiden, welche Art von destruktiver Kritik besteht.

Die Machtdemonstration äußert sich meist wie folgt: Ich zeige dir, daß ich dir überlegen bin. Ich bin wertvoll, also erkenne meine Intelligenz an. Ordne dich unter und bewundere mich.

Die Frustration wird an folgendem Beispiel deutlich: Ich zeige dir, daß ich unzufrieden bin, mich nicht glücklich fühle und daß du etwas dazu beitragen kannst mich zufriedener zu machen. Tu endlich etwas, damit ich nicht mehr so gereizt und nörgelnd bin.

Die destruktive Kritik kann auch eine Mischform sein: Ich bin unzufrieden mit mir selbst und mit dir; außerdem bin ich intelligent. Das zeige ich dir durch meine Kritik, und ich habe es ganz einfach verdient, daß sich unsere Lebenssituation verbessert. Die Kritik an dir soll dich motivieren, etwas zu unternehmen. Du hast Schuld an meiner Unzufriedenheit. Ich bin mehr wert, ich bin intelligenter, als du glaubst; das zeige ich dir durch meine Kritik. Ich bin unzufrieden – also mache mich zufrieden.

Wir befassen uns hier, das möchte ich betonen, vorwiegend mit der destruktiven Kritik, denn ein konstruktiver Hinweis, etwas so oder so zu machen, damit Schaden abgewandt wird, ist natürlich völlig in Ordnung. Kritik soll nicht pauschal als beziehungsschädlich angeprangert werden. Die konstruktive Kritik kann dadurch erkannt werden, daß sie, sehr engagiert, aus einer Position der Gemeinsamkeit erfolgt: »Wir sitzen beide in einem Boot. Bitte verstehe mich nicht falsch, wenn ich dir das jetzt sage. Ich möchte dir damit helfen; ich möchte, daß du dadurch weiter kommst, daß du nicht mehr durch diesen Fehler gehandikapt bist. Entschuldige bitte meine Offenheit; ich weiß, daß dir das weh tut, aber ich möchte es dir trotzdem sagen, damit du davon profitierst.«

In dieser konstruktiven Kritik ist Liebe enthalten, nicht etwa die Absicht, den anderen zu erziehen oder nach dem eigenen Bild, das man sich geschaffen hat, formen zu wollen. Konstruktive Kritik ist in einer Beziehung kein Problem; sie wird meist, wenn der andere nicht überempfindlich ist, dankbar angenommen und verstärkt das Vertrauen und die Liebe, anstatt sie zu schmälern. Die destruktive Kritik aber führt die Partnerschaft in eine Krise, weil sie indirekt auch die Liebe in Frage stellt. Das betrifft sowohl die Kritik aus Intelligenzprofilierung als auch die Kritik aus Frustration und Aggression.

Die Intelligenzprofilierung ist eine Machtdokumentation. Dem anderen soll gezeigt werden: Ich bin stärker als du, ich sehe deine Schwächen, ich mache dich darauf aufmerksam, du kannst froh sein, daß ich so ehrlich und direkt zu dir bin. Soll ich dich bauchpinseln, oder soll ich dir reinen Wein einschenken? Willst du, daß ich dir helfe, oder soll ich dich gewähren lassen, dich in deine Fehler hineinrennen lassen? Siehst du, das willst du doch nicht. Ich meine es doch nur gut mit dir.

Diese Kritik erfolgt aus der Machtposition heraus: Ich zeige dir damit, daß ich intelligent bin, und ich möchte dafür anerkannt werden. Ich bin stark, du bist schwach; sehe das ein. Ich bin stärker als du, also richte dich danach; es geht nach mir und nicht nach dir.

Es ist sehr wichtig, dieses Machtschema zu erkennen. Durch die Betonung seiner Intelligenz will sich der andere erheben; er nimmt eine überhebliche, ja arrogante Position ein, getarnt durch angeblich positive Motive: Ich möchte dir ja nur helfen. In Wahrheit bedeutet das: Ich möchte dir zeigen, daß ich klüger bin als du, richte dich also in Zukunft danach; meine Ideen sind besser als deine. Es sollte nach mir gehen, nicht nach dir. Sei doch nicht so dumm, das in den Wind zu schlagen; ich habe mehr Durchblick als du. Meine Kritik soll dir das zeigen und dir den Weg weisen.

Hier geht es also darum festzulegen, wer in Zukunft das Sagen und die Macht hat. Diese Form der Kritik ist höchst problematisch, denn der Kritisierte hat nur die Chance anzuerkennen und sich unterzuordnen oder dagegen zu rebellieren und damit die Machtfrage neu zu stellen. Die Liebe wird jetzt auf eine Zerreißprobe gestellt: Soll ich anerkennen, mich unterordnen, oder soll ich mich der Überheblichkeit entgegenstemmen, mich machtvoll darüber stellen? Streit ist angesagt. Wer liebt, möchte aber Streit vermeiden. Ist der Liebende deshalb in einer schwächeren Position? Ich sage nein. Derjenige, der liebt, ist in einer sehr starken Position. Die destruktive Kritik kann seine Liebe nicht schwächen. Er wird jedoch hellwach werden, da er mit der Machtfrage konfrontiert wird, und zwar nicht nur jetzt, in diesem Augenblick, sondern auch für die nahe Zukunft der Beziehung.

Er wird sich die Frage stellen müssen: Will ich, daß mein Partner mir durch seine Kritik, die bemäntelt ist, in Zukunft seine Überlegenheit dokumentiert, oder will ich das nicht? Hat er eine Intelligenzprofilneurose, oder kritisiert er aus einer generellen Unzufriedenheit, also Frustration, heraus aggressiv destruktiv? Will er die Macht über mich, mich unterdrücken, oder will er mich motivieren? Beides ist nur schwer auseinanderzuhalten. Ich muß also absolut frei sein, um all das aufmerksam, dabei völlig vorurteilslos, zu registrieren, um es dann beurteilen zu können.

Welches Motiv steckt hinter der destruktiven Kritik? Oft ist dahinter Neid verborgen. Wenn ich viele positive Eigenschaften habe, von anderen dafür geliebt werde, kann er das nicht ertragen, wenn er sich mit mir mißt. Er will genausogut, sogar besser sein. Der Neid ist ein schrecklicher emotionaler Virus: Du bist gut – das erkenne ich; ich bin neidisch darauf, und deshalb will ich besser sein als du – also kritisiere ich dich. Auch das ist ein Machtspiel: Wenn ich dich kritisiere, dann setze ich dich ins negative Licht, wodurch ich dann ins positive Licht gelange.

Man denkt, daß Liebende nicht aufeinander neidisch sein könnten. Das ist richtig, doch da wir geprägt sind von den gesellschaftlichen Konditionierungen einer Leistungsgesellschaft, schleicht sich nicht selten der vorherrschende Wertgedanke ein. Der andere will überlegen sein:

- durch Intelligenz und Kritik,
- durch Macht über die Liebe.

Also kann er sich nicht fallen lassen in die Liebe, und deshalb kritisiert er mich nicht konstruktiv, sondern destruktiv, zettelt ein Machtspiel an, das essentiell mit der Liebe überhaupt nichts zu tun hat, aber das dann die Beziehung zu Fall bringt. Es läuft leider auf Trennung hinaus. Ist diese dann vollzogen, sagen beide nahezu übereinstimmend: »Wir haben uns geliebt und lieben uns immer noch, aber wir konnten mit den Verletzungen der Kritik nicht mehr leben, egal, aus welchem Motiv heraus sie erfolgt sind.«

»DU BEHINDERST MEINE ENTWICKLUNG!«

Jeder entwickelt sich während einer Partnerschaft als Person weiter. Wenn einer stehenbleibt und der andere sich entwickelt, dann entsteht eine Entfremdung. Natürlich braucht nicht jeder die Entwicklung des anderen mitzumachen und hinterherzulaufen. Wenn sich einer für Esoterik zu interessieren beginnt, dann sollte er sich damit befassen, doch muß der andere sich deshalb nicht auch für Esoterik interessieren. Und wenn einer den Pilotenschein machen möchte, muß der andere nicht auch die Fluglizenz erwerben. Jeder kann sich für verschiedene Bereiche interessieren, worauf sich dann beide, davon unabhängig, wieder treffen und Gemeinsames zusammen erleben. Deshalb sollte eine Aufgeschlossenheit für die Interessen des anderen bestehen. Auf keinen Fall sollte Abwertendes mit ins Spiel kommen: »Du immer mit deiner Esoterik. Laß mich bloß damit in Ruhe.«

Unter Entwicklung verstehe ich eine Persönlichkeitsreifung, eine Bereicherung der eigenen Person, eine Entwicklung der Seele. Wenn sich der Partner mit dem Sinn des Daseins befaßt und mehr zur Tiefe der Gefühle und zum seelischen Wachstum gelangt, dann kann das für den anderen, dem das fremd bleibt, zum Problem werden, und es entsteht dann schnell Distanz. Das folgende Gespräch soll das illustrieren:

»Wie fandest du den gestrigen Abend bei den Römers?« fragt der Ehemann.

»Mir hat der Abend nichts gegeben«, antwortet sie.

»Wieso? Es war doch nett, ein unterhaltsamer Abend mit interessanten Leuten.«

»Es war doch nur oberflächlicher Small talk. Mich hat das innerlich leer gemacht. Es war so hohl.«

»Man muß doch nicht immer ernste Gespräche führen; das Leben ist doch ernst genug.«

»Gerade weil das Leben ernst ist, sollte man auch mal in die Tiefe gehen. Diesen Leuten geht es doch nur um drei Themen: Auto, Urlaub und die neuesten In-Restaurants. Ich finde das sehr oberflächlich.«

»Na ja, gut, aber die wollen eben keine Probleme wälzen. Probleme haben die im Beruf genug. Wer Geld verdient, der will es mit Genuß auch ausgeben, zum Beispiel im Urlaub im besten Hotel – und gegen ein gutes Restaurant hast du doch auch nichts einzuwenden.«

»Natürlich nicht. Aber darüber zu reden halte ich für sehr banal. Es gibt doch noch andere wichtige Dinge im Leben als Konsum. Die sollten sich mal mit der Seele befassen, mit einem Sinn im Leben. Die sind doch alle auf der Flucht vor sich selbst; das zeigt auch das viele Saufen. Die wollen doch nur vergessen und oberflächliches Zeugs labern.«

»Du kannst die Menschen nicht ändern; du mußt sie so nehmen, wie sie sind.«

»Ich will sie ja nicht missionieren, aber eigentlich ist mir die Zeit zu schade, um mich mit ihnen auf diesem Niveau zu befassen.«

»Diese Leute sind wirtschaftlich alle erfolgreich. Sie gehören zur Gesellschaft, und es ist für mich beruflich wichtig, dazuzugehören. Du solltest dich mehr integrieren – ich brauche die Verbindungen.«

»Du kannst doch mit denen bei einem solchen Treffen gar nicht über Geschäfte reden.«

»Nicht über Geschäfte; das wäre ja auch falsch. Sich zu kennen – das ist wichtig.«

»Du denkst immer nur an deine Karriere; die frißt dich auf. Denke doch auch an dich, an dein Leben. Wenn du mit solchen Leuten verkehrst, dann wirst du genauso oberflächlich.«

»Ich bin doch nicht so tiefschürfend wie du; ich kann mich auch auf dieser banalen Ebene gut unterhalten. Wenn ich ein tieferes Gespräch will, dann kann ich mit einem Pfarrer reden oder einem guten Freund.«

»Du hast ja gar keinen guten Freund. Du hast nur solche oberflächlichen Kontakte. So kannst du dich nicht weiterentwickeln.«

»Du hast dafür deine komplizierten Freundinnen, die mit dir über Emanzipation und den Sinn des Lebens labern. Die meisten sind geschieden. Die sind doch nur zickig und frustriert.«

»So kannst du das nicht sehen! Sie haben die Scheidung eingereicht, sie haben sich getrennt, weil sie das oberflächliche und langweilige Gehabe ihrer Männer nicht mehr ertragen konnten.«

»Die haben sich scheiden lassen, um ihren Partner abzuzocken. Das wird doch nur getarnt mit diesen Selbstverwirklichungskonzepten. Hör mir bloß auf mit denen. Die wollten doch nur ihren Zugewinnausgleich abkassieren.«

»Auch das siehst du wieder sehr oberflächlich.«

»Es ist oberflächlich... das ist doch die Realität. Sie reden über den Sinn des Lebens und über Verwirklichung von Geist und Seele. Was wollten sie aber? Die Kohle ihrer Männer!«

»Sie haben sich befreit von dem autoritären Druck ihrer Männer; sie wollten ein eigenständiges Leben in Selbstverwirklichung leben.«

»Alles nur vordergründige Argumente. Im dicken Auto, über die ihre Männer so gerne reden, sind sie gerne mitgefahren, und die teuren Urlaubsreisen mit den großen Hotels auf Mallorca oder in Hongkong oder auf Kreta haben sie auch gerne mitgemacht. Bezahlt haben das ihre Männer – und jetzt wird über Selbstverwirklichung und Weiterentwicklung der Seele geredet... das ist doch alles schizophren.«

»Wir reden aneinander vorbei.«

»Das Gefühl habe ich allerdings auch. Erzähle mir doch nichts von Selbstfindung und vom Sinn des Lebens. Die Beziehung hatte einfach nicht mehr die Priorität. Wenn die ihre Männer lieben würden, dann würden sie sich nicht scheiden lassen.«

»Sie lieben sie nicht mehr, weil sie sich in ihrer Ehe nicht weiterentwickeln konnten. Sie trennten sich, um ihre Seele zu retten.«

»Das sind doch alles nur vorgeschützte Argumente. Es wird gesagt, man wolle sich weiterentwickeln und selbstentfalten – und plötzlich hat die Beziehung nicht mehr die Priorität. Die Beziehung aber ist wichtig, nicht die persönliche Weiterentwicklung.«

»Falsch. Die persönliche Entwicklung ist wichtiger als die Beziehung. Wenn der Partner mich behindert, dann muß ich ihn verlassen.«

»Also willst du mich verlassen?«

»Ich habe nicht gesagt, daß du mich konkret behinderst – ich möchte doch nur, daß du mich verstehst. Es geht um mehr als um Kontakte, Unterhaltung und Small talk. Ich möchte zu mir selbst finden, und ich will, daß du das verstehst und mich nicht dafür verurteilst. Ich möchte mich weiterentwickeln und nicht stehenbleiben.«

»Mir wäre lieber, wenn du stehenbleiben würdest. Bleibe doch auf dem Teppich. Der Small talk in der Gesellschaft von erfolgreichen Leuten ist dir zu banal, es ist für dich leeres Geschwätz. Was hast du dem entgegenzusetzen? Verdienst du Geld damit?«

»Für dich zählt nur Geld.«

»Natürlich. Geld ist der Gradmesser des Erfolgs.«

»Und was ist mit der Liebe? Ist sie auch nur ein mit Geld bezahlter Gradmesser?«

»Die Liebe wird angezogen von Geld und Macht. Sei doch mal ehrlich: Ihr Frauen achtet doch darauf, was ein Mann verdient, welchen Rang er in der Gesellschaft hat und welche Macht. Die Liebe ist korrumpiert.«

»So denkst du.«

»Ja, so denke ich nicht nur, so ist die Realität.«

»Darum sage ich nur: Arme Männer, die so denken.«

»Setze dem doch etwas entgegen. Ich kenne keine Philosophie einer Frau, die uns Männern eine andere Perspektive geben würde. Die Frauen verbergen sich hinter einer Maske, sind aber vordergründig immer unzufrieden. Da der Mann die Frau glücklich machen will, rennt er immer der Unzufriedenheit der Frau hinterher. So habt ihr Frauen es geschafft, dem Mann Schuldgefühle zu vermitteln. Eine schlaue Taktik. Solange der Mann sich schuldig fühlt, wird er versuchen, seine Schuld mit Geld auszugleichen. Ihr habt die Männer doch im Griff; sie tanzen nach eurer Pfeife, sie wollen es euch recht machen. Ihr schiebt ihnen für alles den ›Schwarzen Peter‹ zu. Ein Mann ist nun mal dominant, wenn er ein richtiger Mann ist. Das wollt ihr doch! Ihr wollt euch doch an der starken Schulter anlehnen! Dann aber wollt ihr das wieder nicht; dann wollt ihr euch selbstverwirklichen – und wir behindern euch dabei. Dann sind wir zu oberflächlich, um euch zu verstehen.«

»Du hast wirklich nicht verstanden, was ich meine.«

»Du willst verstanden werden, du willst vom Erfolg des Mannes partizipieren. Das alles aber ist dir wiederum zu oberflächlich. Du willst dich selbstverwirklichen. Ich behindere dich nicht in deiner Entwicklung. Ich bin sehr tolerant. Bist du auch mir gegenüber tolerant?«

»Ich möchte, daß du dich auch weiterentwickelst, daß du reifer wirst und die Seele mit einbeziehst.«

»Ich will so bleiben, wie ich bin. Ich möchte nicht im Tiefsinn schürfen; dafür habe ich keine Zeit und keinen Kopf. Wenn du dich entwickeln willst in Richtung Sinn – ich weiß zwar nicht, welcher Sinn damit gemeint sein soll –, dann tu das. Ich brauche keinen Sinn; ich weiß, was ich will.«

»Glücklich aber bist du nicht dabei.«

»Was soll dieser Vorwurf, ich sei nicht glücklich?«

»Ich dachte, daß du mich verstehst, aber du verstehst mich offensichtlich nicht.«

»Wenn wir uns nicht mehr verstehen, dann können wir uns auch trennen.«

»Ich möchte mich eigentlich nicht trennen, da ich dich liebe.«

»Wenn du mich liebst, dann erübrigt sich doch so ein Gespräch. Dann lassen wir es so, wie es ist, denn dann ist es gut.«

SEXUELLES DESINTERESSE

Die seelische Liebe ist zwar wichtig zwischen Mann und Frau, aber sie muß auf Erotik basieren. Eine erotische Anziehung sollte bei jeder Liebe von Anfang an dabei sein. Die Frau sollte ihren Partner sexuell verführen wollen, und der Mann sollte in sich den Wunsch spüren, die Frau erotisch-sexuell erobern zu wollen. Wenn die gegenseitige erotische Anziehung nur schwach ausgeprägt ist, kann aus dieser Beziehung kein großes leidenschaftliches Ereignis werden.

In der Beratung habe ich oft verheiratete Paare erlebt, die schon vor Beginn ihrer Ehe keine starke erotische Anziehung zueinander verspürten. Man hat sich verstanden, gute Gespräche geführt, Gemeinsamkeiten entdeckt, Pläne geschmiedet, Ziele entwickelt; man wollte sich gegenseitig helfen, wollte nicht mehr allein sein, war froh, einen Partner gefunden zu haben, mit dem man sich gut verstand. Auf einer solchen lauen erotischen Grundlage kann keine ausgeprägte sexuelle Entfaltung wachsen. Freundschaft und Kameradschaft kann sich zwar mit den Jahren verstärken und vertiefen, eine laue Sexualität flaut dagegen mit der Zeit noch mehr ab.

Eine Frau, die keine starke sexuelle Anziehung verspürt, wird ihren Partner nicht zu einem enthusiastischen Eroberer machen. Er wird diese Lauheit spüren und sich nicht als begehrter Mann fühlen. So entstehen Frustration und Unlust. Er wird ein Schuldgefühl entwickeln, da er zum einen sexuelle Befriedigung und zum anderen das Unbefriedigtsein seiner Partnerin nicht wahrhaben will – er wird es verdrängen. Mit der Zeit empfindet er ein depressives Unwohlsein – und dann wird er sich meist kompensatorisch in die berufliche Leistung stürzen, um durch Karriere dieses Defizit wieder auszugleichen, da ihm das Selbstwertgefühl als sexuell begehrter Mann versagt bleibt. Von Anfang an ist so die Ursache für ein Scheitern der erotischen Beziehung gelegt.

Selbst wenn zu Beginn eine leidenschaftliche sexuelle Anziehung besteht, kann sie nach zwei bis drei Jahren abflachen und in laues Interesse übergehen. Das geschieht meist dann, wenn die Beziehung durch die bereits beschriebenen Krisen hindurchgeht. Wenn ein Partner den anderen ständig destruktiv kritisiert und Machtkämpfe angezettelt werden, vergeht die Lust auf Erotik. Werde ich nämlich immerzu kritisiert, bin ich in meinem Selbstwertgefühl verletzt und muß ich mich vor diesen Verletzungen schützen – wie soll ich da sexuelles Begehren entwickeln und den anderen mit sexueller Energie beglücken wollen?

Obwohl... eine alte Regel besagt: Streit bringt Sex. Aber Streit bringt nur Sex, wenn die gegenseitige erotische Anziehung in der Basis stimmt; außerdem ist dann meist eine leichte sadistisch-masochistische Komponente vorhanden. Aktueller Streit kann durchaus die Leidenschaft beim Mann wecken, die Partnerin nun aggressiv-sexuell zu unterwerfen, um ihr damit zu dokumentieren, wer hier wen penetriert. Die Frau kann diese aggressive sexuelle Angriffslust erotisch stimulierend finden und sie dann besonders genießen. Sie hat ihren Partner durch Streit so lange provoziert und gereizt, bis er ihr zeigt, daß er die Potenz besitzt, sie leidenschaftlich zu nehmen. Eine Frau, die diese Stärke des Mannes spüren will und mit Kuschelsex nicht viel anfangen kann, wird das mögen. Sexuell ist dann alles wieder ins Lot gekommen ... der Orgasmus entspannt, er nimmt Frustration und Aggression. Die Probleme sind danach zwar nicht wirklich gelöst, aber für den Moment ist ein Streßabbau erfolgt.

Wenn sich aber in einer Beziehung mehr und mehr erotisches Desinteresse breitmacht, ist das ein Alarmsignal, weil die Basis nicht mehr stimmt. Macht der Mann seine Partnerin frigide und die Frau ihren Partner impotent, dann ist die Beziehung nicht mehr viel wert. Die Wirtschaftsgemeinschaft bleibt vielleicht erhalten, da beide daraus ihre Vorteile ziehen, aber das erotische Mann-Frau-Verhältnis ist abgestorben. Solche Beziehungen wirken nach außen hin intakt; es scheint eine ideale Ehe zu sein, sind doch die Statussymbole vorhanden, stimmt doch der bürgerliche Rahmen, aber innerlich geht durch die beiden ein Riß. Sie leben vielleicht sogar harmonisch zusammen, aber die fehlende Erotik macht sie unzufrieden und unglücklich. Tausend Ersatzbefriedigungen – wie Tennis spielen, Urlaubsreisen in ferne Länder, gesellige Abende mit Freunden, das Gedeihen der Kinder, der schöne Garten, die neuen Möbel – können das einfach nicht wettmachen. Die Partner sagten mir dann im Einzelgespräch in der Beratung: »Ich weiß, wir haben alles, es geht uns gut, es ist im Grunde absurd zu klagen, aber ich bin dennoch unzufrieden. Wie können wir wieder körperlich zusammenfinden? Kann ich mich in meinen Partner neu verlieben? Das wäre schön.«

Es gibt kein Patentrezept dafür. Da sich die beiden genau zu kennen glauben und sich die Verhaltensweisen schematisiert haben, kann nichts Neues entstehen. Es muß ein radikaler Schnitt gemacht werden. Ich rate dann: »Sie dürfen die bisherige Lebensform nicht mehr weiterführen. Einer sollte ausziehen – Sie sollten also in getrennten Wohnungen leben. Die Trennung ist keine Garantie dafür, daß Sie wieder zusammenkommen werden, aber nur durch die radikale Trennung erlebt man, was der andere für einen bedeutet – oder nicht bedeutet. Oft führt die Trennung zu keiner Sehnsucht, sondern zu einem Aufatmen: Endlich bin ich den unterschwelligen Druck los. Dieses Risiko der Trennung muß leider in Kauf genommen werden.«

»Meinen Sie, daß dann das erotische Begehren zurückkommen kann?«

»Die Wahrscheinlichkeit dafür ist jedenfalls größer, und deshalb ist es einen Versuch wert. Durch die Nähe und die Routine, durch Gewohnheit und Vertrautheit nimmt die erotische Anziehung im Alltag ab. Der andere ist so vertraut, daß ihn kein Mysterium der Fremdheit als Fluidum umgibt.

Deshalb kann durch eine Trennung diese Fremdheit wieder erzeugt werden. Dann wird man sehen, ob auch das Geheimnis wieder auftaucht. Erotik zwischen Mann und Frau ist schwer zu definieren. Die Andersartigkeit und Fremdheit spielt dabei eine große Rolle. Wenn ich weiß, wie der andere reagieren wird, besteht kein Geheimnis mehr. Es muß Unberechenbarkeit sein, damit es wieder lebendig wird. Ein Abenteuer hat nur das Prickelnde des Abenteuerlichen, wenn der Ausgang ungewiß ist. Wir reden zwar alle von Sicherheit und Geborgenheit, wir streben danach, wir wollen den anderen im sicheren Griff haben, aber das geht auf Kosten der Erotik. Wenn die Frau weiß, mein Partner will heute mit mir Sex, wo ist da der Reiz? Wenn der Mann weiß, meine Partnerin steht mir zur Verfügung, ich muß sie nicht erobern, ich habe sie im Griff, wo ist da der Reiz?

Sexuelles Desinteresse entsteht also dann, wenn die Partnerschaft nach außen hin geordnet ist. Es entsteht eine Blockade: Ich wage es nicht, meine wahren sexuellen Wünsche zu äußern, denn du könntest vielleicht davon irritiert sein. Wo Sicherheit aufgebaut wurde, besteht kein Freiraum mehr für Unsicherheit.

Wir sollten riskant leben, um intensiv erleben zu können. Wir haben aber Angst vor dem Risiko, also leben wir unerotisch. Wenn in diese anscheinend sichere Idylle ein Fremder plötzlich mit seiner erotischen Ausstrahlung eindringt, kommt es zur Konfusion. Plötzlich kann die schlafende Erotik explosionsartig erwachen.

Das schöne bürgerliche Glück ist stets in allerhöchster Gefahr. Man wähnt sich sicher, hat die Beziehung und die Verhältnisse geordnet – alles ist vertraut, nichts ist fremd. Dann tritt eine fremde Person in unser Leben – Erotik erwacht aufs neue, Energie pulsiert durch unser Blut und das Nervensystem; es weht ein Hauch von Abenteuer, Herausforderung und Neuem in unsere Seele. Wir dachten, das sexuelle Interesse wäre nicht so wichtig, aber plötzlich ist es wieder da, hellwach. Freiheit, wir atmen auf, das Leben hat uns wieder – wir sind dem Tod von der Schippe gesprungen. Alles wird neu gesehen.«

DER SEITENSPRUNG

Vor Jahrzehnten war der Seitensprung eher den Männern ›vorbehalten‹. Mittlerweile haben die Frauen, statistisch gesehen, ›aufgeholt‹. Viele gehen mittlerweile davon aus, daß bei einer Beziehung einfach mit einem Seitensprung gerechnet werden muß. Sofern das nicht zu häufig vorkommt, ist man heute toleranter als noch vor zwei Jahrzehnten und ist bereit, ein Auge zuzudrücken. Die meisten wollen darüber auch gar nicht informiert sein – etwa nach dem Motto: Was ich nicht weiß, macht mich nicht heiß.

Eine Frau aus der gesellschaftlichen Oberschicht sagte vor einiger Zeit zu mir: »Ich weiß, daß mein Mann auf seinen Geschäftsreisen sexuelle Abenteuer hat. Soll er ruhig seinen Spaß haben; ich sehe das nicht so eng. Wissen Sie, die meisten Männer sind doch Fremdgänger, wenn sie die Gelegenheit dazu haben. Deshalb habe ich bewußt einen erfolgreichen und vermögenden Mann geheiratet, damit ich wenigstens finanziell gut abgesichert bin. Der unvermögende und erfolglose Mann geht auch fremd. Also, was soll's? Ich mache mir keine großen Gedanken darüber, solange es mir finanziell gutgeht. So habe ich wenigstens diesen Vorteil.«

»Gehen Sie auch ab und zu fremd?« fragte ich.

»Ich habe nicht den Drang danach, mich selbst zu bestätigen, so wie das vielleicht eher ein Mann sieht. Zweimal im Jahr fliege ich mit meiner Freundin alleine in Urlaub – unabhängig von meinem Mann. Wenn es sich ergibt und ich einen netten und interessanten Mann kennenlerne, lasse ich es spontan darauf ankommen und genieße dieses Abenteuer. Warum soll ich es mir verkneifen? Mein Mann tut sich ja auch keinen Zwang an. Unserer Ehe hat das bisher nicht geschadet.«

»Ich nehme an, Sie fragen sich nicht gegenseitig danach aus, ob ein Seitensprung geschehen ist.«

»Richtig. Durch das Nachbohren kommt ja nur eine unangenehme Spannung auf. Wenn man große Vorteile vom Partner hat, dann kann man auch tolerant sein. Auch Toleranz ist letztlich eine Macht-und-Geld-Frage.«

»Das klingt zynisch.«

»Ist aber nicht so gemeint. Warum sollte ich engstirnig und intolerant sein? Das überlasse ich den einfachen Frauen, die mit einem normalen Angestellten verheiratet sind, der dreieinhalbtausend Mark netto im Monat verdient. Wenn die Frau mitarbeiten muß, ihm den Haushalt führt, sich nichts leisten kann und er dann auch noch fremdgeht, dann ist das verletzend und demütigend. Ich kann verstehen, daß diese Frauen dann wütend werden und die Ehe hinschmeißen, denn dann sehen sie keinen Sinn in ihrer Loyalität. Moral ist eine Frage des Geldes.«

»Sie meinen: Wenig Geld gleich enge Moral, viel Geld gleich weite Moral?«

»Natürlich. Wer etwas bieten kann, der darf sich auch mehr erlauben. Ich habe meinem Mann auch viel geboten: mein attraktives Aussehen, meine gute Figur, meine Bildung, meine Kenntnisse, ein repräsentatives Haus zu führen. Nur deshalb hat er mich geheiratet. Soll ich das alles wegen seiner sexuellen Seitensprünge aufs Spiel setzen? Warum? Ich wäre ja dumm. Ich kann ihn sowieso nicht einschränken; er macht, was er will, und deshalb, weil er auch weiß, was er will, ist er so erfolgreich. Davon profitiere ich. Wenn er Sex mit einer anderen Frau hat, dann will er sich als Mann bestätigen. Warum soll ich ihm das verbieten? Er würde mich für zickig halten. Ich lasse ihn also gewähren. Er läßt mich ja auch.«

»Lieben Sie Ihren Mann?«

»Ich liebe ihn so, wie ich eben lieben kann. Er liebt mich auch nur so, wie er kann. Wir sind ein gutes Team; das sehe ich ganz nüchtern. Einen Besseren und Attraktiveren hätte ich ja nicht bekommen können. Ich bin zufrieden; ich habe mich damit arrangiert.«

Wenn die Beziehungslage so eindeutig klar ist, dann kann ein Seitensprung zu keinem Problem führen. In der Mehrzahl der Beziehungen ist es jedoch anders. Es besteht kein Anlaß zu solch großer Toleranz, da das Geben und Nehmen schon sehr ausgereizt ist. Sollte sich jetzt einer die Freiheit nehmen und fremdgehen, dann wiegt das auf der Waage sehr schwer. Wenn der Seitensprung herauskommt und die Beweise dafür eindeutig sind und der Partner zur Rede gestellt wird, dann streitet er meist zunächst alles ab. So kommt eine weitere Kränkung hinzu: die Lüge. Die Lüge ist zwar verständlich, weil durch den nicht zugegebenen Seitensprung die Beziehung nicht in Frage gestellt werden soll, denn es steht viel auf dem Spiel: das Eigenheim, die Kinder, die geregelten Verhältnisse, das ausgewogene Verhältnis von Nehmen und Geben.

Wenn die Lüge aber entlarvt wird, dann wurde der betrogene Partner nicht nur sexuell mißachtet, sondern es wurde ihm auch noch wissentlich die Unwahrheit gesagt. Das wiegt schwer:

• Du hast unsere Intimität verraten. Du hast diesen kostbaren Schatz unserer Sexualität mit einer anderen Person geteilt.

- Du hast das alles abgestritten und vor mir verborgen. Du hast mich belogen. Wie soll ich dir jemals wieder vertrauen und glauben können?! Wer einmal lügt, der lügt auch ein zweites Mal. Wer lügt, der hat auch sonst keine Moral.
- Jeder sexuelle Seitensprung ist mit dem Risiko behaftet, vom Aids-Virus infiziert zu werden und ihn weiterzugeben. Da Aids nach dem Krankheitsausbruch bisher unwiderruflich zum Tode geführt hat, wird der Partner damit in Lebensgefahr gebracht. Dieses Argument wiegt sehr schwer, da man sich gegenseitig sexuelle Treue versprochen hat. Das gegebene Versprechen nicht zu halten und zu lügen und weiterhin Sex zu haben, ohne sich zuvor einem Aids-Test zu unterziehen, das ist eine so schwerwiegende Verfehlung, daß daraus eine totale Trennung von Tisch und Bett entstehen kann.

Aus jedem Seitensprung kann die Liebe zu einem anderen entstehen. Dieser Gefahr sind sich alle Paare bewußt. Nach außen hin wird mit viel Toleranzbereitschaft der sexuelle Seitensprung heruntergespielt. Die bereits zitierte Frau aus der Gesellschaft sagte: »Wenn mein Mann eine Frau auf seinen Reisen sexuell erobern will, dann ist das für mich kein Problem. Dadurch wird mir ja nichts weggenommen. Er gibt ihr beim Orgasmus seinen Samen, und wenn sie nicht aufpaßt, dann bekommt sie ein Kind – oder sie legt es sogar darauf an, schwanger zu werden. Das ist aber ihr Problem. Gut, freuen würde ich mich darüber natürlich nicht, denn er müßte dann Alimente bezahlen. Nur: Wenn er sich verlieben würde, wäre meine Position beeinträchtigt. Aber Männer, die sich sexuell beweisen wollen, verlieben sich nicht so schnell.«

Sollte aber Liebe aus solch einem Abenteuer entstehen, dann ist mit nichts mehr diese weitere Entwicklung aufzuhalten. Wenn Liebe entsteht, dann ist alle Energie weg, dann kann nur noch mit großer Anstrengung ein sexueller Kontakt zum ›älteren‹ Partner aufrechterhalten werden. Das erkennt man daran, daß der Bezugspartner keine Lust mehr hat auf gemeinsame Aktionen, weder auf Gespräche noch auf Sexualität. Ihm ist die bisher gelebte Beziehung nur noch Last; er empfindet sie als sinnentleert, er wirkt abwesend. Wenn sich die beiden begegnen, der eine mit Liebe, der andere mit Verlust der Liebe, dann erkennt man das an folgenden Symptomen: Der Begrüßungskuß ist flüchtig, Berührung wird vermieden, es wird kein Strahlen mehr auf den Gesichtszügen erzeugt, sondern ein Schatten steht auf Augen, Mund und Mimik. Statt Freude steht eher Trauer im Gesicht. Statt Energie breitet sich Energielosigkeit aus. Die Liebe hat sich zurückgezogen. Der Partner möchte vielleicht noch Liebe heucheln, aber das gelingt ihm nicht mehr. Die Liebesenergie ist weg, weil sie sich einem anderen zugewendet hat. Natürlich spürt das der Partner, auch wenn er sehr unsensibel und hartherzig sein sollte. Er empfindet das als Schatten auf seiner Seele, während bisher die Sonnenstrahlen auf sie gefallen sind. Es wird nun um ein Grad kälter. Das registrieren der Körper, die Seele und der Geist ganzheitlich. Wenn sich der Partner in einen anderen verliebt hat, dann ist das nicht nur ein Seitensprung. Es ist eine völlig neue Situation entstanden. Dann können Gespräche nichts mehr bewirken.

DIE TRENNUNG AUS DER SICHT DES VERLASSENEN

Wenn ein Partner die Trennung vollzieht, entweder in einem Gespräch oder in Form eines Trennungsbriefs, ist das meist für den Betroffenen, der die ›Kündigung der Beziehung‹ erhält, ein Schock – abgesehen von den selteneren Fällen, in denen die Trennung des anderen mit Erleichterung und Aufatmen hingenommen wird. In der Regel ist der ›verlassene‹ Partner in seinem Selbstwertgefühl verletzt, vor allem natürlich dann, wenn er die Beziehung aufrechterhalten (retten) will, weil er den anderen noch liebt oder zumindest von der Wirtschaftsgemeinschaft profitiert.

Derjenige, der den anderen liebt, hat das Gefühl, daß ihm der Boden unter den Füßen weggerissen wird, daß er in ein tiefes Loch von Einsamkeit, Kummer und Trauer stürzt. Ich möchte mich mit einigen grundlegenden Fehlern befassen, die jeder vermeiden sollte, der in solch eine Situation kommt. Es sollte jetzt vor allem nicht überstürzt in Panik gehandelt werden, also den Partner nicht direkt anrufen und ihn am Telefon beschimpfen oder umzustimmen versuchen. Auf gar keinen Fall sollte man sich ins Auto setzen und ihn oder sie auf der Arbeitsstelle oder im Büro zur Rede stellen. Jetzt nicht sofort zu handeln ist die klügste Handlungsweise.

Durch die Inaktivität über ein oder zwei Tage gibt man sich Zeit nachzudenken und die Beziehung vor dem geistigen Auge nochmals Revue passieren zu lassen. Es gilt der Frage nachzugehen: Warum hat er sich von mir getrennt? Wie ist es dazu gekommen? Wo liegt meine und wo seine Schuld? Was hätte ich dagegen zu welcher

Zeit noch unternehmen können? Liebe ich noch, oder ist meine Liebe abgestorben? Bei welchem guten Freund kann ich mich aussprechen, der bereit ist zuzuhören, ohne mich mit voreiligen Ratschlägen einzudecken?

Will ich die Trennung rückgängig machen und warum? Hat die Trennung für mich und meine Weiterentwicklung vielleicht sogar Vorteile? Auf welche Bekannten kann ich jetzt zurückgreifen, die sich gerne mit mir treffen? Wie geht es wirtschaftlich weiter? Worauf muß ich in Zukunft verzichten? Wie wird es mit der Wohnung, dem Haus, den Kindern und den Eigentumsverhältnissen weitergehen? Soll ich vierzehn Tage in Urlaub fahren, um Abstand zu gewinnen, um mir über alle Details klarzuwerden? Wie könnte ich die Trennung rückgängig machen? Ist ein gemeinsames Gespräch über die Vergangenheit und die Trennung sinnvoll?

Während diese Fragen auftauchen, entstehen viele Gefühle, die ich zulassen und nicht verdrängen sollte:

- Angst vor dem Alleinsein und vor den vielen neuen Problemen, die sich nun stellen.
- Wut auf das Verhalten des Partners, der die Stärke hatte, sich zu trennen.
- Eifersucht, wenn eine Geliebte oder ein Geliebter im Spiel sind.
- Traurigkeit und Depression über das Scheitern, den zerplatzten Traum.
- Schuldgefühle, nicht rechtzeitig etwas unternommen und begangene Fehler nicht ausgebügelt zu haben.
- Schwächeempfindungen gegenüber sich selbst.
- Sehnsucht nach den schönen Stunden, die nun der Vergangenheit angehören.

- Gefühle der Wortlosigkeit und der Energielosigkeit.
- Angst vor der Zukunft: Werde ich mich jemals nochmals verlieben können?
- Haßgefühle auf den Partner, der mir diesen Schmerz bereitet hat.
- Ohnmachts- und Verlustgefühle.

Aus diesem Gemisch von Emotionen entstehen Gedanken und Vorstellungen. Besonders problematisch ist der Gedanke: Das sollst du mir büßen, ich werde mich rächen für diese Kränkung, weil du dich von mir getrennt hast. Haß und Rache sind eng miteinander verknüpft. Es gibt verschiedene Möglichkeiten der Rache:

- Da ich viel von dir weiß, werde ich dich bei den Behörden anzeigen, beispielsweise dem Finanzamt, wenn Steuern hinterzogen wurden, oder beim Bauamt, wenn ohne Genehmigung etwas angebaut wurde, oder beim Arbeitgeber, wenn etwas illoyal oder illegal abgelaufen ist.
- In jeder Beziehung werden dem Partner Vertraulichkeiten bekannt, Geheimnisse, über die sonst keiner Bescheid weiß – man hat sich ja gegenseitiges Stillschweigen zugesichert. Die könnten nun aus Rache ausgeplaudert werden.
- Es kommt sogar spontan beispielsweise der Gedanke auf, am Auto die Radmuttern zu lösen, damit dadurch ein Unfall entsteht. Es kann auch vielleicht der Gedanke aufkommen, ein Loch in den Heizöltank zu bohren, damit das Öl ausläuft, das Erdreich verseucht wird und der Partner einen Millionenschaden erleidet (sofern er keine Öltankversicherung hat).

- Es kommt womöglich der Gedanke auf, den Arbeitgeber des Partners darüber zu informieren, daß Nebentätigkeiten ausgeführt wurden, obwohl die nicht erlaubt sind, damit er (sie) die Kündigung erhält.
- Der Gedanke, sich an die Presse zu wenden und Verfehlungen des Partners aufzudecken – wenn er denn einen entsprechenden Prominentheitsgrad hat – ist besonders niederträchtig. Aber Rache erscheint einem süß und jedes Mittel dafür recht.

Es ist das gute an solchen Gedanken, daß wir uns in bestimmten Extremsituationen selbst kennenlernen können. Wir erleben, daß wir gar nicht so freundlich, einfühlsam und liebevoll sind, wie wir dachten. Wir entdecken das Biest in uns, den Haß, die Gewalt, die kriminelle Energie. Wir sind gar nicht so gut, wie wir glaubten. Durch diese Selbsterkenntnis des Bösen in uns können wir reifen und wachsen. So können wir auch den Haß und das Böse anderer viel besser verstehen.

Wie geht man mit diesen Gefühlen und Gedanken, die nun entstehen, richtig um? Die Selbstbeobachtung zeigt uns, daß wir neue Seiten an uns selbst feststellen. Wir haben bisher nicht gewußt, daß wir zu solchen Gefühlen und Gedanken fähig sind. Es könnte sein, daß wir über uns selbst erschrecken. Ich erkenne plötzlich, daß ich ja gar nicht so herzlich und freundlich gesonnen bin, wie ich immer dachte. Ich meinte, ein sanfter und liebenswerter Mensch zu sein, und jetzt erkenne ich, daß ich rachsüchtige und feindselige Gedanken gegen einen Menschen hege, der mir vertraut hat, der mich liebte, den auch ich liebte. Vielleicht war es nicht die erotischleidenschaftliche Liebe – was mich frustrierte –, aber es gab doch Freundschaft und Wohlgesonnenheit.

Das ist das Positive an jeder Trennung, daß wir uns selbst kennenlernen. Wir haben nicht die Weisheit und Menschenliebe entwickelt, die erforderlich ist, um Abschied zu akzeptieren.

Jede Trennung ist ein Reifeprozeß, in dem ich wachse. So erwächst sogar Dankbarkeit, wenn der andere sich von mir trennt, denn er hat seine vielen Gründe dafür, die mit ihm zu tun haben – vielleicht weil er neurotisch ist, vielleicht, weil er sexsüchtig oder profilierungssüchtig oder geldgierig ist. Ich lasse ihn deshalb los. Es ist gut, wenn er sich von mir löst, da eine Fixierung nur Unglück bringen würde. Weshalb also Rache? Eine rächende Fixierung kann nur schädlich auf mich zurückfallen, wenn ich Vertrauen oder gar Gesetze verletze. Durch Haß und Rache schade ich zwar dem anderen, aber vor allem auch mir selbst.

Solch eine Erkenntnis ist intelligent, denn es ist eine Intelligenz des Herzens. Die Ratio erdenkt sich Rache, die Intelligenz des Herzens hat Mitgefühl. Durch Aufmerksamkeit sich selbst zu erfahren und den anderen mit neuen Augen zu sehen ist etwas Positives. Den anderen loslassen können – wie wunderbar... hätten wir das nicht schon von Anfang an so sehen können? Wir konnten es leider nicht. Aber jetzt lernen wir es.

Zunächst empfinde ich mich als Verlierer, wenn der andere sich von mir trennt. Ich bin deshalb in meiner Gesamtheit mit Körper, Seele und Geist herausgefordert. Ich lasse ihn frei, entlasse ihn aus meinem Leben. Wir waren getrennt, als wir uns kennenlernten; wir waren auch danach auf vielen Gebieten getrennt und uns nur in manchen Gebieten nah. Jetzt sind wir erneut getrennt. Es ist etwas geschehen während unserer Gemeinsamkeit, die uns weiter verbinden kann. Wir haben nur zwei Möglichkeiten: entweder uns zu verbinden oder uns zu verfeinden.

In diesem Moment fällt Rache ab, taucht Kommunikation auf: Wir helfen uns gegenseitig, uns voneinander zu trennen. Jeder wünscht dem anderen nach der Trennung eine wirklich positive Entwicklung. Das macht die Trennung zu einer kreativen Situation. Es entsteht etwas radikal Neues. Darin liegt viel Kraft und Energie: Wir trennen uns, um uns gegenseitig zu helfen. Wir fördern uns: Ich wollte dich nicht verletzen und du mich auch nicht. So entsteht Wohlwollen, auch wenn das Gespräch nicht mehr im Bett endet. Nach einigen Monaten oder einem Jahr kann man wieder über Anpassung und Freiheit, Geld und Sex mit freiem Geist reden. Das Gewitter ist vorübergezogen. Dann wissen beide, daß sie sich als Menschen schätzen und daß es nicht traurig ist, wenn kein sexuelles Finale stattfindet. Das sollten wir jetzt lernen. Und wir sollten bereit sein, alle Illusionen zu verlassen, um uns auf die Realität einzulassen.

VIERTES KAPITEL

WIE SOLL
MAN STREITEN?

»Jedes Bildnis ist eine Sünde.

Es ist genau das Gegenteil von Liebe...«

Max Frisch

Mann und Frau leben in verschiedenen Denkwelten. Wir haben festgestellt, daß Angst im Denken entsteht und Angst die Liebe zerstört. Wir haben des weiteren festgestellt, daß wir uns gegenseitig mit dem Denken voneinander trennen. Wo Angst und Trennung auftauchen, ist auch Streit nicht weit. Mann und Frau haben verschiedene Vorstellungsbilder voneinander; in diesen Bildern sind Wünsche und Sehnsüchte enthalten, bezogen auf die Gefühle und die Kommunikation und die Körpersprache.

Mann und Frau haben unterschiedliche Motive, eine Partnerschaft einzugehen, um dort das erfüllt zu bekommen, was sie sich von einer Beziehung vorstellen. Außerdem haben sie ein Selbstbild von sich, von dem sie ausgehen und meinen, daß es mit dem Bild übereinstimmt, welches sich der andere von ihnen macht. Aus dieser Konstellation heraus ergeben sich viele Diskrepanzen, die zu Meinungsverschiedenheiten führen können, über die wir mit Worten kommunizieren. Verbal – das kommt erschwerend hinzu – kann man sehr schnell sehr leicht aneinander vorbeireden, so daß sich der eine nicht vom anderen verstanden fühlt. Man hat dann das Gefühl, zwar viel geredet zu haben, doch nicht verstanden worden zu sein.

Wenn aus dieser schwierigen Konstellation heraus Angst entsteht, die Liebe geschwächt wird, gar verschwindet, Motive nicht durchdringen, Sehnsüchte sich nicht realisieren lassen, Abgrenzungen nicht verstanden werden, dann führt das zu Frustrationen, woraus wieder Aggressionen entstehen, getreu dem psychologischen Grundgesetz: Frustration erzeugt aggressive Gefühle. An diesem Punkt arten Gespräche sehr schnell zum Streit aus. Streit bringt Disharmonie.

Zwei Liebende fallen heraus aus dem Paradies (mehr darüber im fünften Kapitel), fallen in den alltäglichen Sumpf der Disharmonie, des Getrenntseins, scheitern an der Teilung der Weltanschauungen, der Philosophien, der Ideale und der gesellschaftsbezogenen Meinungen. Es tritt wieder das ein, was zuvor schon war: Unsere Konditionierungen, unsere Grenzen werden sichtbar, auch die verschiedenen Ebenen, auf denen wir uns gerade befinden.

Streit entsteht auf der rationalen Ebene im Gespräch, in der Diskussion, im verbalen Austausch von Gedanken und Gefühlen. Wir dachten, die Liebe hätte uns miteinander verbunden – und nun stellt sich heraus: Die Verbindung bricht ab. Statt uns zu nähern, entfernen wir uns voneinander: Die Gefühle ziehen sich zurück, das Denken bekommt mehr und mehr Raum und – die Getrenntheit voneinander wird sichtbar. Es wird nun versucht, mit Worten eine Verbindung zu schaffen, um Streit zu vermeiden. Wenn wir aber auf der verbalen Ebene unsere Standpunkte und Meinungen austauschen, haben wir uns auf Gedanken zu konzentrieren. Wir versuchen dann, das passende Wort zu finden, um das zu formulieren, was wir vermitteln wollen und was nicht, was wir mögen und was nicht. Das in Sprache zu fassen ist schwer. Es wird derjenige überlegen sein, der verbal versierter und rational nüchterner ist, der logischer denken kann, und es wird der andere sich daran messen müssen.

Ist einer sprachlich bzw. aufgrund seiner Rationalität unterlegen, wird er mit Wörtern bombardiert und seine mangelnde Kommunikationsfähigkeit als Frustration erleben. Er wird aggressiv. Aggression ist ein Gefühl. Der verbal Stärkere wird die Reaktion der Gefühle dann abwerten als emotional, unsachlich und unlogisch, sie in den Bereich der Sentimentalität und der Gefühlsduselei verweisen. Das ist ein erneuter Angriff. Der verbal Versiertere fühlt sich stärker, während sich der emotional Handelnde abgewertet fühlt. In ihm entsteht die Angst, an die ›Wand gedrückt‹ zu werden – und wenn er sich nicht mehr mit Worten wehren kann, dann wehrt er sich mit Wut und Körperausdruck.

Wenn es also zur Spannung und zum Streit kommt, dann setzt sich die Person mit der ganzen Palette ein: Versagt die Rationalität, wird zurückgegriffen auf die Emotionalität; versagt die auch, dann wird der Körper eingesetzt; versagt auch der, bricht alles in sich zusammen – es kommt zum Nervenzusammenbruch.

Muß es zu diesem Messen der Kräfte überhaupt kommen? Muß ausgelotet werden, wo die Stärken und Schwächen liegen? Muß es so weit kommen, daß einer seine Stärke gegen den anderen ausspielt? Muß die Liebe in solche gefährlichen Gewässer geraten, um dann eventuell unterzugehen?

Wir haben kaum eine Chance, das zu verhindern, wenn wir eine Beziehung eingehen. Es läuft immer wieder auf ein Kräftemessen hinaus, sofern die Kräfte nicht von Anfang an klar sind, denn nur dann gibt es keine Diskussionen. Es geht um ein Geben und Nehmen: Ich gebe dir jenes, und du gibst mir dieses dafür. Steht Geben und Nehmen in ›Preisrelation‹ zueinander als Tauschgeschäft, gibt es keinen Streit.

Wir könnten uns als Mann und Frau gegenseitig das geben, was der andere braucht. Dann wäre alles in Ordnung. Es kann allerdings ein Dissens auftauchen über die Menge. Ist der andere begierig, ist ihm das, was er bekommt, oft zu wenig. Er möchte mehr, mehr,

mehr, bis der andere dieses ›Mehr‹ nicht mehr geben kann.

Liebende wollen nur Liebe geben und nehmen. Dem Liebenden kann zu wenig sein, was er vom anderen erhält. So entsteht Frustration und alles, was daraus folgt. Das ›zu wenig‹ kann sich auf den Körper beziehen, also zu wenig Sex, zu wenig Streicheleinheiten; es kann sich auf die Seele beziehen, also zu wenig Emotion; es kann sich auf den Geist beziehen, also zu wenig intelligente Gedanken, Ideen, Kreativität. Der Vorwurf lautet: Du gibst mir zu wenig im Vergleich zu dem, was ich dir gebe. Nicht zu genügen, also dem anderen nicht das geben zu können, was er sich wünscht, erzeugt Angst.

Wir wollten uns als Mann und Frau einfach nur lieben – und jetzt geht es auf einmal um Wünsche und Defizite. Damit haben wir nicht gerechnet – und mit der daraus entstehenden Spannung auch nicht. Wir dachten, so geliebt zu werden, wie wir sind. Nun ist dieses zu wenig und jenes zu viel. Es wird immer nur das eine vermißt – das andere, das, was wir in Fülle geben könnten, wird dagegen nicht geschätzt. Es entsteht eine Verwirrung. Die Liebe hat uns verbunden; das Denken trennt uns wieder. Wir versuchen darüber miteinander zu reden, aber wir stellen fest: Wir reden aneinander vorbei. Die Verbindung der Liebe kann plötzlich den Bogen nicht mehr so weit spannen – und es entsteht ein Riß. Wir fallen beide zurück in unsere Motive, Sehnsüchte und Wünsche, in unsere Hoffnungen, Ideale und Ideen, in Konditionierungen und Traditionen – und wieder agieren wir aus der Position heraus, von der wir kamen, und nicht mehr aus der neuen Position der Liebe, die wir gefunden hatten. Wir sind enttäuscht. Auch diese Art der Frustration erzeugt Aggression.

Deshalb sage ich immer wieder: Erforsche dich selbst, und werde dir klar darüber, was du auf dieser Welt von einem anderen erwartest, der mit dir sein Leben teilen soll. Es ist wichtig, sich darüber klar zu sein. Mit der Liebe hat das übrigens nichts zu tun. Wenn dich die Liebe überrascht, wenn du sie fühlst, kann das alles in sich zusammenfallen. Dann wandelst du dich mit ihr, läßt alles fallen und wirst neu. Liebe ist ein Schritt in die Freiheit. Meist aber holen dich deine Wünsche, deine Ideale und dein Denken wieder ein. Liebe löst dich auf, aber das Ego mit seinen individualistischen Bestrebungen holt dich wieder zurück. Letztlich entscheiden wir uns nicht für die Liebe und nicht für die Freiheit. Wir kleben am Ego – und somit an der Unfreiheit. So hat das wunderbare Phänomen der Liebe nur sehr selten eine Chance. Wir beginnen zu streiten. Der Streit ist der Anfang vom Ende. Es gibt auch keine ›Streitkultur‹, die das ändern oder verbessern könnte. Da wir aus der Liebe herausfallen, weil wir eine Beziehung eingehen, stellt sich diese Problematik sehr vehement. Der konkrete Alltag ist Streitbereitschaft und nicht Liebe. Deshalb sage ich: Die Liebe ist ein wunderbares Phänomen. Wir sollten dieses Ereignis genießen, um daran zu wachsen. Die meisten glauben aber, am Streit würde man wachsen, würde man sich ›zusammenraufen‹.

ICH BIN EINFACH SO,
WIE ICH BIN

Jeder hat egoistische Vorstellungen, Ziele und Pläne. Das ist selbstverständlich, denn keiner kann sich auf Dauer nur für andere aufopfern und sich selbst dabei in den Hintergrund stellen. Das Wort ›Egoismus‹ ist zu einem Schimpfwort geworden, das ganz gezielt eingesetzt wird, wenn der eigene Wille nicht durchgesetzt werden kann. Ein Ego stellt sich gegen das andere Ego. Es geht immer um die Machtfrage: Wer setzt sich durch? Die Durchsetzungsstrategie ist oft sehr subtil und schwer zu durchschauen. Es gibt viele Methoden, Einfluß auf andere zu bekommen, um das zu erhalten, was man erreichen will. Zu diesem Punkt gibt es drei einfache Fragen: Was steckt dahinter? Welches Motiv spielt eine Rolle? Was will mein Gegenüber damit erreichen?

Die Strategien sind so unterschiedlich und vielseitig, so daß ich nur einige wenige hier herausgreifen möchte:

Ein anderer macht mir ein Kompliment: Er lobt meine Intelligenz und meine Leistungsfähigkeit. Was steckt dahinter? Es könnte ein selbstloses Lob sein, weil er glücklich darüber ist, mir das Kompliment zu machen. Das wäre die schönste Form des Kompliments: Er tut sich selbst Gutes, indem er mich lobt – dann meint er es ehrlich. Nur, leider, in den seltensten Fällen handelt es sich um diese lebensbejahende glückliche und den anderen beglückende Form. Wenn zwei sich lieben, könnte es so gemeint sein. Oft steht dahinter aber auch das Motiv: Ich möchte, daß du mir zuhörst, daß du aufgeschlossen für mich bist, daß du mir im

Gegenzug auch eine Anerkennung gibst. Ganz platt kann es auch bedeuten: Ich will mit dir ins Bett.

Nach Lob, Komplimenten und Anerkennung dürsten die meisten Menschen; deshalb sind sie mit dieser Methode auch so leicht zu fangen. Jeder hat einen Schwachpunkt, auf den er besonders sensibel ansprechbar ist: Die meisten Frauen wollen, daß ihre Attraktivität positiv bewertet wird, und die meisten Männer werden ›zugänglicher‹, wenn ihre Leistungsfähigkeit und ihre Statussymbole mit Lob bedacht werden.

Vor einiger Zeit sagte mir eine Frau: »Wenn mich ein Mann interessiert, dann mache ich ihm ein Kompliment, das sich auf seine Intelligenz und auf seine Karriere bezieht. Auf diese Weise errege ich seine Aufmerksamkeit und sein Interesse, auch wenn ich rein optisch nicht sein Typ sein sollte. Er wird sich gedanklich mit mir beschäftigen und davon fasziniert sein, daß ich seine Qualitäten erkannt habe und anerkenne.«

Die banale gegenteilige Strategie ist die – und das praktizieren viele –, einen anderen zu kritisieren. Vor allem Frauen reagieren auf dieses Muster, weil sie gefallen wollen. Ein Bekannter sagte zu mir einmal: »Ich zeige zunächst einer Frau, daß sie meine Aufmerksamkeit erregt hat. Aber dann kritisiere ich sie. Ich sage ihr zum Beispiel, daß ihre Frisur für sie unvorteilhaft ist oder daß ich mir vorstellen könnte, daß sie attraktiver wäre, wenn der Haarschnitt so und so wäre. Oder ich sage ihr einfach, daß sie kein Hosentyp ist, wenn sie eine Hose trägt, oder, umgekehrt, daß sie kein Rocktyp ist und ihr eine enge schwarze Hose besser stehen würde.«

Kompliment wie Kritik sind also Strategiefaktoren, um etwas zu bewirken. Beide Methoden können sehr wirkungsvoll sein. Welches Motiv steht dahinter? Den anderen zu interessieren, ihn wach zu machen für die eigenen Interessen. Ego steht gegen Ego: Das eigene Ego will gefallen, das andere Ego will sich ins Spiel bringen – und natürlich auch gefallen.

Mit Streit hat dies zunächst noch überhaupt nichts zu tun. Wenn auf Lob oder Kritik reagiert wird, dann kann es schnell zum Streit kommen, und zwar in dem Moment, in dem sich der andere nicht einwickeln läßt, sondern einfach dagegenhält: »Das stimmt nicht. Sie haben unrecht.« So gelangt der andere in die fatale Position, das Lob oder die Kritik erklären zu müssen, weil er ja recht haben will. »Daß ich nicht lache. Wer hier unrecht hat, sind Sie«, sagt der andere – und schon ist Streit da: Ego gegen Ego.

Wenn wir dieses Grundprinzip gründlich analysieren, erkennen wir darin die eigene Manipulierbarkeit und die Manipulation anderer. Wir versuchen etwas zu bewirken, ein Ziel zu erreichen, den anderen in unseren Bann zu ziehen. Oder: Der andere schafft es auf diese Weise, mich in seinen Bann zu ziehen. Es ist ein Machtspiel: Wer kriegt wen?

Wie löst man sich aus diesem Strategiespiel? Da wir von Kindheit an auf Lob und Tadel konditioniert reagieren, ist die Loslösung nicht einfach. Wir sollten uns bewußt machen, wie wir auf diese Weise von den Eltern und von unseren Lehrern manipuliert wurden. So hat sich ein Gefühlsmuster gebildet, das zwar sehr einfach ist, das aber immer noch funktioniert. So macht mich zum Beispiel Lob glücklich, wodurch ich zugänglicher werde, und so nehme ich mir zum Beispiel Kritik zu Herzen, um die Gunst eines anderen zu erwerben.

Es ist leicht zu erkennen, wie anfällig wir für Lob

und Tadel sind. Die Frage ist: Können wir uns davon ganz frei machen? In diesem Fall wäre Manipulation mit solch simplen Strategien nicht mehr möglich. Es wäre viel sinnvoller, einfach so zu sein, wie man ist, frei von Anerkennung und Kritik. Wäre es nicht wunderbar, davon überhaupt nicht mehr berührt zu werden? Aber die Konditionierung ist sehr stark; es geht um unsere Anerkennung. Und Anerkennung, selbst noch so geringe, braucht wohl jeder; das ist in uns verankert, das sitzt sehr, sehr tief. In einer Leistungs- und Konsumgesellschaft geht es eben primär um gutes ›Ankommen‹. So müssen wir unsere Arbeitskraft, unsere Leistungsfähigkeit und unsere Persönlichkeit auf dem Arbeitsmarkt gegen viele Mitbewerber verkaufen. Darüber hinaus wollen wir unsere Mann-Frau-Attraktivität auf dem Liebes- und Beziehungsmarkt gegen viele Mitbewerber anbieten und vermarkten. Unsere Mitmenschen werden zu Mitbewerbern um die Position und um die Gunst eines Partners. Es ist fatal: Die Vergleiche hören nie auf. Stets sind wir unter Anspannung, wenn es gilt, sich mit anderen zu messen.

Wir sind auf das Grundprinzip konditioniert: Du bist Winner oder Looser. Das Leben wird als Kampf verstanden und die eigene Persönlichkeit als Imageprodukt in diesem Kampf. Die anderen werden so zu Konkurrenten, die es gilt, aus dem ›Feld zu schlagen‹. Ich bin also manipulierbar, erpreßbar, bin abhängig von Erfolg und Mißerfolg, bin ständig im Streß, um Anerkennung zu erhalten. Natürlich trage ich das auch in die Partnerschaft hinein. Ich suche Lob und möchte Kritik vermeiden. So habe ich meine eigene Falle der Manipulierbarkeit in mir selbst errichtet. Der Partner, der genauso konditioniert ist, wird versuchen, Macht über mich zu erlangen. Das gleiche werde ich auch versuchen – schließlich bin ich so konditioniert wie er. Wer wird gewinnen? Es wird einen Sieger – und es wird einen Verlierer geben.

Kann ich mich davon radikal befreien? Wie kann ich dieser Falle der Manipulierbarkeit entkommen? Ich kann durchschauen, daß Lob wie Tadel völlig unbedeutend sind. Also löse ich mich vom Lob; es bedeutet mir nichts. Ich löse mich auch von Kritik und Tadel, weil beides mir nichts bedeutet. Das heißt nicht, gleichgültig oder träge zu sein. Ich lasse mich einfach nicht mehr davon berühren. Ich lasse das los – und damit bin ich aus der Manipulierbarkeit heraus. Ich bin, wie ich bin; das ist weder gut noch schlecht. Ich bin authentisch; und wie ich bin, ist es richtig und gut. Damit endet die Macht eines jeden anderen. Er setzt jetzt vielleicht die letzte Waffe ein, indem er sagt: »Du bist ein Egoist!« Wie entkomme ich dieser Kritik?

EGOISMUS
IST DIE REALITÄT

Keiner möchte als ›Egoist‹ beschimpft werden. Wir haben das Ideal, kooperativ, solidarisch und sozial sein zu wollen. In Wahrheit aber sind wir egoistisch. Wir müssen es sogar sein, um in einer Gruppe oder in einer Zweierbeziehung zurechtzukommen. Hinter dem Ideal ›solidarisch und sozial‹ verbirgt sich das (scheinbare) Gegenteil Egoismus jedoch nicht grundsätzlich. Es kann vielmehr sehr egoistisch sein, sich solidarisch zu verhalten, nämlich dann, wenn es die Situation erfordert, weil ich sonst als Individuum untergehen würde.

Bei einer Expedition durch den Dschungel Südamerikas muß ich mich einfach gegenüber den Teilnehmern solidarisch verhalten, kann ich nicht einfach meinen Kopf durchsetzen, da ich alleine ohne Träger und ohne einheimische Führer, welche die Gegend kennen – die Berge, die Flüsse, die Täler – und die Sprache der Ureinwohner beherrschen, nicht überleben könnte. Mein Egoismus, aus der ganzen Sache lebend und gesund herauszukommen, zwingt mich zur Kooperation. Das hat nichts mit Idealismus zu tun.

Ich habe in der Vergangenheit viele Menschen beraten, die sich in religiösen, politischen und sozialen Organisationen für andere eingesetzt haben und die wegen Liebeskummer oder wegen Problemen in der Partnerschaft meine Beratung suchten. Eine vierzigjährige Pädagogin, die in der Obdachlosen- und Alkoholikerbetreuung tätig war, führte mit mir das folgende Gespräch:

»Ich war mein ganzes Leben für andere da und habe der Gesellschaft meine Dienste gegeben. Man hat von mir genommen – mein Mitgefühl, meinen Einsatz, meine Energie. Ich habe das gerne gegeben, da der Mensch ein soziales Wesen ist und für andere etwas tun sollte. Das entspricht meiner religiösen Auffassung und auch meiner sozialen politischen Einstellung. So habe ich auch für meinen Ehepartner und meine Tochter alles gegeben und mich selbst oft in den Hintergrund gestellt. Jetzt fühle ich mich depressiv und kraftlos. Mein Mann hat eine Geliebte, und meine sechzehnjährige Tochter greift mich an. Sie sagt, ich hätte ihren Vater zuviel allein gelassen und deshalb wäre das passiert. Ich wäre selbst schuld daran, daß er nun eine Freundin hätte. Es tut so unendlich weh, die ganzen Jahre Kraft und Liebe investiert zu haben, die eigene Person in den Hintergrund gestellt zu haben und nun feststellen zu müssen, daß man dafür keinen Dank erhält. Was habe ich nur falsch gemacht? Ich fühle mich vom Egoismus meines Mannes betrogen und von der egoistischen, ja egozentrischen Denkweise meiner Tochter mißverstanden. Oder mache ich einen Denkfehler?«

»Sie haben einen sozialen Beruf gewählt, der viel persönlichen Einsatz erfordert. Das ist anerkennenswert. Sie haben in Ihrer Ehe versucht, Ihrem Mann und Ihrer Tochter alles recht zu machen, eine gute Partnerin und gute Mutter zu sein. Sie fühlten sich auf dem richtigen Weg, weil Sie sozial und solidarisch gehandelt haben anstatt egoistisch. Ist es nicht so?«

»Ja, ich bin mir keiner Schuld bewußt. Ich habe mich immer für andere eingesetzt – und nun erhalte ich als Quittung die Abwendung meines Mannes und auch noch die Vorwürfe meiner Tochter. Ich bin in ein tiefes Loch gefallen, aber ich bin davon überzeugt, daß ich das nicht verdient habe.«

»Sie haben sich sozial verhalten, kooperativ und altruistisch. Jetzt erwarten Sie einen Dank, eine Anerkennung dafür. Also haben Sie ja gar nicht so altruistisch gehandelt, denn Sie erwarten dafür Lohn. Sie hatten ein egoistisches Motiv im Hintergrund: Ich bin gut und solidarisch, also darf ich dafür Lob, Anerkennung, ja, vielleicht sogar Bewunderung erwarten. Sie haben Ihr Ego zwar vordergründig zurückgestellt, aber auch deshalb, um indirekt einen Lohn für Ihr Ego zu erhalten, nämlich Dankbarkeit und Zärtlichkeit, auch Liebe – und die Abhängigkeit anderer von Ihrer sozialen Haltung. Ihr Motiv ist also durchaus egobezogen – nach dem Motto: Wenn ich sozial handle, erhalte ich etwas zurück, das meinem Ego guttut.«

»Ich habe es aber aus einer religiösen und politischen Einstellung heraus getan. Ich wollte helfen und für andere in positiver Weise da sein. Was ist falsch daran?«

»An diesem Grundgedanken ist nichts falsch. Es gibt daran nichts zu kritisieren. Man darf geben, ohne nehmen zu wollen. Sobald man aber eine Gegenleistung erwartet, sitzt man in der Falle. Dann ist der Altruismus egoistisch im Grundmotiv. So gelangen wir wieder zum Egoismus. Wir müssen uns klar darüber werden, daß wir elementar egoistisch sind und nichts Schlechtes damit verbunden ist.

Jeder Guru beispielsweise möchte den Menschen eine Heilsbotschaft verkünden. Aber was steckt dahinter? Er möchte dafür anerkannt, möchte von seinen Anhängern und Jüngern verehrt werden, möchte also, daß seinem Ego geschmeichelt wird. Das wäre aus der Distanz ja alles noch als nett und humorvoll zu betrachten, aber meist will solch ein Guru auch noch das Vermögen seiner Anhänger überschrieben bekommen, damit er in einem Rolls-Royce fahren kann.

Ich sehe Ihren kritisch-mißbilligenden Blick auf mich gerichtet. Sie wollen mir damit sagen ...«

»Das trifft auf mich ja überhaupt nicht zu. Ich habe von niemandem Geld genommen oder mich persönlich in Szene setzen wollen.«

»Das ist richtig. Soweit sind Sie nicht gegangen. Sie wollten nur in Ihrem kleinen Kreis Anerkennung finden: Ihr Mann, Ihre Tochter, der Alkoholiker, der Obdachlose und Ihr Chef, vielleicht auch Ihr Priester sollten Sie dafür loben. Bitte verstehen Sie mich nicht falsch. Ich kann sehr gut verstehen, daß Sie diese egoistischen Vorstellungen hatten. Das ist völlig legitim, da wir egoistisch fühlen und denken. Der eine holt sich Anerkennung, indem er ganz offen mit Statussymbolen protzt und sich am Neid seiner Nachbarn und Mitmenschen ergötzt, der andere holt sie sich, indem er sich dienend sozial verhält und meint, sich die Anerkennung redlich verdient zu haben. Sie wollten unegoistisch gut sein. Sie waren gut – das ist nicht das Thema, denn Sie haben alles richtig gemacht und vielen geholfen. Aber waren Sie frei von Egoismus? Ich meine nein. Und ist das jetzt eine Kritik an Ihrer Persönlichkeit? Natürlich nicht, denn es ist Ihr gutes Recht, egoistisch zu sein, offen und deutlich ausgesprochen – oder eben mit dem Mantel des Sozialen und Altruistischen versehen.

Entscheidend ist die Erkenntnis, daß wir egoistisch sind – und das auch sein müssen. Es ist nichts Schlechtes am Egoismus. Das hat uns aber niemand gesagt. Der Egoismus wurde verteufelt, wurde als unsozial und unmoralisch hingestellt. Also haben Sie sich davon abwenden wollen und sozial gehandelt, um ein guter Mensch zu sein. Aber wir können es verdrängen und zu verbergen suchen – es ändert nichts daran, daß wir egoistisch sind. Das Ideal hindert uns daran, die Realität zu sehen. Wenn wir an das Ideal glauben, meinen wir, sobald wir dem Ideal nicht entsprächen, würden wir dafür verurteilt. Wir wollten und wollen es allen recht machen. Wem? Den anderen, einer Institution, einer sozialen Gruppe, dem Ehepartner, dem Kind, der Familie, der Gesellschaft? Irgendwann lauern alle nur darauf, uns für irgendeinen Fehler anzugreifen. Und irgendwann haben wir es dieser Gruppe, jener Institution nicht ganz recht gemacht, so sehr wir uns auch bemüht haben. Darin liegt die Komik der Tragödie.«

»Und was soll ich jetzt tun?«

»Das erkennen. Sie machen sich das bewußt und erkennen, daß Sie egoistisch waren und sind und daß darin nichts Schlechtes enthalten ist. Die anderen sind in der gleichen Situation. Also stehen Sie zu sich selbst. Verurteilen Sie sich nicht und auch nicht den Egoismus eines anderen, weder den Ihres Ehepartners noch den Ihrer Tochter. Jedes Individuum geht von sich aus. Wir haben nicht gelernt, den anderen wirklich zu verstehen. Beginnen Sie sich selbst und die anderen zu verstehen, nicht nach einem Ideal, sondern wirklich. Wenn wir die Wirklichkeit schonungslos sehen, klärt sich alles. Egoismus ist die Realität.«

EGOSTÄRKE IST
PERSÖNLICHKEITSSTÄRKE

Wir zeigen uns gegenseitig unsere Grenzen. Das ist normal, das muß so sein, auch wenn wir die Werte Toleranz und Verständnis, Mitgefühl und Nachsicht hoch einschätzen. Vor einigen Jahren führte ich hierüber ein Gespräch mit einem bekannten Künstler, dessen Namen ich natürlich nicht preisgeben kann.

Er begann das Gespräch: »Ich bin zutiefst traurig, da ich mich seit einigen Tagen mit Trennungsgedanken herumplage. Ich möchte im Gespräch mit Ihnen verstehen, wie es dazu gekommen ist.

Vor zwei Jahren lernte ich eine Frau kennen, in die ich mich rückhaltlos verliebte. Nach zwei gescheiterten

Ehen bin ich mittlerweile dreiundfünfzig Jahre alt – und war überglücklich, mich nochmals so verlieben zu können. Ich bin, wie Sie sich denken können, trotz zweier Scheidungen, die mich viel Geld kosteten, immer noch recht vermögend. Jedenfalls ist mir das Haus mit dem großen Park geblieben. Meine neue Partnerin zog zu mir ins Haus. Ich bewohnte das Erdgeschoß, und sie konnte die erste Etage beziehen. Ich war sehr glücklich darüber, daß in mein Leben eine neue Frau getreten war, die ich liebte und die mich auch liebte, wie sie mir versicherte. Wir wollten beide – auch sie war geschieden – ein neues Leben in einer gemeinsamen Beziehung beginnen. Wir wollten uns gegenseitig glücklich machen, aber auch nicht beengen; deshalb sollte sie nicht zu mir ins Erdgeschoß ziehen, sondern auf der ersten Etage leben; wir waren ja nur zwölf Stufen voneinander getrennt und konnten uns jederzeit ›besuchen‹, sobald einer den anderen sehen wollte.

Sie wohnte mittlerweile vier Wochen in meinem Haus, da beobachtete ich folgendes: Ich kam gegen neunzehn Uhr nach Hause, um etwas zu essen. Ich muß erklären, wir haben unsere Partnerschaft so vereinbart, daß sie nicht für mich kocht und wir nur gemeinsam essen, wenn wir das gegenseitig vereinbaren, denn wir wollten eine freie Partnerschaft führen. Sie wollte keine üblichen hausfraulichen Pflichten für mich übernehmen. Um meine Wohnung kümmerte sich eine Putzfrau, um ihre Wohnung kümmerte sie sich selbst.

Ich war also an diesem Abend zehn Minuten im Haus, da beobachtete ich, daß ein Auto nach dem anderen vorfuhr und Personen ausstiegen, mit Geschenkpäckchen in der Hand, an der Eingangstür klingelten und nach oben auf die erste Etage gingen – sie hatte übrigens in meinem Haus einen separaten Eingang. Es wurde mir bewußt, daß sie also offensichtlich Leute eingeladen hatte. Sie hatte mich nicht darüber informiert. Also dachte ich, nun ja, sie wird gleich herunter kommen und mich nach oben bitten oder mich anrufen, daß ich, wenn alle Gäste da sind, nach oben kommen soll. Ich wartete bis einundzwanzig Uhr. Sie kam nicht herunter, und es erfolgte auch kein Anruf. Sie feierte also oben mit ihren Gästen allein, und ich fühlte mich ausgegrenzt. Bis zweiundzwanzig Uhr erwartete ich noch ihren Anruf, dann war mir klar, daß sie allein feiern wollte und ich offensichtlich nicht eingeladen war. So, das ist die Ausgangssituation unserer Problematik.«

»Wie haben Sie sich an diesem Abend und danach verhalten?«

»Ich habe mich an diesem Abend ziemlich betrunken, um diese Ausgrenzung zu ertragen. Am nächsten Morgen rief ich sie an. (Wir frühstückten übrigens auch nicht gemeinsam, weil ich mein Frühstückscafé habe, in dem ich morgens die Zeitung lese, um danach ins Atelier zu fahren.) Ich rief sie also an und fragte: ›Warum wurde ich gestern nicht eingeladen?‹ Sie antwortete: ›Ich habe meine Freunde und Freundinnen eingeladen und dachte, daß dich das nicht interessiert.‹ Da wurde mir schlagartig klar, daß sie ihr Leben frei und unabhängig von mir leben wollte und Partnerschaftlichkeit sie gar nicht interessierte. Ich wurde wütend und machte ihr Vorwürfe, mich nicht informiert zu haben. Sie antwortete, da sie ja nicht gewußt hätte, ob ich eingeladen werden wollte, hätte sie das nicht so wichtig genommen; schließlich hätte ich ja nach oben kommen können, nachdem ich ihre Gäste bemerkt hätte. – So lag der ›Schwarze Peter‹ bei mir. Ich war der Beleidigte, der nicht die Freiheit besaß, einfach nach oben zu kommen und mitzufeiern.

Seit diesem Tag ist ein Riß in unserer Beziehung. Ich habe mich zurückgezogen. Wir leben gemeinsam in einem Haus, unter einem Dach – und wir finden nicht mehr zu einem Gespräch zusammen. Ich weiß nicht mehr, was richtig und was falsch ist. Wie soll ich mich verhalten? Ich liebe diese Frau, fühle mich aber so brüskiert, daß ich meine Liebe ihr gegenüber nicht mehr zum Ausdruck bringen kann.«

»Wir wollen gemeinsam darüber nachdenken. Ihre Partnerin hat einen groben Fehler gemacht, Sie nicht darüber zu informieren, daß sie an dem Abend Gäste haben würde. Sie hat Ihnen nicht die Möglichkeit gegeben, sich zu entscheiden, ob Sie dabei sein wollen oder lieber den Abend unten für sich allein verbringen wollen. Es war für Sie kränkend und demütigend, daß Sie weder informiert noch eingeladen wurden. Ihre Partnerin hat sich in unverständlicher Weise, nachdem Sie nun gemeinsam in einem Haus leben, unpartnerschaftlich verhalten. Sie hätte Sie wenigstens informieren müssen. Nichts über die Einladung in Ihrer Wohnung zu sagen ist unkommunikativ. Sie wollte damit dokumentieren, daß sie, obwohl schon ein freiheitliches Verhältnis bestand, ihr Leben völlig separat von Ihnen leben möchte. Sie wollte damit zeigen: Hör mal, alter Junge, ich bin zwar deine Partnerin, aber ich lebe mein eigenes Leben oben, und du lebst deines unten. Das war eine sehr klare Dokumentation, wie sie Partnerschaft sieht und in Zukunft führen will.«

»Ich sagte ihr bei dem Telefonat: Du weißt wohl überhaupt nicht, was Partnerschaft ist?!«

»Was antwortete sie darauf?«

»Sie sagte nichts darauf. Jedenfalls ging sie auf diese Thematik nicht weiter ein. Sie protestierte nicht, sondern schob mir die Schuld zu: Ich hätte ja hochkommen können, wenn ich dabeisein wollte.«

»Ich kann Ihnen dazu nur sagen: Es war richtig, daß Sie nicht einfach hochgegangen sind, denn Sie waren nicht informiert über das Treffen oder die Party, und Sie waren ja auch gar nicht eingeladen. Sie haben sich absolut korrekt verhalten. Ich verstehe Ihre Brüskierung. Die ganze Problematik, die jetzt in einem Schwebezustand ist, da jeder sich beleidigt in sein Schneckenhaus zurückgezogen hat, sollte offen diskutiert werden. Vor dieser offenen Konfrontation haben Sie sich bisher gescheut.«

»Ich liebe meine Freundin und möchte sie nicht verlieren. Ich fühle in mir, daß sie ein sehr liebloses Verhalten mir gegenüber gezeigt hat, und ich kann das nicht tolerieren. Ich müßte mich – das empfinde ich so – von ihr trennen. Zu diesem Trennungsentschluß habe ich mich noch nicht durchgerungen. Ich weiß nicht, wie ich mich verhalten soll. Deshalb bin ich ja heute bei Ihnen. Ich erhoffe mir von dem Gespräch eine Klärung meiner vertrackten Pattsituation.«

»Aufgrund Ihrer Liebe sind Sie verletzbar und erpreßbar. Ihre Partnerin hat diese Liebe in unpartnerschaftlicher Weise bis an die Grenze der Belastbarkeit strapaziert. Sie hat eine Machtprobe veranstaltet. Wie weit kann ich gehen? Toleriert er meine Freiheit? Kann ich, ohne ihn zu informieren, oben in meiner Wohnung machen, was ich will, obwohl wir eine Partnerschaft haben?

An diesem Punkt muß das Gespräch einsetzen. Sie müssen genau wissen, was Sie wollen. Können Sie ihr diese Freiheit zugestehen oder nicht? Wenn nicht, dann müssen Sie ihr das unmißverständlich sagen.«

»Ich bin schockiert darüber, daß sie sich diese Freiheit einfach herausgenommen hat, ohne mich zu fragen.«

»Ihre Partnerin scheint sehr selbstbewußt, ja selbstherrlich zu sein. Sie nahm sich einfach die Freiheit. Sie hat es auf diese Probe ankommen lassen, die sehr gefährlich sein kann, denn Sie könnten sich so gedemütigt fühlen, daß eine Fortsetzung der Partnerschaft für Sie nicht mehr möglich ist. Ich denke, daß sie eine große Toleranz von Ihnen erwartet.«

»Das ist richtig. Ich bin sehr liebevoll, sehr gelassen und sehr tolerant. Ich will aber andererseits auch nicht ausgenutzt werden.«

»Sie ist bis an die Grenze Ihrer Toleranzschwelle gegangen. Und sie hatte ja das Argument direkt parat: Du hättest ja einfach hochkommen können. Sie hat Ihnen den ›Schwarzen Peter‹ zugeschoben, sehr geschickt, sehr clever und elegant, mit sehr wenig Einfühlungsvermögen für Ihre psychische Situation. Sie hat Ihnen damit dokumentiert: Ich mache, was ich will, sieh du mal zu, wie du damit zurecht kommst. Sie hat Stärke gezeigt, und sie hat Sie in die Position der Schwäche manövriert. Ihr Aufbegehren bringt Sie in die Schwäche, denn sie kontert, du hättest ja stark sein können und ungeniert und nonchalant einfach hochkommen können, auch wenn du nicht informiert warst.

Sie hat einen Fehler gemacht – das ist gar keine Frage –, und deshalb liegt es jetzt bei Ihnen, darauf zu reagieren. Sie sollten, ja Sie müssen Persönlichkeitsstärke zeigen. Es führt kein Weg daran vorbei, diesen Vorgang zu thematisieren. Sie müssen ihr unmißverständlich sagen, was Sie in Zukunft wollen und was nicht. Ein solches Gespräch kann nicht einfach nur locker nebenbei geführt werden. Es muß, auch wenn es schwerfällt, die Konsequenz genannt werden: daß Sie sich von ihr trennen und ihr die Wohnung in Ihrem Haus aufkündigen würden.

Ich weiß, wenn man liebt, kann man das kaum aussprechen. Aber diese Klarheit ist Persönlichkeitsstärke. Wir dürfen uns nicht aufgrund unserer Liebe erpreßbar machen. Das traurige und tragische ist, daß gerade der Liebende der Erpreßte und oft Unterlegene ist und der Nichtliebende darüber triumphiert. Das sollte nicht geschehen, und deshalb sage ich, daß Persönlichkeitsstärke das wichtigste ist. Nicht geliebt zu werden ist schmerzlich genug – das sollte nicht auch noch mit dem Verlust unserer Persönlichkeitsstärke verbunden sein.

Wenn wir nicht geliebt werden, dann müssen wir lernen, damit zu leben, ohne unsere Persönlichkeitsstärke zu verlieren. Es ist grauenvoll und entwürdigend, wenn der Ungeliebte dann zu einem winselnden Wurm wird, gepeinigt von dem Schmerz, nicht geliebt zu werden – und sich selbst durch die Schwäche seiner Persönlichkeit demütigt. Auch nicht geliebt zu werden sollte das Ego hinnehmen. Ich werde zwar nicht geliebt, aber ich kenne meinen Wert und bleibe davon unbeschadet der, der ich bin.«

»Soll ich ein Gespräch mit ihr darüber führen?«

»Gab es bisher kein weiteres Gespräch außer dem Telefonat am Morgen?«

»Nein, ich schiebe das derzeit vor mir her.«

»Hat sich Ihre Partnerin zwischenzeitlich einmal gemeldet?«

»Ja, sie rief an und wollte wissen, ob wir am Samstag in einem bestimmten Restaurant zusammen essen. Ich habe zugesagt.«

»Lebt jeder in seiner Wohnung für sich und trifft man sich gegenseitig nur, wenn etwas verabredet wurde?«

»Ja, wir respektieren, obwohl wir im gleichen Haus leben, die Privatsphäre des anderen. Wir treffen uns nur, wenn wir das zuvor telefonisch vereinbart haben.«

»Um so mehr hätte sie Sie informieren und zu ihrer Party einladen müssen. Damit wird doch klar, daß Sie nicht einfach hochkommen, sondern informiert werden mußten. Sie führen eine Partnerschaft, die dem anderen sehr viel Freiraum und Privatsphäre läßt. Es geht also zu weit, eine Party zu feiern und den Partner nicht zu informieren. Sie hätte es Ihnen ja freistellen können, zu kommen oder nicht zu kommen. Das zeigt, daß Ihre Partnerin keine Herzenswärme besitzt und daß sie in diesem Fall nicht miteinbezogen hat, wie Sie sich unten fühlen könnten, während sie oben mit Freundinnen und Freunden feiert. Das müssen Sie ihr deutlich sagen.«

»Ich befürchte, daß es dann zum Streit kommt. Sie wird wieder mir die Schuld zuschieben, weil ich nicht hochgekommen bin.«

»Es gibt Situationen, da muß man Streit riskieren und die Angst über den möglichen Ausgang überwinden. Sie sagen ihr klipp und klar, was Sie denken und wollen. Sie sagen ihr, daß Sie sich unter der Partnerschaft etwas anderes vorgestellt haben und daß Sie ein solch unfreundschaftliches Verhalten bei aller Toleranz nicht akzeptieren können und daß Sie bereit sind,

176

sich zu trennen, wenn so etwas nochmals vorkommen sollte.

Es muß deutlich werden, wo Ihre Grenzen liegen. Man muß den Mut zur Klarheit aufbringen. Das Verhalten Ihrer Partnerin war extrem egoistisch, ja egozentrisch. Hier wurde ein egoistisches Verhalten an den Tag gelegt, das Ihre Gefühle verletzt und – von Liebe ganz zu schweigen – auch die üblichen freundschaftlichen Gepflogenheiten verletzt. – Wir müssen uns immer wieder im Gespräch die gegenseitigen Grenzen zeigen. Das Gespräch – oder der daraus entstehende Streit, wer nun recht hat – sollte sachlich geführt werden, wobei die verletzten Gefühle sichtbar werden dürfen. Völlig emotionslos können Sie darüber nicht reden. Ich merke ja, wie in Ihrer Stimme Wut, Trauer und Depression mitschwingen. Zeigen Sie ihr Ihre Gefühle. Sie können auch laut werden, ohne zu schreien, denn wer schreit, dem wird Schwäche unterstellt. Also lassen Sie es auf ein Streitgespräch ankommen. Sie sind in einer Situation, in der eine Klärung Ihrer Gefühle und Ihrer Grenzen notwendig ist. Sie würden sonst leiden und diese Frau würde Sie unterbuttern und Ihr Schweigen als Schwäche auslegen. Dann könnte sie auch in Zukunft mit Ihnen machen, was sie will. Das kann nicht der Sinn Ihrer Partnerschaft sein. Die Grenzen der Würde des anderen dürfen nicht verletzt werden. Ich frage mich, ob Ihre Partnerin Sie liebt, wenn sie sich Ihnen gegenüber so lieblos und ohne Einfühlung in Ihre Person verhält. Wenn sie Sie liebt, dann wird sie Ihre Situation verstehen und einlenken.«

REDEN IST KLUG,
SCHWEIGEN IST DUMM

Der Künstler hat mir vom Verlauf des Gesprächs berichtet. Er hat ihr beim Abendessen offen seine Empfindungen und seine Verletztheit erläutert, und sie hat ihm versprochen, keine Einladung mehr zu machen, ohne ihn darüber zu informieren. Nach dem Abendessen hatten beide, wie er mir sagte, noch »wunderbaren Sex« zusammen. Und doch führte diese Liaison zu keinem Happy-End. Nach zwei Jahren trennten sie sich, weil die Partnerin erneut Grenzen verletzt hatte. Sie buchte einen Urlaub mit einer Freundin, ohne ihn zu informieren, und eröffnete ihm dies zwei Tage vor ihrem Abflug. Er trennte sich nach ihrer Rückkehr aus dem Urlaub von ihr und verkaufte das Haus.

Ich erinnere mich daran, daß meine Eltern des öfteren das Sprichwort gebrauchten: »Reden ist Silber, Schweigen ist Gold.« Ich bin durch meine Lebenserfahrung zu einer gegenteiligen Anschauung gekommen. Gut, man muß auch schweigen können; natürlich darf man das, was ein anderer mir vertraulich mitteilt, nicht weitererzählen. Schweigen hat seine Bedeutung vor allem dann, wenn man Verschwiegenheit versprochen hat. In einer Paarbeziehung ist allerdings große Offenheit notwendig. Mann und Frau müssen miteinander reden und deutlich zum Ausdruck bringen, was sie denken, was sie wollen und voneinander erwarten.

Wenn man sich verliebt und den anderen erobern möchte, zeigt man sich von der besten Seite und versucht die negativen Eigenschaften zu verbergen. Der männliche Pfau schlägt sein Rad. Eine Frau, die verführt werden möchte, kaschiert auch nicht ihre Weiblichkeit. Es ist legitim, sich im positiven Licht zu präsentieren. Das macht ja auch den Charme der Verliebtheitsphase aus. Wenn die beiden Verliebten eine Beziehung eingehen, eine Wohn- und Lebensgemeinschaft gründen, dann sollten sie über alles reden, auch über die weniger angenehmen Momente des Lebens. Wir sollten uns als Personen gegenseitig offenbaren. Dann sollte alles offen auf den Tisch gelegt werden, so etwa auch die Zahlungsverpflichtungen für ein uneheliches Kind, die beruflichen Schwierigkeiten und Probleme; auch über Ängste und Sorgen, über Minderwertigkeitsgefühle, über Neid und Aggressionen, über Erwartungen, Sehnsüchte, Wünsche sollte offen geredet werden. Darüber zu reden ist klug, es zu verschweigen dumm.

Ich weiß, die meisten scheuen sich davor, in ihre eigene Seele zu schauen. Sie machen sich selbst gegenüber etwas vor. Sie wollen nicht sehen, daß in ihnen Neid und Aggression ist, mangelndes Selbstwertgefühl, Hilflosigkeit, Depression und Angst. Sie wollen die Illusion pflegen: Ich bin intelligent, kreativ, selbstbewußt, bin ohne Angst – nein, Neid ist mir fremd; ich bin nicht aggressiv, denn ich verabscheue Wut; ich bin zärtlich, freundlich, liebevoll, ferner stark und fit; ich fühle mich glücklich, und Depressionen kenne ich nicht; ich bin kontaktfähig, aufgeschlossen, habe Energie – und eifersüchtig bin ich auch nicht. Wir schaffen von uns ein Idealbild, ein Bild, dem wir entsprechen wollen, aber das uns nicht wiedergibt. Wie wir wirklich sind – das gestehen wir uns oft selbst nicht ein. Natürlich hat jeder positive Eigenschaften, aber wir haben auch unsere Ecken und Kanten. Morgens sind wir vielleicht mürrisch, abends lustlos; wir sind nervös und neigen zu Erkältungen; wir sind aggressiv, eifersüchtig, neidisch, oft frustriert und haben Selbstwertprobleme. Wir möchten aber der strahlende glückliche Mensch sein – und den geben wir nach außen hin oft genug vor.

Für jeden von uns ist es ungemein wichtig, sich selbst nicht zu betrügen und zu sich selbst zu stehen. Ich sage: Lausche und schaue nach innen, und erkenne dich selbst. Diese Selbsterkenntnis ist die wichtigste Voraussetzung dafür, sich mit einem anderen Menschen auf eine Beziehung einzulassen. Wer nicht gelernt hat, sich schonungslos selbst zu erkennen – wie soll der dann den kritischen Bemerkungen des anderen standhalten können? Er wird sich verteidigen und frustriert darüber sein, sich verteidigen zu müssen. Wenn ich mich nicht tiefinnerlich verstanden habe, wie soll ich dann beurteilen können, ob mich der andere falsch oder richtig beurteilt? Wir sollten uns selbst erkannt haben, bevor der andere mit seinen Statements uns ärgern oder verwirren kann. Erst wenn wir schonungslos mit uns umgegangen sind und schließlich erreicht haben, uns zu erkennen, können wir mit ihm über seine Beurteilung unserer Person reden. Wenn beispielsweise der andere sagt: »Ich habe erkannt, daß du den selbstbewußten Charmeur spielst, der nur eine Fassade aufgebaut hat. In Wahrheit bist du ein ängstlicher Typ, der vermeiden möchte, kritisiert zu werden!«, dann stellt sich die Frage, wie ich mit so einer Aussage umgehen kann. Oder er sagt: »Du bist ehrgeizig und egoistisch. Durch deine Erfolge möchtest du dein Selbstbewußtsein steigern. Es geht dir in erster Linie darum, überlegen zu sein. Außerdem bist du machtbesessen. So ist Sexualität für dich Macht. Du möchtest andere von dir abhängig machen, denn du bist nicht nur ehrgeizig, sondern auch eifersüchtig.« Wie soll ich auf solch eine Aussage reagieren?

Wenn ich mich selbst nicht erkannt habe und ein anderer versucht, mir seine Meinung über mich aufzudrängen, kann ich damit nicht umgehen. Ich sollte ganz offen darüber reden, wie ich mich sehe, und dann kann der andere mir offenbaren, wie er mich sieht. Jeder kann sich im anderen spiegeln. Ich sehe dich so, und du siehst mich so. Du hast ein Bild von dir, und ich habe mir jenes Bild von dir gemacht. Der Austausch dieser Bilder muß über die Sprache erfolgen. Das ist hochproblematisch, da Wörter meist unpräzise gebraucht werden und das Ringen um das richtige Wort große Konzentration und Einfühlsamkeit erfordert. Das Wort ist immer nur eine Bezeichnung und nie die Sache selbst. Dahinter liegt das weite Feld der Erwartungen, Hoffnungen, Sehnsüchte, Wünsche, der Ideale und Ideen.

Wir sollten keine Ideen voneinander pflegen, sondern all das konkret aussprechen, was uns bewegt und beschäftigt, sollten schonungslos und klar darüber reden. Das wäre klug. Statt dessen verbergen wir unsere wahren Motive. Wir haben Angst, nicht akzeptiert zu werden und die Liebe und Beziehung zu gefährden. Trotzdem sage ich: Sei schonungslos offen, offenbare dich auch auf die Gefahr hin, daß dich der andere nicht versteht. Riskiere es, nicht verstanden zu werden, riskiere, dich frei zu äußern und Widerspruch dafür zu erhalten. Riskiere auch den drohenden Liebesentzug. Riskiere, den Erwartungen des anderen, der Gesellschaft, der Religion, der Politik, der Philosophie nicht zu entsprechen.

Lerne zu sagen, ich möchte dieses und jenes und meide das andere. Sei klar und eindeutig. »Ich erwarte mir Kinder« – das ist eine klare Aussage. »Ich möchte mein Selbstbewußtsein steigern durch meinen Partner« – das ist eindeutig. »Ich möchte wirtschaftlich abgesichert sein. Deshalb will ich versuchen, jeden Tag für meine Zukunft zu sorgen, indem ich das Materielle über das Ideelle stelle« – das ist offen und ehrlich gesprochen. Sage: »Ich brauche Sex. Ich brauche es, begehrt zu werden. Ich stehe dazu« oder sage: »Ich möchte von meinem Partner nicht beherrscht werden, möchte frei sein, verwöhnt werden – und ich möchte ihn unterdrücken und meine sadistischen Neigungen ausleben.« Wir sollten das, was uns bewegt und vorschwebt, von Anfang an dem anderen sagen, direkt und ohne Umschweife.

Statt dessen machen wir uns lieb Kind, schmeicheln uns ein, um zu erziehen und zu manipulieren. Das ist nicht gerade klug, denn es führt in eine Sackgasse.

RICHTIGES UND FALSCHES STREITEN

Es ist wohl eindeutig das wichtigste in einer Partnerbeziehung: Man muß miteinander sprechen. Die Schwierigkeiten und Probleme, die sich im Alltag zwangsläufig ergeben, sollten nicht unter den Teppich gekehrt werden. Das heißt nicht, daß aus jeder Kleinigkeit eine große Diskussion entstehen sollte, so etwa darüber, ob der Tisch richtig gedeckt ist, ob das Glas links oder rechts vom Teller stehen sollte. Wenn der eine morgens mürrisch ist und der andere fröhlicher Dinge, dann hat es wenig Sinn, darüber immer wieder zu diskutieren. Die Mentalität des anderen muß einfach akzeptiert werden. Etwas anders sieht es mit den großen Linien der Partnerschaft aus. Mit ihnen sollte man sich intensiv auseinandersetzen und auch schon mal eine streitige Auseinandersetzung riskieren.

Gibt es nun einige Regeln für richtiges Streiten? Und auf welche Art drückt sich wiederum falsches Streiten aus? Ich versuche zunächst einmal zu illustrieren, was falsches Streiten ist.

Nehmen wir als Beispiel den bereits zitierten Künstler. Er will seiner Partnerin klarmachen, warum er es nicht tolerieren kann, einfach nicht eingeladen worden zu sein. Vor diesem Hintergrund könnte das Gespräch sehr aggressiv und emotional beginnen: »Es ist eine Riesenschweinerei, die du dir da geleistet hast. Du hast wohl keine Kinderstube. Du feierst oben und informierst mich nicht einmal. Du hast wohl keinerlei Gefühl und bist eiskalt und herzlos. Du wolltest mich wohl demütigen!« Ein Gespräch über ein Streitthema so zu eröffnen wäre völlig verkehrt. Die Emotionen, die solche Worte entstehen lassen, sind zwar verständlich, aber sie sind zu massiv als Angriff gestaltet. Außerdem handelt es sich um Unterstellungen. Unterstellt wird mit Wertungen:

- Du hast keine Kinderstube; du weißt nicht, wie man sich benimmt.
- Du bist gefühllos.
- Du bist eiskalt, also gefühllos, im Sinne von berechnend.
- Du bist herzlos – eine weitere Steigerung ins Negative.
- Du wolltest mich demütigen.

Dem anderen bleibt auf solche massiven Angriffe nichts anderes übrig, als diese Aussagen zurückzuweisen und, um die eigene Egostärke zu bewahren, einen Gegenangriff zu starten. »Du willst mich wohl verletzen, ich bin nicht eiskalt und auch nicht herzlos. Wie kommst du überhaupt darauf, ich hätte dich demütigen wollen? Das ist doch dein Problem, wenn du so denkst. Wie käme ich dazu, dich zu demütigen? Wenn du das so empfindest, dann hast du kein Selbstbewußtsein. Du hast ja Wahnvorstellungen und solltest einen Psychotherapeuten aufsuchen.«

Wenn das Gespräch in diese Richtung abdriftet, dann kann man sich auf dieser Ebene zwar weiter gegenseitig Abwertungen und Unterstellungen an den Kopf werfen, aber die Stimmen werden dann immer lauter, die Artikulation wird immer hektischer, man fällt sich gegenseitig ins Wort, bis der eine zischt: »Laß mich ausreden!« und der andere zurückschreit: »Du fällst mir doch dauernd ins Wort.« – »Nein, du willst immer recht haben.« – »Nein, du bist arrogant und willst mich nicht verstehen.« – »Du hast mich nie verstanden, weil du nicht zuhören kannst.« – »Du hörst dich doch am liebsten selbst reden.« – »Was? Du bist ja nicht bereit, zuzuhören!« – »Siehst du – und jetzt bist du mir schon wieder ins Wort gefallen.« – »Du läßt mich ja nicht ausreden. Ich komme ja nie dazu, meinen Gedanken zu Ende zu bringen.« – »Dann rede doch! Ich sage jetzt gar nichts mehr.« Stille. »Jetzt hast du mich ganz aus dem Konzept gebracht. So kann ich doch keinen Gedanken entwickeln.« – »Ich bezweifle, ob du überhaupt weißt, was du sagen willst. Du machst doch nur Zoff.« – »Wir wollen nur vernünftig miteinander diese Problematik erörtern.« – »Du und vernünftig. Du willst mich doch nur angreifen. Du versuchst mich doch nur vollzulabern und willst am Schluß wieder einmal recht haben.« – »Wieso wieder einmal? Wann habe ich dich zugelabert und wollte recht haben?« – »Ich erinnere mich an unsere Diskussion an Silvester, wo du unbedingt um ein Uhr schon nach Hause wolltest.« – »Da wollte ich doch nicht recht haben. Ich sagte doch nur, daß ich müde bin, erschöpft, einen Virus in mir habe.« – »Du und deine Krankheiten. Du siehst dich als Zentrum der Welt. Wenn du eine Müdigkeit fühlst, dann sollen alle anderen sich unterordnen.« – »Nein, ich bot dir doch an, mit den anderen noch weiterzufeiern und später ein Taxi zu nehmen.« – »Wie großzügig und tolerant. Aber wehe, ich wäre geblieben, dann hättest du mir nachher Vorwürfe gemacht, dich alleine fahren zu lassen. Dann hättest du mir womöglich noch Eifersuchtsszenen gemacht.« – »Ich bin doch gar nicht eifersüchtig.« – »Du und nicht eifersüchtig? Da lachen ja die Hühner. Du kannst doch nicht mal ertragen, wenn der Kellner freundlich und charmant zu mir ist.« – »Du meinst wohl den Abend in dem italienischen Restaurant? Dieser Kellner war doch so dreist, permanent in deinen Ausschnitt zu starren und eine Bemerkung darüber zu machen, als er meinte ... es fällt mir jetzt nicht mehr ein ...« – »Er hat ein Kompliment gemacht.« – »Das steht dem Kellner nicht zu.« – »Von dir erhalte ich doch kein Kompliment mehr.« – »Natürlich sehe ich, wenn du dich gut zurechtgemacht hast. Ich sage dir doch, wenn du gut aussiehst.« – »Ja, manchmal, du sagst es aber viel zu selten. Statt mich zu sehen, schaust du im Restaurant nach anderen Frauen.« – »Was sagst du da? Da kannst du nur die Frau in München meinen. Nach der habe ich mich doch nur umgedreht, weil ich dachte, daß ich sie von einer Veranstaltung her kenne.« – »Du hast immer für alles eine Ausrede.« – »Das ist keine Ausrede. Glaube mir doch, daß es so war.« – »Du redest dich immer nur heraus. Du willst immer nur recht haben.« – »Nein, nicht immer. Wenn ich recht habe, dann habe ich eben recht, und wenn du recht hast, dann hast du recht.« – »Meinst du nicht, es wäre lächerlich? Du möchtest alles beschönigen. Ich soll für deine Argumente Verständnis aufbringen. Aber hast du auch für meine Verständnis? Was ich auch sage, du bist immer dagegen.« – »Ich möchte ja gar nicht dagegen sein, ich möchte nur, daß du mich verstehst.« – »Du möchtest nur, daß man dich versteht. Verstehe doch auch mich. Du gehst ja auf meine Argumente gar nicht richtig ein.« – »Ich muß mich ja erst einmal gegen deine Angriffe verteidigen. Ich muß doch das Recht haben, darauf zu antworten.« – »Du meinst, du müßtest dich verteidigen. Ich greife dich doch gar nicht an.« – »Natürlich greifst du mich an. Das ist dir schon gar nicht mehr bewußt. Du hast vielleicht nicht genug Selbstbewußtsein.« – »Also jetzt bringst du das auf diese Ebene. Gerade weil ich Selbstbewußtsein habe, verteidige ich mich. Ich lasse mich doch nicht niedermachen.« – »Ich will dich doch gar nicht niedermachen. Das ist doch gerade dein Problem. Du fühlst dich sofort angegriffen. Habe doch, verdammt noch mal, das Selbstwertgefühl, daß man auch mal Kritik an dir üben kann.« – »Wenn die Kritik berechtigt wäre, dann würde ich sie ja akzeptieren.« – »Ich will dich ja gar nicht kritisieren. Du nimmst aber immer alles so persönlich. Ich möchte mit dir ganz normal reden, doch das ist mit dir einfach nicht möglich, da du eine Profilneurose hast. Du bist der Gute, und alle anderen sind die Schlechten.« – »Das habe ich doch nie so behauptet.« – »Das hast du zwar nicht, aber du bringst das so zum Ausdruck.« – »Wie, bitteschön, bringe ich das zum Ausdruck? Ich halte mich nicht für den Guten.« – »Oho, er hält sich nicht für den Guten. Wie oft haben wir denn über meine Freunde geredet? Du hältst dich ihnen gegenüber jedenfalls für etwas Besseres.« – »Das habe ich so nie gesagt. Ich habe nur gesagt, daß ich meine eigene Meinung zu ihnen habe. Ich habe mit meiner Menschenkenntnis ...« – »Du hast doch überhaupt keine Menschenkenntnis.« – »Wie kommst du denn zu so einem Urteil über mich? Ich habe sehr viel Menschenkenntnis.« – »Wenn ich an den Norbert denke, den hast du mir als den großen Unternehmer vorgestellt. Jetzt hat er Konkurs angemeldet.« – »Gut, ich konnte ihm nicht hinter die Stirn blicken.« – »Jetzt gibst du ja selbst zu, daß du keine Menschenkenntnis hast!« – »Aber darum geht es doch gar nicht ... wir wollten doch darüber reden, wie wir das mit den Partys in Zukunft regeln.« – »Du bist doch abgeschweift.« – »Nein, das sehe ich nicht so. Du hast mich doch angegriffen.« – »Ich wollte dich nicht angreifen. Ich habe nur darauf reagiert, was du gesagt hast.« – »Was habe ich denn gesagt?« – »Das mußt du doch selbst wissen, oder hast du ein so schlechtes Gedächtnis?«

Diese Art des Streitens ist die falsche, weil Rede und Gegenrede die Partner ständig trennt. Man könnte nun jeden einzelnen Satz genau analysieren, doch ist das nicht notwendig, da man fühlt, in welch falsche Richtung das Gespräch gelaufen ist. Wie streitet man richtig? Der folgende Katalog von Grundregeln hilft da weiter:

Sich Zeit lassen

Wenn wir mit einem anderen etwas klären wollen,
dann neigen wir dazu – weil es eventuell unangenehm ist –, das möglichst schnell hinter uns zu
bringen. Dadurch kommt es zu solch einem hek-
tischen Wortwechsel, wie er mit dem vorange-
gangenen Gespräch demonstriert wurde. Wir sollten uns deshalb vornehmen, nicht schnell, sondern
sogar langsam die Gedanken zu entwickeln. Vor
allem sollte keine Ungeduld gezeigt werden, damit
der andere das Gefühl hat, ausreden zu können.

Das Thema im Auge behalten

Die meisten Menschen reden assoziativ, das heißt,
sie lassen sich von einem auftauchenden Satz oder
Wort ablenken und so von der Richtung abbringen.
Deshalb sollten wir das Thema nie aus den Augen
verlieren und immer wieder darauf zurückkommen.
Vor allem, wenn dem Gesprächspartner die Thematik nicht angenehm ist, wird er versuchen, immer
wieder abzuschweifen. Deshalb sollten wir vor
einem wichtigen Gespräch in Gedanken durchspie-
len, was wir durch das Gespräch erreichen wollen
und welche Ausweichmanöver der andere machen
könnte, um uns abzulenken und in eine Sackgasse
zu manövrieren.

Nachdenklichkeit zulassen

Den anderen sollte man nicht zu einer Stellungnahme drängen, wenn er nachdenklich wird und beispielsweise sagt: »Dazu kann ich mich im Moment
nicht spontan äußern; ich muß mir erst Gedanken
machen.« Das sollte akzeptiert werden. Die Antwort

könnte dann so lauten: »Gut, mache dir darüber Gedanken, ich möchte dich ja nicht überfahren. Es geht mir vor allem darum, dir meine Auffassung von der Problematik mitzuteilen. Es ist Sinn und Zweck unseres Gesprächs, daß du dir darüber Gedanken machen kannst.«

Emotionen zulassen

Versuchen Sie als Initiator des Gesprächs sachlich zu bleiben. Sie wollen dem anderen etwas bewußt machen, wollen ihm Ihren Standpunkt vermitteln. Bei brisanten Themen, die den Fortbestand der Partnerschaft berühren, tauchen natürlich beim Gesprächspartner Ängste auf, die zu Frustration und Aggression führen könnten. Wenn der andere gereizt reagiert, mit Ironie oder Zynismus, mit Bosheiten oder Attacken, dann wurde in ihm ein wunder Punkt getroffen. Diese Emotionen müssen zugelassen und dem anderen zugestanden werden; diese Toleranz muß sein. Wenn er allerdings beleidigend wird und verbal unter die Gürtellinie schlägt, dann sollte er ruhig und sachlich darauf hingewiesen werden, daß nur eine Problematik geklärt werden soll und daß es dabei nicht darum geht, sich gegenseitig zu verletzen.

Die Thematik klar formulieren

Es ist grundfalsch, mit Andeutungen um den heißen Brei herumzureden. Das fördert nur die Gereiztheit und Ängste des anderen. Die Thematik muß ganz unmißverständlich formuliert werden. Am beschriebenen Beispiel des Künstlers könnte das auf folgenden Punkt gebracht werden: »Ich möchte nicht, daß wir einerseits unter einem Dach leben, eine Beziehung miteinander haben und du andererseits Gäste einlädst, ohne mich vorher zu informieren. Ich sollte wenigstens Bescheid wissen. Wenn du mich nicht dabeihaben möchtest, dann möchte ich wissen, warum. Ich erwarte wenigstens eine Erklärung dafür. Das sind für mich die Grundvoraussetzungen einer Partnerschaft. Wenn das nicht gegeben ist und jeder macht, was er will, dann bedeutet das für mich, daß keine Partnerschaft besteht. Über diese elementaren Spielregeln müssen wir uns verständigen. Wenn du das nicht sehen möchtest, dann sehe ich unsere Partnerschaft in Frage gestellt. Du darfst natürlich im Gegenzug von mir auch erwarten, daß ich dich genauso informieren werde.« Mit diesen wenigen Sätzen ist der beschriebene Grundkonflikt klar und deutlich dargestellt.

Vergangenheit weglassen

Zur Erläuterung sollte man nicht auf vergangene Konflikte zurückgreifen: »Du hast damals einen Abend mit deinen Freundinnen im Hotel ›Adlon‹ gefeiert. Davon habe ich erst hinterher erfahren. Du neigst offenbar zu solchen Alleingängen.« Nein, es geht jetzt einzig und allein um den aktuellen Konflikt und seine Lösung. Wenn man die ›ollen Kamellen‹ von gestern wieder aufleben läßt, verstrickt man sich in eine Auseinandersetzung über die damalige Situation, die vielleicht doch etwas anders gelagert war, als man annimmt.

Wörter und Gedanken erläutern

In jedem Gespräch, das einen Konflikt thematisiert, werden Wörter und Gedankengänge auftauchen, die man nicht ganz versteht und deshalb nicht nachvollziehen kann. Es ist ganz wichtig, daß wir in unverständliche oder ungenaue Aussagen nichts hineinprojizieren, sondern nachfragen – etwa: Was verstehst du unter Toleranz? Was bedeutet dir Individualität? Warum gebrauchst du hier das Wort ›Einengung‹? Was möchtest du mit diesem Satz sagen? Welcher Gedanke steht dahinter? Ich habe das letzte nicht ganz verstanden; bitte formuliere es deshalb nochmals mit anderen Worten.

Konsequenzen deutlich aussprechen

Bei einem Konflikt geht es nicht nur darum, daß einem anderen etwas nicht gefällt; es muß auch begründet werden, warum das so ist. Und es soll zum Ausdruck kommen, daß man das in Zukunft nicht mehr tolerieren möchte, vor allem natürlich auch, daß man, wenn so etwas nochmals geschieht, daraus entsprechende Konsequenzen ziehen wird. Es muß deutlich gemacht werden, wie man sich bei einer Wiederholung verhalten wird. Darüber sollte man sich schon vor Beginn des Gesprächs im klaren sein. Es bringt also nichts, abzuwarten, wie sich das Gespräch entwickelt, um dann Konsequenzen vorzutragen.

Selbst genau wissen, was man will

Im Vorfeld des Gesprächs muß man mit sich selbst ins reine gekommen sein. Man hat natürlich eine positive Erwartung und hofft auf eine Lösung des

Konflikts. Sollte er sich jedoch nicht lösen lassen, weil der andere auf seinem Standpunkt beharrt, muß man wissen, was man dann will. Wenn ich mir vornehme, dann einen Kompromiß zu finden, ist das in Ordnung. Wenn ich jedoch keinen Kompromiß leben kann, sondern meinen Weg kenne, muß das deutlich ausgesprochen werden. Wer mit sich selbst im reinen ist, für den gibt es keine Dualität oder Trialität, auch keine Qual der Wahl, sondern nur eine klare Entscheidung. Wer seelisch und geistig mit sich so klar ist, also weiß, was er will, für sich selbst und den Partner, der kann den schmerzlichen Gedanken der Trennung vorwegnehmen und ist bereit, den Schmerz zu riskieren. Jedes Gespräch über einen Konflikt impliziert dieses Risiko, denn mitunter gibt es keinen Kompromiß.

Wenn das Haus brennt, gibt es keinen Kompromiß, denn dann gilt nur eines: so schnell wie möglich ins Freie zu gelangen, um nicht im Rauch zu ersticken. Wenn der eine sexuelle Kontakte mit anderen ausleben möchte, ich das aber nicht tolerieren kann, gibt es keinen Kompromiß. Wenn ich weiß, was ich will, dann kann ich den Schmerz der Trennung annehmen.

Das Argument der Liebe

Wenn der Partner sagt, daß er sich weiterhin ganz anders verhalten möchte, aber mich trotzdem liebt, was mache ich dann? Ich liebe meinen Partner auch; er aber versteht unter Liebe etwas anderes als ich. Diese Thematik führt ins Uferlose, ins Assoziative. Wir könnten uns in endlose Verästelungen der Diskussionen über Liebe einlassen. Wir wissen auch nicht so richtig, was Liebe wirklich ist, können das schon gar nicht verbal ›auf den Punkt bringen‹. Liebe macht uns sprachlos, denn wir können sie nicht erklären. Wir fühlen aber, was uns beglückt und was uns verletzt.

Deshalb sage ich, wir sollten unserer Nase nachgehen: Was uns verletzt, können wir nicht leben, was uns beglückt, darf nicht zu einem Bumerang der Verletzung werden. Jeder kann nur so weit lieben, wie sein Reifeprozeß als Mensch vorangeschritten ist. Jeder muß psychosomatische Erkrankungen vermeiden und seelische Gesundheit gewinnen. Natürlich hat jeder eine andere Neurose aus der Vergangenheit, die er mit sich schleppt. Wir haben keinen Psychotherapeuten in unseren Gesprächen dabei, der uns das erläutert. Also müssen wir, jeder für sich selbst, unsere Konflikte lösen – Neurose hin oder her. Es geht um die seelische Gesundheit jedes einzelnen. Dazu dürfen wir, jeder in seiner Neurose gefangen, auch rückhaltlos stehen. Wir dürfen klar sagen, was wir wollen, was uns kränkt und was uns heilt. Der andere soll das wissen, damit er entscheiden kann, ob er mich so annehmen kann oder nicht.

FÜNFTES KAPITEL

EIN LEBEN
IN HARMONIE
IST MÖGLICH

»Die Wahrheit ist in dir, und sie ist

auch in mir. Du weißt, daß sich der

Sproß schon im Samen verbirgt.

Wir alle mühen uns ab, doch niemand

hat es weit gebracht. Laß ab von

deinem Hochmut, und sieh dich in

deinem Inneren um.«

Stephen Levin

Wie wir in den vergangenen Kapiteln gesehen haben, sind Partnerschaft und Beziehung mit enormen Spannungen, Konflikten und Krisen verbunden. Ist ein partnerschaftliches Zusammenleben in Harmonie und Liebe überhaupt möglich? Ich sagte mehrmals: Nicht die Liebe ist das Problem, sondern die Beziehung. Warum das so ist, ja bei den meisten Paaren so sein muß, habe ich an vielen Beispielen dargestellt.

Bitte beantworten Sie sich die Frage für sich selbst: Ist eine Beziehung in Liebe und Harmonie möglich? Was denken Sie darüber? Ich behaupte: Es ist möglich. Wie ist es möglich? Sie konnten Ihre eigenen Schlußfolgerungen in den zurückliegenden Kapiteln selbst ziehen. Haben Sie sie gezogen?

Harmonie ist möglich auf dem Weg der Freiheit und der direkten Wahrnehmung und Reaktion. Wir müssen voll und ganz in der Gegenwart leben, das heißt, das, was jetzt geschieht, bewußt, klar und deutlich wahrnehmen, mit voller Aufmerksamkeit – und darauf reagieren. Es darf nichts auf die ›lange Bank‹ geschoben oder ›unter den Tisch‹ gekehrt werden. Jetzt ist die aktuelle Wahrnehmung – und hier und jetzt ist ein Konflikt. Ich muß sofort darauf reagieren. Wenn ich das auf später verschiebe, auf morgen oder übermorgen, dann erst wird aus dem Konflikt ein Problem. Je länger ich warte, desto größer wird das Problem, das als Konflikt begonnen hat.

Jeder Konflikt muß also sofort erkannt und ausgesprochen werden, damit keine Krise heranwachsen kann, denn das Warten läßt dem Problem Zeit, Wurzeln zu schlagen. Der Konflikt muß gelöst werden, bevor er sich einnistet.

Wenn ein Kind in den Teich gefallen ist, muß man

sofort reagieren. Es macht keinen Sinn, darüber zu diskutieren, warum es am Teich spielte und wer es ihm erlaubt hat. Es strampelt im Teich und droht zu ertrinken; also springen wir sofort hinzu und ziehen das Kind aus dem Wasser. Genauso ist es mit Beziehungsproblemen. In dem Moment, in dem der Konflikt auftaucht, ich ihn wahrnehme, reagiere ich darauf und löse ihn. Das klingt sehr einleuchtend, ist in der Praxis aber nicht so einfach, weil der Konflikt mit einer anderen Person besteht. Wenn das Kind sich nicht herausziehen lassen wollte, die rettende Hand nicht ergreift, was dann? Ein ertrinkendes Kind wird in aller Regel natürlich danach greifen. Bei Beziehungsproblemen haben wir es aber mit zwei Erwachsenen zu tun. Da die meisten Erwachsenen auf die ein oder andere Art neurotisch sind, können sie sich der rettenden Hand verweigern.

Bei wem liegt dann das Problem? Der eine reicht die Hand, der andere weigert sich, danach zu greifen. Der eine wird den Konflikt so zum Problem machen und der andere nicht helfen können. Hat er jetzt auch ein Problem? Es ist schmerzlich, sich nicht helfen zu lassen; man wird im Problem ertrinken, und der Handelnde, der helfen will, wird die Qual erleiden, wird zusehen zu müssen, wie der andere ertrinkt. Im Helfen liegt eine gesunde Reaktion; die Hilfe nicht anzunehmen ist dagegen eine neurotische Reaktion. Einer wird ertrinken und der andere darunter leiden, daß seine Hilfe zurückgewiesen wurde.

Wir gehen durch diese beiden Schmerzen – entweder ertrinken wir, oder wir erkennen unsere Machtlosigkeit, wenn wir nicht helfen können. Jedenfalls ist die bessere Position die, hellwach zu handeln und zu helfen. Nur dieser Weg führt in die Harmonie. Aber es ist deutlich geworden, daß diese Aufmerksamkeit, diese Wachheit, diese Freiheit und Liebe keine Garantie ist für Glück und Schmerzlosigkeit in der Partnerschaft. Die elementare Grundregel bleibt bestehen: Aus Aufmerksamkeit und Wachheit muß die daraus entstehende sofortige Aktivität entstehen. Dann sind die Voraussetzungen zwar gut, aber es gibt dennoch keine Gewähr für einen glücklichen Ausgang. Das ist die einzige Chance, die wir haben, eine Beziehung erfolgreich zu leben.

Natürlich können sofortige Handlung und Aktivität scheitern. Ein Konflikt taucht auf; ich reagiere hellwach und handle, damit kein Problem daraus wird; der andere verweigert sich. Liebe ist spontan, sie hilft, sie reicht die Hand. Wenn der andere die Hand ablehnt, bedeutet das nicht, daß er nicht lieben würde. Er ist neurotisch; das ist alles. Die Neurose durchkreuzt seine Liebe. Er ist nicht frei. Wer unfrei ist, wer gefangen ist in seinen neurotischen Strukturen, der wird zwar lieben, wird aber mit der Liebe des anderen falsch umgehen.

Zu lieben ist keine Gewähr dafür, daß sich Harmonie einstellt. Die persönliche Freiheit nützt nichts, wenn der Partner nicht frei ist. Freiheit, also ungebundenes, nicht neurotisches Verhalten, ist eine wunderbare Sache. Wer sie erlebt, fühlt sich ganz heil und rund. Er bewirkt dadurch viel, aber er hat keinen zwingenden Einfluß der Befreiung auf den anderen. Also gelingt es ihm nicht, mit dem Unfreien eine Beziehung einzugehen, wenn dieser nicht will oder kann. Der Freie wird zwar traurig sein, aber er läßt den Konflikt nicht zu einem Problem heranwachsen. Er wird mit dem Auftauchen des Konflikts sofort die Lösung anbieten. Wenn der Partner aber nicht darauf eingeht, ist er machtlos. So entscheidet sich aber sehr schnell, und zwar bei jedem auftauchenden Konflikt, wie sich die Positionen der beiden Partner darstellen.

Ein Leben in Harmonie ist möglich, aber nicht mit jedem. Weil es mit vielen nicht möglich ist, heißt das nicht, daß es mit niemandem möglich wäre. Das gilt es ja gerade herauszufinden. Dabei haben wir keinen Zeitaufschub. Es muß sofort herausgefunden werden, und zwar in dem Moment, in dem der Konflikt auftaucht: Wir gehen hindurch, von Augenblick zu Augenblick. So entwickelt sich kein Problem. Das ist die Basis von Liebe: Klarheit und Freiheit. Nur dieser Weg führt zur Harmonie. Diese Liebe in Freiheit, die hier gemeint ist, stellt keine Regeln und Diskussionspunkte auf. Es muß nicht darüber diskutiert werden, denn es ist eindeutig.

Deshalb kann man auch nichts ›zerreden‹, wie manche meinen. Wenn das Haus brennt, kann man nicht diskutieren; es wird einfach gehandelt, und zwar sofort; wir sind im Einklang mit Wahrnehmung und Aktion. So hat es der gesunde Liebende einfach: Er handelt. Wer nicht liebt oder wer neurotisch ist, hat es dagegen schwer – er beginnt zu diskutieren. Wer liebt und in seiner Seele und seinem Geist keine Ordnung gefunden hat, der wird diskutieren wollen und mit der Liebe spielen. Er wird sich verweigern und alles auf morgen oder übermorgen verschieben wollen. Also wird er ertrinken. Und die Millionen Neurotiker in unserer Gesellschaft ertrinken jeden Tag aufs neue. Und kein Liebender kann ihnen helfen. Hat jetzt der Liebende ein Problem? Er ist natürlich traurig. Er hat gesehen, gehört und wertet nicht, ob es schön oder häß-

lich war. Es ist, wie es ist. Die Liebe schließt alles ein,
und was wir lieben, gehört uns sowieso nicht. Also
geht der Liebende in Freiheit weiter und wird sich
nicht an seine Beziehung binden. Ist er deshalb bin-
dungsunfähig? Nein. Weil er mit sich selbst im Einklang lebt und nicht danach strebt, daß ein anderer,
den er liebt, mit ihm im Einklang sein muß. Er ist frei
und läßt den anderen los.

WIR SIND NICHT VERSCHIEDEN, WIR DENKEN VERSCHIEDEN

Wenn wir unsere Mitmenschen aus der Distanz betrachten, sind sie gleich in ihrem Menschsein. Zwar hat
der eine dunkle, der andere helle Haut, einer hat blaue,
der andere braune Augen, einer ist groß und kräftig,
ein anderer klein und zart. Diese äußerlichen Unterschiede sind zweifellos vorhanden, aber das ist oberflächlich betrachtet. Wenn wir tiefer schauen, auf Seele
und Geist, dann erkennen wir, daß alle Menschen ähn-
liche Gefühle haben wie Angst und Trauer, Freude und
Liebe. Hier nähern wir uns an. Weil wir tief innerlich
gleich fühlen – nur deshalb können wir uns gegenseitig verstehen. Deshalb können sich Männer und Frau-
en seelisch verstehen, weil ihre Emotionen nicht nur
ähnlich, sondern gleich sind.

Im Denken allerdings unterscheiden wir uns stärker
als im emotionalen Bereich. Das Denken ist geprägt
durch Erziehung, Religion, durch die Gesellschafts-
schicht, in der wir groß wurden. Man hat uns konditioniert. So wurde ein Mann konditioniert für seine
Männerrolle und die Frau für ihre Frauenrolle. Sie den-

201

ken unterschiedlich, und so denken sie auch über viele Dinge des Lebens und der Partnerschaft anders. Deshalb können sie sich oft nicht verstehen und reden aneinander vorbei. Wären beide Geschlechter gleich konditioniert in ihrer Erziehung und durch weitere gesellschaftliche Einflüsse, dann würden sie nicht diesen Abstand voneinander empfinden, sondern sich gegenseitig näher fühlen. Durch das Denken unterscheiden sich Mann und Frau durchaus, vor allem auch durch die stark emotionale Orientierung der Frauen. Ratio und Emotionalität sind zwei verschiedene Welten, die Distanz schaffen. Wer sich in der Welt der Ratio bewegt, kann oder will sich nicht auf die Welt der Emotionalität einlassen (und umgekehrt), weil er sich dort auskennt und sicher fühlt.

Wenn wir tiefer betrachten, dann sind wir nicht verschieden als Menschen – wir befinden uns nur jeweils in einer anderen Denkwelt und meinen deshalb, wir wären verschieden. In Wahrheit sind wir ähnlich, ja gleich, wenn wir uns in der gleichen Denkstruktur bewegen würden. Jeder hält jedoch an seiner Welt fest. Wir sind nicht flexibel genug, die Welt zu wechseln, also heraus aus der Rationalität in die Emotionalität oder heraus aus der Emotionalität in die Rationalität.

Wir bewegen uns als Menschen in der komplizierten modernen Gesellschaft in vielen Welten. Der eine fühlt sich zur Oberschicht gehörend, der andere zur Mittelschicht und der nächste zur Unterschicht. Gesellschaftsschichten haben einen prägenden Einfluß auf unser Denken. Wer sich zur Elite zählt, schaut auf den angestellten Ingenieur der Mittelschicht herab, und dieser schaut abfällig auf den Installateur, der abends am Tresen sein Bier trinkt, um sich zu entspannen, während sich ersterer einen Film von Fellini ansieht oder ein Konzert besucht.

Wir unterscheiden uns auch durch unsere Religion; der eine ist katholisch, der andere evangelisch, der nächste ist Jude und ein anderer Buddhist oder Moslem. Durch die Religionen sind wir konditioniert. Wir halten uns dann vielleicht für etwas Besonderes, weil wir einer bestimmten Gemeinschaft angehören, mit der wir uns verbunden fühlen, während wir uns gegenüber anderen Gemeinschaften abgrenzen. Ich sage wiederum: Wir sind gleich, weil sich der eine diesem Dogma unterwirft, der andere jenem Kodex. Dabei sind wir in der Anpassung gleich: Wir suchen Sicherheit in einer Gemeinschaft – und wir sind konditionierbar.

Mit anderen Worten: Oberflächlich gesehen, sind wir verschieden, aber im elementaren Grund sind wir gleich, denn, wie gesagt, uns macht die Konditionierbarkeit gleich. Wenn wir uns aus jeder Anpassung und Abhängigkeit lösen würden, dann wären wir frei und in Freiheit gleich.

Es ist ein Grundgesetz: Jede Zugehörigkeit zu einer Gruppe, ob Bildungsschicht, Nation oder Religion, ob Bürgerverein oder politische Partei, ob Weltanschauung, hat von vornherein etwas Trennendes in sich. Wenn wir unsicher sind und einer Gruppe angehören wollen, leiten wir damit Trennung ein, weil wir uns abgrenzen und separieren. In Wahrheit sind wir nicht verschieden voneinander – wir denken nur verschieden und lassen uns verschieden konditionieren. Das lassen wir selbst zu. Und dann glauben wir, wir wären verschieden, obwohl wir es in Wirklichkeit nicht sind.

Es ist nachvollziehbar, wenn eine Ehefrau, die in einer großen Villa wohnt, mit eigenem Porsche in der

Garage, glaubt, sie wäre etwas Besseres, zumal wenn ihr Mann jeden Morgen vom Chauffeur abgeholt und abends wieder zurückgefahren wird. Wenn sie ihr Leben mit dem einer Verkäuferin vergleicht, deren Freund arbeitslos ist, dann meint sie, sie müßte sich zwangsläufig zur Elite zählen. Das ist natürlich oberflächlich, denn wenn beispielsweise ein Arzt bei dieser Frau Brustkrebs diagnostiziert, dann ist sie genauso geschockt wie die Verkäuferin, und zwar mit allen psychosomatischen Symptomen, die mit solch einer Wahrheit einhergehen. Elementar sind also beide Frauen gleich. Wenn sich der Partner – sofern beide Frauen einen Partner haben, den sie lieben – trennt und Liebeskummer auftaucht, fühlt sich der Schmerz in beiden Seelen gleich an. Also sind wir auch darin elementar gleich. Das Denken ist nun einmal oberflächlicher als das Fühlen. In der Tiefe der Gefühlswelt sind wir uns jedoch nicht nur ähnlich, sondern gleich.

Wir haben uns angewöhnt, auf das zu schauen, was uns voneinander trennt, also auf das unterschiedliche Denken und Ansehen. Aus den Augen haben wir leider verloren, was uns gegenseitig verbindet: unsere seelische Basis.

Nach dieser Betrachtung komme ich zurück auf das eigentliche Thema. Mann und Frau bewegen sich in verschiedenen Welten, aber sie können selbst bei unterschiedlichem Denken zusammenfinden – über die Liebe. Die Liebe übergreift alle oberflächlichen Trennungen, weil Mann und Frau eines gemeinsam haben: den Geschlechtsunterschied. Dieser Unterschied ist als Körpermerkmal oberflächlich, denn als Menschen sind Mann und Frau, aus der Distanz betrachtet, ja gleich. Aber aufgrund dieses Unterschieds entsteht die Erotik.

Der Unterschied hat also nichts Trennendes, sondern etwas Zusammenführendes. Sie möchten das oberflächlich körperlich Trennende zu einer Einheit verschmelzen. Das ist der Reiz der Sexualität.

Als Menschen mit Geist und Seele könnten sie gleich sein, wenn nicht die besagten trennenden Äußerlichkeiten wären. Die Sexualität überflutet alle diese Trennungsgrenzen, weil sie elementar ist. In unserem Interesse an sexuellen Reizen sind wir wieder gleich. Der Mann fühlt sich von der Frau angezogen und die Frau vom Mann – der Sexstimulus ist der Auslöser für das, was wir erotische Liebe nennen. Aber davon unabhängig gibt es eine ganz andere Liebe, die Sexualität zwar integrieren kann, aber davon unabhängig ist. Es ist die Liebe, die wir fühlen, weil wir so sind, wie wir sind. Wir sehen die oberflächlichen Unterschiede, aber lassen uns davon nicht ablenken oder voneinander trennen. Wir fühlen uns über alle Grenzen hinweg miteinander verbunden, weil wir das Verbindende, weil wir diese Gleichheit ahnen. Solch eine Liebe ist beglückend, weil sie alles Trennende aufhebt. Danach entsteht eine Glückseligkeit, die mit nichts anderem vergleichbar ist.

DAS ZULASSEN
DER DISHARMONIE

Wenn ich sage, Harmonie sei möglich, dann deshalb, weil die Disharmonie der Hintergrund ist, vor dem sich die Harmonie abhebt. Wir sind voneinander getrennt, da wir durch unsere Zugehörigkeit zu den geschilderten Gruppen und durch die uns aufgetragenen Rollen verschieden konditioniert sind. Das Trennende der Menschen untereinander ist eine alltägliche Tatsache. Es dominiert das Trennende und nicht das Verbindende. Dieser unabänderlichen Tatsache sollten wir uns bewußt werden. Disharmonie ist der ganz banale Alltag. Wir verstehen uns gegenseitig nicht, weil wir verschieden konditioniert sind, weil wir verschiedene Hoffnungen, Motive und Pläne in uns tragen.

Die meisten Menschen verstehen sich sogar selbst nicht. Sie haben zwar ein Selbstbild, aber sie entsprechen oft nicht diesem Bildnis. Deshalb leben sie in Disharmonie mit sich selbst. In uns herrscht dann keine Ordnung, sondern Unordnung. In uns selbst, zwischen den drei Bereichen Körper, Seele und Geist, herrscht Spannung. Der Körper verlangt nach Ruhe, wir zwingen uns aber, aktiv zu bleiben; die Seele verlangt nach Emotionalität, wir verlangen uns aber Rationalität ab; die Ratio versucht die Emotionen zu beherrschen. Das alles schafft Unordnung in uns selbst, also Disharmonie. Und der Partner lebt mit den gleichen Widersprüchen, denn auch er befindet sich innerlich in Disharmonie. Wir sind also voller Spannungen, kennen uns selbst nicht vollständig und können deshalb auch den anderen nicht verstehen, der sich selbst auch nicht kennt. Wir sind deshalb frustriert und erhalten zusätzlich vom Partner seine Frustration signalisiert. So ist die Disharmonie eine Grundgegebenheit, eine allgemeine Befindlichkeit. Das ist keine bloße Behauptung, die man zur Kenntnis zu nehmen, der man zuzustimmen oder die man abzulehnen hat, denn dies kann jedermann jederzeit bei sich und anderen nachprüfen.

Deshalb sage ich: Wir sollten diese Disharmonie erst einmal erkennen und sie dann als Tatsache sehen.

Es hat keinen Sinn, sie zu leugnen oder zu bekämpfen, nur weil sie unangenehm ist. Wir streben zwar alle nach Harmonie in uns selbst und mit anderen, vor allem mit dem Partner. Aber wonach wir streben und was die Wirklichkeit ist, das sollte sehr genau unterschieden werden. Nun sage ich ja: Harmonie ist dennoch möglich. Ist sie ein Ideal? Wenn wir die Harmonie zum Ideal machen, dann verurteilen wir die Disharmonie. Genau das aber ist der falsche Weg. Ich darf die Disharmonie nicht verneinen, weil ich die Harmonie bejahe. So kann das Problem nicht gelöst werden. Ich sollte erkennen, daß ich tief innerlich nicht harmonisch bin, nicht im Einklang mit mir selbst – und daß in der Regel, von sehr wenigen Menschen einmal abgesehen, die anderen das auch nicht sind. Davor sollte ich die Augen nicht verschließen. Disharmonie ist die Realität, Harmonie die seltene Ausnahme, nach der ich mich sehne. Wonach ich mich sehne, darf nicht zu einem Ideal stilisiert werden, denn dann gelange ich nicht dorthin.

Genauso verhält es sich mit der Liebe. Die Regel ist, daß Menschen sich selbst und auch andere nicht lieben, und so herrscht überall Aggression, Egoismus, Gewalt, Intrige, Neid, also Nichtliebe. Vor diesem Hintergrund hebt sich die Liebe als besonderes Phänomen ab. Ich sollte auch die Liebe nicht zu einem Ideal stilisieren, weil ich sie sonst verfehle. Natürlich sehnen sich alle Menschen nach Liebe, weil sie im Alltag die Nichtliebe erleben.

Wie gelange ich jedoch zur Harmonie, ohne die Wirklichkeit zu verurteilen und zu verleugnen? Ich muß die Disharmonie zulassen, darf sie nicht bekämpfen, denn sie ist unbesiegbar. Wenn ich Widerstand gegen die Disharmonie entwickle, dann stehe ich im Widerstreit zur Realität und verbrauche sehr viel Energie. Ich fühle mich angespannt und schnell erschöpft. Wenn ich die Disharmonie aber annehme, keinen Widerstand gegen sie entwickle, erst dann werde ich innerlich ruhig und entspannt und setze die Energie frei, damit zu leben.

Wenn beispielsweise draußen auf der Straße mit Preßlufthämmern ein Graben aufgerissen wird, um Rohrleitungen zu verlegen, dann ist dieser Lärm störend (was selbstverständlich ist). Wenn ich mich aufrege und dem Lärm widerstehen will, kann ich mich nicht auf eine Arbeit konzentrieren. Wenn ich jedoch den Baulärm akzeptiere als eine unabänderliche Tatsache, also keinen Widerstand dem entgegensetze, bin ich innerlich ruhig und entspannt – Ruhe und Stille in mir sind dann unantastbar, und ich kann mich trotz des Lärms auf meine Arbeit konzentrieren. Das kann jeder selbst überprüfen: Wenn man keinen Widerstand entgegensetzt, kann man selbst bei Lärm und großen Ablenkungen in einer Tätigkeit konzentriert versinken.

So ist es auch mit der Disharmonie. Setzen Sie ihr keinen Widerstand entgegen, lassen Sie sie als etwas Unabänderliches einfach zu. So werden Sie feststellen, daß Sie dann zur Harmonie befähigt sind. Natürlich trifft das auch auf die Disharmonie in Ihnen selbst zu. Lehnen Sie nichts Widersprüchliches oder einem Ideal Widersprechendes in sich ab. Streben Sie nicht nach einem Selbstbild. Lassen Sie das alles los, und wehren Sie den Widersprüchen nicht. Nehmen Sie sich voll und ganz so an, wie Sie sind, nämlich unvollkommen und fehlerhaft, wie Sie nun einmal wirklich sind; lassen Sie die Unordnung zu; und Sie werden feststellen, wie dann Energie für eine entstehende Ordnung frei wird. Nur so gelangen Sie in Einklang mit sich selbst – und plötzlich ist Harmonie da. Solange Sie noch nach Harmonie als Ideal streben, versuchen Sie sie herbeizuzwingen, aber gerade das ist nicht möglich. Deshalb sage ich: Wer nach Harmonie als Ideal strebt, wird Disharmonie erleiden müssen. Mit jedem Ideal erleiden Sie das schmerzliche Gegenteil. Wenn Sie in der Partnerschaft der Disharmonie nicht ausweichen, sich und dem Partner gegenüber nichts vormachen und auch nicht nach Harmonie streben, dann wird Harmonie automatisch eintreten, denn Sie sind frei vom Leiden unter der Wirklichkeit. Dadurch wird die Energie frei dafür, daß sich Harmonie entfalten kann.

Wenn Sie nach der Liebe streben und sie herbeizwingen wollen, wird sie sich zurückziehen. Wenn Sie bereit sind, sich dem Schmerz der alltäglichen Nichtliebe auszusetzen, dann erhalten Sie eine Anziehungskraft für die Liebe. Sie werden es in sich selbst wahrnehmen: Sie sind liebesfähiger, Sie werden offener zu lieben. Es erscheint paradox, aber es ist so: Die Energie der Liebe wird dadurch in uns selbst und auch in anderen wirksamer. Unwirtliche Zeiten stärken die Kraft der Liebe.

GELASSENHEIT IST STÄRKE

Gelassenheit ist die höchste Form der Lebenskunst. Wir haben nahezu alle große Pläne und Ziele und wollen etwas leisten und aus unserem Leben etwas machen. Das ist der Lebensstil, der allgemein Gültigkeit hat, so sind wir konditioniert. Gelassenheit ist der Stil, der nicht so richtig in dieses Bild paßt. Wir wollen nach irgend etwas streben: nach Erfolg im Beruf, nach einer gut funktionierenden Partnerschaft – und wir sind bemüht, unsere Wünsche und Ziele durchzusetzen. Natürlich wollen wir das nicht verbissen tun. Wir wollen locker und souverän dabei wirken, und da uns das Wort ›gelassen‹ mißfällt, nennen wir es ›cool‹. Wir sind ehrgeizig, aber cool; wir wollen unseren Willen durchsetzen, aber cool bleiben; wir wollen nach oben kommen, die Dinge des Lebens im Griff haben, aber cool sein.

Was ist der Unterschied zwischen ›cool‹ und ›gelassen‹? Oder besteht hier kein Unterschied? ›Cool‹ ist zunächst einmal das Gegenteil von ›hot‹. Warum sind wir lieber cool als hot? Cool sein bedeutet, Gefühle zurücknehmen und die Ratio in den Vordergrund stellen. Cool ist ein Computer, hot dagegen ist ein emotional leidenschaftlicher Mensch. Kann eine Liebe cool sein? Niemals.

Leidenschaftliche Emotionalität erscheint uns als Schwäche, kalte Rationalität als Stärke. Wir wollen alle stark sein. Wenn jeder stark sein will und Schwäche abgewertet wird, dann kann man nicht mehr so sein, wie man sich wirklich fühlt. Wir fühlen aber unsere Schwäche. Ein Lebewesen aus Fleisch und Blut zu sein, mit einer Seele und der darin befindlichen Emotionalität bedeutet, Verletzbarkeit und Gefährdung zu empfinden. Wir sind nicht kalt, sondern heiß, wir sind nicht nur kühl rational, wir sind auch hochgradig sensibel und verletzbar. Wer das verdrängt, verleugnet und nicht anerkennen will, möchte cool sein. Coole Liebe – ist das möglich? Coole Kommunikation – gibt mir das etwas? Wo bleibt mein Gefühl, meine Seele? Soll ich mich seelisch verkriechen und verkleinern?

›Gelassenheit‹ ist etwas ganz anderes als ›Coolness‹. In diesem Wort befindet sich das Wort ›lassen‹. Wenn ich lasse, mich selbst und die anderen, dann bin ich nicht kühl, sondern nachsichtig. Ich kann loslassen: alles Streben und alles Werden – und ich kann so sein, wie ich bin, und andere so lassen, wie sie sind. Diese Gelassenheit gilt dem Coolen als Schwäche. Ist es wirklich Schwäche?

In der Partnerschaft möchte ich so sein, wie ich wirklich bin. Demnach möchte ich auch den Ehrgeiz, der darin besteht, so zu sein, wie ich vielleicht wirken will, einfach loslassen können. Das soll dem Partner auch zugestanden werden: Er soll so sein, wie er wirklich ist, mit all seinen Schwächen. Stärke nach außen zu zeigen, das haben wir von Grund auf gelernt, denn die Erziehung in einer Leistungsgesellschaft läuft ja darauf hinaus: Schwächen verbergen und Stärke dokumentieren! Gelassenheit bedeutet dagegen, zu Schwächen zu stehen und Stärke zu vernachlässigen, also einfach so zu sein, wie ich mich wirklich fühle. Wenn ich etwa Angst fühle, dann werde ich sie nicht verbergen. Das ist Gelassenheit. Erst wenn ich meine negativen Gefühle wie Aggression, Angst, Hoffnungslosigkeit, Melancholie, Trauer, Verzagtheit und Zweifel meinem Partner zeigen kann, bin ich als Mensch angekommen, dann bin ich gelassen und kann mich fallen lassen, dann erst fühle ich mich geborgen. Aus dieser Geborgenheit heraus kann ich Kraft und Energie schöpfen. Und aus diesem Losgelöstsein heraus erwächst die Kraft für eine neue Leistungsanspannung. Aus der Schwäche heraus kann ich also Kraft schöpfen für einen neuen Versuch, Stärke zu entwickeln.

Man muß schwach sein können und sich angenommen fühlen in der Schwäche, um Energie zu sammeln. Es ist das allgemeine Lebensprinzip der Schwingung: Tag und Nacht, Schlaf und Wachsein, Anspannung und Entspannung, Extraversion und Introversion, Distanz und Nähe. Das Pendel schwingt zwischen den Gegensätzen hin und her. Gelassenheit bedeutet, alle Anspannung, alle Ziele, Pläne, Ideen einfach loszulassen.

Auch die Sexualität funktioniert nach diesem Prinzip: Erotische Anspannung baut sich auf, entspannt sich im Orgasmus, um sich danach wieder aufzubauen. Wir sollten gelassen mit dem Rhythmus des Lebens mitschwingen, also einfach beobachten, wie sich die Energien aufbauen, um dann mit ihnen zu gehen und sie sich entladen lassen. Auf keinen Fall sollten wir willentlich in diesen natürlichen Rhythmus eingreifen. Wenn wir müde sind, sollten wir ruhen; wenn wir uns fit fühlen, sollten wir etwas unternehmen; wenn wir Angst haben, sollten wir uns der Angst widmen; und wenn wir glücklich sind, sollten wir wirklich glücklich sein und das auch ausdrücken.

In der Partnerschaft wird uns bei diesen Aktivitäten meist ein Riegel vorgeschoben. Ist er müde, ist sie wach, will er aktiv sein, will sie Ruhe, ist ihm nach Sex, möchte sie nichts davon wissen, will er reden, möchte sie schweigen. Beider Rhythmen sind also meist nicht im Einklang miteinander. Das ist der Alltag. Deshalb sage ich es an dieser Stelle nochmals: Disharmonie ist der natürliche Hintergrund. Das ist so, und das ist auch einfach so zu akzeptieren. Wir können zwar Zwang ausüben und versuchen, uns dagegenzustemmen, aber das verbraucht sehr viel Energie und führt letztlich nur zum Streit. Also benötigen wir Gelassenheit. Wir akzeptieren uns selbst und den anderen so, wie er ist. Wir lassen alle Vorstellungen, die wir von einer harmonischen Partnerschaft haben, einfach los. Ich möchte so sein, wie ich bin, möchte in meinem Rhythmus leben und billige dir deinen Rhythmus zu.

Diese Gelassenheit wird leider allzuoft als Schwäche ausgelegt, schließlich sollen wir uns so verhalten, wie es von uns verlangt wird. So werden an uns Erwartungen herangetragen, denen wir entsprechen sollen, denen wir nach unserem natürlichen Rhythmus aber nicht entsprechen können. Wenn wir nun von unserer Seite entsprechend Signale aussenden, wird nicht selten Druck ausgeübt: »Wenn du das jetzt nicht so machst, wie ich das von dir erwarte, dann...« Hinter diesem ›dann‹ verbirgt sich meist auch eine handfeste Drohung... denn dann

- mache ich kein Abendessen,
- bin ich nicht bereit für Sex,
- trenne ich mich von dir,
- rede ich nicht mit dir.

Um nicht ›bestraft‹ zu werden, sind wir vielleicht zu Zugeständnissen bereit. Das alles hat dann herzlich wenig mit Gelassenheit zu tun.

Ich nehme in diesem Zusammenhang folgendes an: Diejenigen, die von ›Coolsein‹ sprechen, setzen dieses ›Coolsein‹ mit dem ›Loslassen‹ gleich. Also: Wer cool ist, der setzt mit Kalkül seinen Vorteil durch.

Ich bleibe dabei: Gelassenheit, Loslassen, den anderen lassen zu können, sich selbst fallen zu lassen, das ist Stärke und keine Schwäche. Wenn ich mich erpressen lasse – das ist Schwäche. Der andere erlangt dann zwar den Erfolg der Stärke, aber ich fühle mich schwach.

Ich bin gelassen, lasse alles los, bin so, wie ich bin, mache aus meiner seelischen Verfassung keinen Hehl und widerstehe allen Drohungen (Erpressungsversuchen). Wenn ich wirklich alles loslasse, womit man mich treffen, verletzen, bestrafen und unter Druck setzen kann, bin ich frei. In dem Moment endet die Macht des anderen über mich, in dem Moment also, wenn ich alles, was mich erpressen könnte, losgelassen habe. Deshalb sage ich: In der Loslösung liegt die Lösung. Wenn wir das schaffen, dann sind wir wirklich frei. Es kommt noch etwas hinzu: Nur ein freier Mensch ist erotisch-sexuell wirklich begehrenswert. Und darum geht es in einer Partnerschaft, in einer Beziehung. Dann hat die Liebe auch eine bessere Chance zur Entfaltung.

DAS BEDÜRFNIS NACH HARMONIE SCHAFFT ABHÄNGIGKEIT UND ERPRESSBARKEIT

Harmonie ist ohne weiteres möglich, ist aber nur möglich vor dem Hintergrund der Disharmonie. Da Nichtharmonie und Nichtliebe ständige Hintergrundgeräusche sind, ist es allzu verständlich, wenn wir uns nach Harmonie sehnen. Es wird nicht selten abfällig sogar von »harmoniebedürftig« und »harmoniesüchtig« gesprochen, wenn sich jemand intensiv um Harmonisierung bemüht. Hinter dieser Abfälligkeit ist die Meinung zu finden, ein ›Bedürftiger‹ strebe deshalb nach Harmonie, weil er Disharmonie nicht aushalten könne.

Harmoniebedürftigkeit gilt als Persönlichkeits-
schwäche. Allerdings sehe ich dieses Grundbedürfnis
vor dem Hintergrund der Disharmonie nicht als
Schwäche an. Indes kann dieses Bedürfnis zu einem so
großen Ideal werden, daß eine Abhängigkeit entsteht.
Nach Harmonie zu streben und gelassen einiges dafür
zu tun, das ist legitim. Sollte man jedoch in einer
Beziehung davon abhängig sein und der Partner das
feststellen, kann er eventuell mit diesem Bedürfnis
manipulierend umgehen.

Abhängigkeit von etwas, sei es Liebe oder Geld,
Zärtlichkeit oder Sex, Lob oder Anerkennung, macht
erpreßbar; dessen sollte man sich stets bewußt sein.
Freiheit bedeutet Freiheit von jeder Abhängigkeit, also
unabhängig sein; das bedeutet übrigens nicht, bindungslos oder beziehungslos zu sein. Freiheit, also Unabhängigkeit, ist die höchste Stufe der Selbstentwick-
lung. Wenn ich unabhängig bin von Harmonie, bin ich
ihr gegenüber ja nicht gleichgültig; aber ich bin auch
nicht abhängig davon, ob sie sich nun einstellt oder
nicht. Das ist sehr wichtig, denn dann bin ich nicht
mehr verletzbar und damit auch nicht mehr manipulierbar.

Wie wir gesehen haben, handelt es sich in Beziehungen fast ausschließlich um Machtthemen. Es geht
um Manipulierbarkeit und Erpreßbarkeit in kleinen wie
in großen Dingen. Schon das Streben nach Harmonie,
das ja nun wirklich sehr verständlich ist, macht manipulierbar – und damit zwangsläufig erpreßbar. Es ist
leider so: Auch das geringste Bedürfnis macht manipulierbar. Der Grund: Nahezu jeder einzelne entwickelt
ein sehr feines Gespür für die Bedürfnisse eines anderen. Ein Bekannter sagte zu mir einmal: »Kennst du die

Vorlieben, Bedürfnisse und Wünsche deines Partners, hast du ihn in der Hand – du kannst ihn manipulieren.« Und er hat recht. Ist das Harmoniebedürfnis erst einmal erkannt – und das ist ja nichts Negatives –, kann man mit Harmonie und Disharmonie spielen, indem man Harmonie gibt oder mit Disharmonie droht. Schon durch die angedeutete Drohung ist der andere erpreßbar, denn er ist nicht frei, sondern abhängig: Also kann man ihn gezielt dominieren.

Deshalb sollten wir die Harmonie genießen, sofern sie sich von selbst einstellt. Sie darf jedoch nie zu einem Bedürfnis werden. Ein Bedürfnis (Ideal) schafft deshalb Abhängigkeit, eben weil ich bedürftig danach bin, also ›Bedarf‹ habe. Und das kann, wie gesagt, für Manipulation und Erpressung ausgebeutet werden. Aus diesem Grund muß es unser Bestreben sein, von jeglichem Bedürfnis frei zu werden. Damit wird der Manipulation der Boden weggezogen.

Vor unserem Bestreben sollten wir uns bewußt werden, was wir alles mit Harmonie verbinden. Wir wollen angenommen werden, ein Lob erhalten, ein Kompliment, wir wollen anerkannt werden, wir wollen, daß man uns Respekt erweist, uns ernst nimmt (und nicht mit uns ›spielt‹), uns die Wahrheit sagt, uns nicht hinters Licht führt, denn all das würde zu einer unharmonischen Spannung führen. Es wäre ja wirklich sehr schön, wenn das alles einträfe, wenn die anderen so bewußt mit uns umgehen würden. Es sind Ideale, die beschreiben, wie es sein könnte, ja sogar sein sollte. Aber die Wirklichkeit ist nicht so. Deshalb dürfen wir aus einem Ideal kein Bedürfnis machen. Wir müssen uns von alledem lösen. Nur die Loslösung führt in die Freiheit.

Wer die Verwirklichung seines Ideals, welches es auch immer sei, erwartet, erhofft, erstrebt, der wird manipulierbar und erpreßbar sein, weil er sich abhängig macht. Es ist nicht falsch, Harmonie zu genießen, es ist aber falsch, danach zu streben und auch nur einen Funken Hoffnung darauf zu setzen. Ich weiß, es ist sehr desillusionierend, die Wirklichkeit so zu sehen. Das weiß ich aus vielen Gesprächen mit Freunden und Ratsuchenden in meiner Praxis. Diese schonungslose Betrachtungsweise wirkt sehr ernüchternd. Man erwartet, daß das Gute, Schöne, Wahre anerkannt und als Ideal in den Himmel gehoben wird. Ich hole meine Gesprächspartner von dieser ›Wolke sieben‹ immer herunter, indem ich sage: »Es ist nur ein Ideal, das keine Bedeutung hat. Jedes Ideal ist ein Hindernis für dich. Laß alle Ideale los, denn sie sind nur Gedankengespinste, Hirngespinste. Komm zurück auf den Boden der Tatsachen.«

Es erscheint so einfach, und deshalb denkt darüber niemand nach. Wir denken, daß wir die Realität so wahrnehmen, wie sie ist: über unsere Augen, Ohren und über die anderen Sinne. Das ist nicht so. Denn wir nehmen die Realität verzerrt wahr, da wir uns dem Angenehmen öffnen und uns vor dem Unangenehmen verschließen. Wir glorifizieren das Positive und verleugnen oder verdrängen das Negative. Was wir ersehnen und erhoffen, darauf achten wir, doch was wir nicht als angenehm empfinden, davor verschließen wir uns.

Wir wollen anerkannt werden und Lob erhalten – dem öffnen wir uns; wir wollen nicht kritisiert und getadelt werden; davon wenden wir uns ab, ja, das bekämpfen wir. Deshalb sind wir in ständiger Anspannung, Lob zu bekommen und Tadel zu vermeiden. Wir suchen nach Anerkennung, um der Kritik zu entgehen. Vor diesem Hintergrund suchen wir sehnsuchtsvoll nach Zärtlichkeit und Liebe, um der Abwertung und der Disharmonie zu entwischen. Es gibt aber keinen Ausweg. Wir werden dem niemals entkommen, denn das lassen die anderen, die demselben Spannungsfeld ausgesetzt sind, niemals zu.

Harmonie ist möglich, aber nicht auf dem Weg der Vermeidung bzw. der Abwehr von Disharmonie. Wenn wir das erkennen, betreten wir die Freiheit. Dann öffnet sich das Fenster zu einer neuen Betrachtungsweise der Wirklichkeit. Nun können sie alle mit ihrer Kritik und ihrer Abwertung kommen – das macht dich dann nicht mehr manipulierbar.

Auf der gleichen Manipulationsebene arbeiten die anderen mit Lob und Komplimenten. Auch das macht uns abhängig und unfrei. Es ist zwar angenehm, gelobt zu werden, aber es macht dich auch abhängig. Ich hoffe dann darauf, immer wieder gelobt zu werden, also passe ich mich den Konditionen an, die zu Lob und Anerkennung führen.

Harmonie stellt sich nur ein, wenn wir alle diese Bedingungen fallen lassen. Wenn mich jemand lobt, dann nehme ich das genauso zur Kenntnis, als wenn mich jemand tadelt. Lob macht mich also nicht zufrieden oder glücklich und Tadel nicht unzufrieden oder frustriert. In diesem Moment bin ich nicht mehr abhängig von Anerkennung oder Kritik; also bin ich frei, nicht mehr manipulierbar und schon gar nicht erpreßbar. Harmonie ist dann in mir; sie kann nicht durch andere gefördert oder zerstört werden. Die neurotischen Manipulationsbedürfnisse der anderen haben keine

Macht mehr über mich. In diesem Moment strömen Harmonie und Liebe in mich ein. Beides gewinnt Raum. Ich bin frei – und damit hat jegliche Macht über mich ein Ende, damit bin ich in Harmonie. Vor dem Hintergrund der Disharmonie entfaltet sich eine Harmonie in mir, die nichts erwartet und nichts fordert.

MACHT MUSS SICH AUFLÖSEN

Ein guter Freund sagte einmal zu mir: »In Partnerschaften geht es immer um Macht und Ohnmacht. Einer ist der Stärkere, und der andere leidet.« Ich wollte ihm nicht direkt recht oder unrecht geben und antwortete: »Ich muß darüber nachdenken. Im Moment kann ich nicht sagen, ob das generell so ist.«

Sicherlich: Sobald zwei Menschen zusammenkommen, spielt die Machtfrage eine Rolle. Es geht um Dominanz und Unterordnung, wobei Positionen der Stärke durch den Vergleich ausgelotet werden. In einer Leistungsgesellschaft geht es darum, wer mehr verdient und mehr Erfolg hat. Deshalb wird auch auf Statussymbole so großen Wert gelegt. Die Dokumentation eines Status ist ein Machtfaktor. Das ist zwar oberflächlich, aber dennoch offenbar wirkungsvoll, wie ich es in meinem Buch »Statussymbole« beschrieben habe und auch der Psychotherapeut Erich Fromm in seinem Buch »Haben oder Sein« deutlich gemacht hat. Es geht in unserer Gesellschaft in erster Linie um das Haben und nicht um das Sein. Die Habenmentalität triumphiert über die Seinmentalität. Der platte statusbewußte Machtmensch blickt mitleidig auf den seinorientierten Gefühlsmenschen herab – er fühlt sich ihm überlegen.

Aber die Machtproblematik ist ja viel differenzierter. Der Vergleich erstreckt sich auf alle Segmente menschlicher Eigenschaften: Intelligenz und Schönheit, Fitneß und Körpergröße, Charme und Charisma, Kontaktfähigkeit und verbale Ausdrucksmöglichkeit, Bildung und Kreativität, Reiseerfahrung, Sprachkenntnisse und Weltgewandtheit, Besitz und Lebenserfahrung etcetera. All diese Eigenschaften bedeuten (neben anderen) ein Haben im Vergleich zum anderen, der bei einzelnen Eigenschaften entweder mithalten kann oder nicht. Mein Vater sagte einmal zu mir: »Wissen ist Macht, Nichtwissen führt ins Abseits.« Diese Aussage ist nicht falsch – und doch spürte ich immer mit einem großen Unbehagen: Ganz richtig ist es auch nicht. Wissen ist wichtig in einer Situation, in der man es braucht, um eine Aufgabe zu lösen. Wer das Wissen hat, scheint die Macht zu haben gegenüber anderen, die dieses Wissen nicht haben. Er kann sie erpressen. Aber andererseits kann Wissen Leben retten, mein eigenes oder das eines anderen. Wissen ist weder negativ noch positiv – wie es eingesetzt wird, darauf kommt es an.

In den Partnerschaftsbeziehungen geht es um Macht, denn jeder bringt etwas mit: ein Potential von Eigenschaften, die entweder gebraucht werden können oder bedeutungslos erscheinen. Schönheit beispielsweise ist ein solches Potential, das für viele Männer nicht bedeutungslos ist. Der Mann bringt – wenn wir jetzt von der traditionellen Denkweise ausgehen – seine Karriere, sein Geld, seinen Erfolg ein, die Frau ihre sexuelle Attraktivität, ihre Intelligenz bzw. Klugheit. So werden die jeweiligen Werte, die der jeweils andere mitbringt, gegeneinander ausgewogen. Es gibt aber sehr selten einen harmonischen Ausgleich. Der eine kann viel geben, der andere wenig, und dennoch kann derjenige, der wenig gibt, die Macht haben über denjenigen, der viel gibt. Es ist wie im ›Blauen Engel‹, der bekannten Tragikomödie, die von jenem Professor Unrat erzählt, der seinen Geist aufgibt für die anatomisch-erotisierende Attraktivität der feschen Lola. Der hochgeschätzte Geist (dem eine Leistung vorausgegangen ist) unterliegt der erotischen Ausstrahlung (die keinerlei Leistung erfordert).

Macht entsteht erst dann, wenn man etwas begehrt, was ein anderer bieten kann. Frauen begehren Sicherheit und Geborgenheit und Männer feminine sexuelle Ausstrahlung (um es plastisch zu pauschalieren). So hat der Mann Macht über die Frau und die Frau Macht über den Mann. Jeder setzt sein Potential, das er zu bieten hat, so ein, daß das Begehren des anderen darauf ausgerichtet wird. Der Austausch von Angebot – auf der männlichen Seite Geld, womöglich plus Fitneß und körperlicher Attraktivität; auf der weiblichen Seite Jugend, Schönheit, Intelligenz, womöglich plus Geld – setzt die gegenseitige Begehrlichkeit in Bewegung und bringt Dynamik in das ewige Spiel zwischen Mann und Frau. Ich gebe dir das, und du gibst mir jenes dafür. Nun geht es darum, welches Potential auf den jeweiligen anderen mehr Faszination – und somit mehr Begierde – auslöst, denn davon hängt der Grad der Abhängigkeit ab. Das finden die beiden Partner in Gesprächen und Beobachtungen der Reaktionsweisen schnell heraus. Es klärt sich dann, wer bei den einzelnen Werten, die der andere jeweils bietet, der Bedürftigere ist. Damit stellt sich die Machtfrage, in der auch sogleich die Antwort erhalten ist: Der Bedürftigere,

Sehnsüchtigere, der, welcher insgesamt mehr begehrt, der wird unterliegen, der wird der Schwächere sein, auch wenn er selbst viel zu geben hat.

Ich möchte das an einem Beispiel konkretisieren. Ein Mann, der viel zu geben hat, etwa Fleiß, Intelligenz und Zuverlässigkeit, Charme, Fitneß und Geld, der über politischen Einfluß und eine gute Reputation in der Gesellschaft verfügt, wird in einer Beziehung der Verlierer gegenüber seiner Partnerin sein, wenn sie seinen erotischen Sehnsüchten und Wünschen so voll und ganz entspricht, daß er meint, nur sie könne seine Bedürfnisse erfüllen und befriedigen. Wenn sie das erkennt, hat sie die Macht und kann ihn manipulieren und erpressen.

Deshalb betone ich immer wieder: Es ist enorm wichtig, sich selbst zu erforschen und die eigenen Bedürfnisse kennenzulernen. Das rate ich vor allem den Männern, denn sie stürzen sich auf den beruflichen Erfolg und vernachlässigen die Selbsterkenntnis.

Wir sollten aufwachen, hellwach werden und glasklar betrachten, wonach wir verlangen. Wir müssen unsere Sehnsüchte und Wünsche erkennen, um nicht über sie zu stolpern und uns in Abhängigkeit zu verstricken. Es geht nicht darum, immer und überall die Macht zu haben. Aber eines sollte nicht geschehen: daß wir manipulierbar werden und daß man uns erpressen kann.

Deshalb sage ich, daß Macht sich auflösen sollte, damit zwei Menschen miteinander klarkommen können. Auflösung heißt auch Ausgewogenheit. So sollte es sein, aber es ist oft nicht möglich. Deshalb muß ich meine Bedürfnisse sehr genau kennen und mich davon befreien. Anders ausgedrückt: Ich darf meine Bedürfnisse offen formulieren, und zwar in einer solchen Offenheit, daß es dem anderen nicht gelingt, Macht darüber zu erlangen.

Dieses Dilemma ist nur auflösbar in der Liebe. Die Liebe zu einem anderen ist zunächst einmal wohlwollend und gebend – sie löst Macht einfach auf. Ich gebe dir dieses (zum Beispiel Ansehen, Geld, Status), und du gibst mir deine Person, deine Mentalität, alles das, was du bist – und darin liegt kein Machtanspruch und kein Problem. Macht kommt aber in einer Beziehung zurück. Deshalb müssen wir die Grenzüberschreitungen beachten – sehr aufmerksam und sehr liebevoll. Ich muß mich selbst sehr genau beobachten, um festzustellen, wann ich mein Potential beginne einzusetzen, also zum Beispiel Geld oder Status oder körperliche Attraktivität oder Intelligenz oder Zärtlichkeit. In dem Moment, in dem ich meine Macht ausspiele und der andere in Abhängigkeit gerät, hat die Liebe aufgehört zu existieren. Damit sind wir schlagartig in einer anderen Dimension, sind wir im Kampf der Geschlechter, im Beziehungskrieg. Was so schön als Liebe begann, ist damit in allerhöchster Gefahr.

Die Beziehung kann noch viele Jahre dauern, und man gebraucht hin und wieder auch in solch einer Partnerschaft das Wort Liebe. Es geht aber nur noch um Macht und Unterordnung. Der eine triumphiert, und der andere leidet, einer bleibt gesund, der andere wird psychosomatisch krank. Deshalb sage ich nochmals: Macht muß sich auflösen, damit Harmonie entsteht. Es ist eine Frage der Liebesfähigkeit. Da Neurotiker nicht lieben können (sich allerdings durchaus verlieben), läuft Liebesunfähigkeit auf Machtgewinnung hinaus. Der Machthabende genießt seine Macht, während der Unterlegene, also der Bedürftigere, Zeit brauchen wird, sich mit seiner Situation zurechtzufinden. Deshalb betone ich: Sei wachsam, werde dir deiner Begierden und Sehnsüchte bewußt, lerne sie loszulassen, damit du nicht manipulierbar und erpreßbar wirst.

Löse die Macht auf, die man über dich haben kann, Nach dieser Auflösung existiert immer noch Begehren – aber es ist frei. Du bist frei, weil du es nimmst, wenn es sich bietet, und nicht danach strebst, wenn es nicht da ist. Es wird kein Zwang ausgeübt – es kommt und es geht. Dieses Loslassen führt zur Losgelöstheit und damit zur Gelassenheit. Liebe ist Freiheit. In Freiheit zu lieben löst Macht auf. Es ist große Weisheit, etwas zu begehren, ohne danach zu streben, etwas zu wollen, ohne danach zu gieren, etwas zu bekommen, ohne es festhalten zu wollen.

ANPASSUNG ODER UNABHÄNGIGKEIT?

Das Machtthema ist so wichtig, daß ich darauf noch weiter eingehen möchte. Wenn ich zum Beispiel etwas begehre, das der andere mir bietet, dann entsteht Angst, das zu verlieren. Durch die Angst bin ich manipulierbar und passe mich an. Der andere kann mehr von mir fordern und mit meiner Angst spielen. Deshalb lege ich so großen Wert auf Selbsterkenntnis.

Angst ist ein sehr unangenehmes Gefühl, dem wir gerne ausweichen. Das ist zwar verständlich, aber dennoch nicht richtig. Wenn wir unsere Bedürfnisse kennenlernen, kommen wir automatisch mit der Angst in Berührung, diese Bedürfnisse nicht erfüllt zu bekommen. Die Angst vor Verlust des Partners ist sehr schnell nicht an den eigentlichen Menschen gebunden, an seine wirkliche Persönlichkeit, sondern an das, was er mir an Bedürfnisbefriedigung bietet. Das hat nichts mit Liebe zu tun. Dieser Umstand ist den meisten gar nicht bewußt, und sie wollen auch gar nicht darauf aufmerksam gemacht werden. Deshalb bleiben sie in ihren Abhängigkeiten stecken und verstricken sich immer mehr in Anpassung und Manipulierbarkeit. Verlustangst und Eifersucht tauchen auf.

Die Eifersucht wird ja als Gradmesser der Liebe gesehen. Das ist falsch, denn Eifersucht bedeutet Trennungsangst und Egoismus. Anders ausgedrückt: Das Ego sucht Bestätigung und Anerkennung. Der Eifersüchtige verbirgt seine Angst und deklariert sein eifersüchtiges Überwachen des anderen als Liebe. Mit dem Wort ›Liebe‹ verschleiert er seine Angst um den Verlust seines Besitzes, auf den er glaubt Anspruch zu haben. Einen anderen Menschen kann man jedoch nicht besitzen, da er ein freies Lebewesen ist. Aber da wir keinen Respekt vor der Freiheit des anderen haben, wollen wir ihn in Abhängigkeit von uns bringen, weil wir selbst abhängig sind von ihm. Diese eigene Abhängigkeit muß natürlich verschleiert werden.

So gesehen, geschieht in vielen Partnerschaften ein Austausch von gegenseitigen Abhängigkeiten. Darüber sollte jeder einzelne nachdenken, der in einer Partnerbeziehung lebt. Ich muß mich fragen: Wovor habe ich Angst? Warum bin ich eifersüchtig? Warum möchte ich den anderen in Abhängigkeit bringen? Wo paßt er sich mir an, wo ich mich ihm? Was möchte ich nicht verlieren? Warum möchte ich nicht darauf verzichten? Wo habe ich den anderen im Griff und wo nicht? In welchen Punkten bin ich der Stärkere, in welchen der Schwächere?

Mit der Beantwortung dieser Fragen klärt sich sehr schnell die Machtstruktur einer Beziehung. Und das alles entpuppt sich schließlich als nicht sehr schmeichelhaft für mich, denn ich werde dann erkennen müssen, daß ich abhängig bin, ein Spiel um Macht und Ohnmacht spiele, daß ich intrigant und verschleiernd vorgehe, nicht die Wahrheit sage, nicht einmal mir selbst die Wahrheit eingestehen möchte. Außerdem werde ich feststellen, daß ich mich anpasse und gar nicht so frei bin, wie ich von mir geglaubt habe. Es ist kränkend festzustellen, daß man sich selbst verbiegt und den anderen verbiegen will. Ich entlarve auf diese Weise meine eigene emotionale Strategie und natürlich auch die Strategie meines Partners. Ich erkenne dann, in welchem psychischen Geflecht ich mich verfangen habe, wie ich den Partner darin verwickle, wie er sich mir gegenüber darin schon verwickelt hat und weiterhin verwickeln wird. Das alles ist weder schmeichelhaft für mich noch für ihn. Ich erkenne: Das, was als ›Liebe‹ begonnen hat, hat nichts mehr mit Liebe zu tun. Ich stelle mir die Fragen: Liebe ich überhaupt? Ist das Liebe? Damit verbunden sind die Fragen: Liebt er / sie mich? Ist es wirklich Liebe, was ihn / sie mit mir verbindet?

Und ich gelange zu der Erkenntnis: Wir sind eine Bindung eingegangen, auf die jeder einen Rechtsanspruch erhebt, es also gar nicht um Liebe geht. Und dann erhebt sich die Frage: Was ist eigentlich Liebe? Ich stelle fest: Ich habe mich weit entfernt von dem, was ich einmal als Liebe emotional empfunden habe.

Dieses Gefühl ist nicht mehr vorhanden. Vorhanden ist allerdings, aufgrund der Bindung, die Ratio. Und die Sehnsüchte und Bedürfnisse sind – ebenso wie meine Abhängigkeit – natürlich auch da. Es ist sehr schmerzlich, seine Abhängigkeit und seine Anpassung erkennen zu müssen. Dieser Schmerz ist jedoch andererseits auch ein erstes Anzeichen von Gesundheit und Lebendigkeit.

Ich erkenne, wenn ich mich mehr und mehr der Realität stelle, daß die Dinge nicht im Sinne der Liebe verlaufen sind, sondern von der Rationalität überwuchert wurden und werden. So erkenne ich auch, daß ich mir ein Bild von meinem Partner gemacht habe, und weiß auf einmal, daß er sich auch ein Bild von mir gemacht hat. Und an diesen Bildern wird festgehalten – es ist eine Strukturierung, die sich nicht mehr verändert hat, weil durch sie jedes Lebendige zunichte gemacht wurde und wird. Man sagt dann auch, daß jeder wisse, was er vom anderen zu halten habe. Es handelt sich hier aber um eine Scheinsicherheit, die bis zum Tag X besteht, bis zu dem Tag, an dem sich der andere anders verhält, als es diesem Bild entspricht. Die Enttäuschung ist dann das Ende der Täuschung.

Wie kompliziert zwei Menschen sind, hängt damit zusammen, daß jeder ein Selbstbild von sich hat. So treffen also zwei Selbstbilder aufeinander. Außerdem macht sich jeder ein Persönlichkeitsbild vom anderen. So treffen nochmals zwei Bilder aufeinander. Selbstbild und Persönlichkeitsbild sind meist sehr verschieden voneinander. Ich halte mich für kreativ, er/sie aber hält mich für einfallslos. Er/sie hält sich für fürsorglich, ich aber halte ihn/sie für berechnend – und so weiter.

In meiner langjährigen Praxis als Beziehungs- und Partnerschaftsberater habe ich oft erlebt, wie extrem Selbstbild und Partnerbild oft auseinanderklaffen. So leben zwei Menschen, die sich einmal vor etlichen Jahren aus Liebe verbunden haben, mit völlig verschiedenen Bildern voneinander zusammen. Sie meinen, sie wären sich nahe, und doch sind sie sehr weit voneinander getrennt. Sie leben zwar räumlich beisammen, sind aber seelisch meilenweit voneinander entfernt. Im Moment der Trennung wird das sehr kraß deutlich. Wenn einer der beiden die Anpassung an die Beziehung unterbricht und den ›Schlußstrich‹ zieht und die gemeinsame Wohnung verläßt, dann bricht hervor, welche ungeheuren Distanzen zwischen beiden waren und bestehen, obwohl man gemeinsam in einem Bett schlief und Sex zusammen hatte. Körperliche Intimität ist jedoch nicht zwangsläufig seelische Intimität – und schon gar nicht geistige Intimität. Das so schonungslos und klar zu erkennen ist natürlich erschreckend. Man erkennt die gegenseitige Anpassung als ein Arrangement, als Kompromiß. Mit Liebe – und das wird auch schlagartig klar – hat das gar nichts zu tun. Jetzt stellt man sich die Frage: Ich habe dich doch geliebt, und du hast mich auch geliebt. Warum haben wir uns dann voneinander so entfernt und uns nicht genähert?

Weil wir beide nicht bereit sind, uns selbst zu offenbaren, weil wir statt dessen ein Bild voneinander aufbauen, das wir pflegen, anstatt es radikal zu zerstören. In manchen Aspekten passe ich mich an, in anderen Aspekten paßt sich der andere an. Das ist natürlich unharmonisch und frustrierend. Es wird schließlich von beiden tiefinnerlich geahnt: Das hat mit Liebe eigentlich gar nichts zu tun. Was habe ich falsch gemacht? Ich weiß es nicht, mein Partner weiß es nicht, und wir spüren nur beide: Die Liebe ist mißlungen. Da aber Liebe einen so hohen Stellenwert als Ideal hat, entstehen Angst und das Gefühl des Versagens. Das ist schmerzlich, denn weder Angst noch Versagen entspricht der Wertvorstellung eines erfolgreichen Menschen. Fit, glücklich und erfolgreich aber wollen wir alle sein. Es ist nicht schmeichelhaft für das eigene Ego, nun erkennen zu müssen: Ich habe mich in psychosomatische Symptome, in Depressionen und in Mißerfolg manövriert. Wir sollten uns an diesem Punkt fragen: Wie ist es dazu gekommen?

Aus diesem Grund ist das Scheitern einer Beziehung eine große Herausforderung. Wir können, wenn wir wollen, daraus lernen. Dieser Lernstoff wird auf keiner Schule gelehrt, denn dieses Eisen ist allen Schulen und Universitäten zu heiß. Also sind wir auf uns selbst zurückgeworfen. Wir können von keinem anderen, von keiner Institution, keiner Partei, keiner Sekte, von keiner Autorität die Lösung erwarten. Ich muß selbst durch diese Erfahrungen hindurchgehen, denn es gibt keine Partnerschafts-, keine Liebesakademie. Unsere Gesellschaft, in der wir leben, hat andere Prioritäten gesetzt. Das hat natürlich – darüber möchte ich nicht viele Worte verlieren – seine eigene Bedeutung, die mit gesellschaftspolitischen Zusammenhängen zu tun hat. Wenn wir also dem nachgehen, gelangen wir zu weiteren schmerzlichen Erkenntnissen.

Kehren wir zurück zu unserer Beziehung, die nicht funktioniert, zu dem Spannungsverhältnis zwischen Anpassung, um etwas zu bekommen, was wir begehren, und Unabhängigkeit und Freiheit (wobei wir beides, sowohl Unabhängigkeit als auch Freiheit, tiefinnerlich dennoch fühlen). Macht bedeutet, etwas geben zu können, was ein anderer begehrt. Und Ohnmacht ist, etwas nicht geben zu können, was ein anderer begehrt, den man selbst begehrt. Durch Anpassung und Machtstrategie laufen wir unseren inneren Bedürfnissen hinterher. So kann man nicht glücklich werden. Wenn wir uns davon befreien, gelangen wir zur Unabhängigkeit. Dieser Prozeß geschieht jetzt, in diesem Moment, und vieles liegt dabei in meiner und deiner Hand. In jedem Augenblick kann ich mein Begehren offenbaren und zurückgewiesen werden. Die Erfüllung ist einfach; also müssen wir uns mit der Zurückweisung näher befassen. Die Liebe ist so einfach, denn sie geschieht von selbst; also müssen wir uns mit dem befassen, was danach geschieht. Liebe ist Lebensfreude und richtig, die Beziehung aber, die sich daraus ergibt, ist falsch und unrichtig, weil Angst entsteht und Kampf. Beides zerstört die Liebe.

SECHSTES KAPITEL

LÖSUNGSWEGE AUS KRISEN

»Das Leben selbst ist die Liebe,

und wer es wahrhaft lebt, den lehrt

es die Liebe.«

Ernesto Cardenal

In den zurückliegenden Kapiteln wurden bereits einzelne Lösungswege beschrieben, die aufzeigten, wie es möglich ist, aus Beziehungskrisen gestärkt hervorzugehen. So ging es im ersten Kapitel darum, daß jeder sein Beziehungsideal schonungslos analysieren sollte und bei Konflikten die Antwort in sich selbst finden muß. Im zweiten Kapitel wurde deutlich, daß keiner den anderen erziehen sollte und daß wir lernen müssen, mit unseren gegenseitigen Ängsten umzugehen. Im vierten Kapitel wurde richtiges Streiten beschrieben, wobei hier deutlich wurde, daß nicht die Liebe das Problem ist, sondern die Beziehung.

Die Liebe selbst ist konfliktfrei. Hier gibt es keine Dualität; es ist entweder Liebe da, oder es ist keine da. Erst in einer Beziehung kommt es häufig zum Konflikt durch Dualität, wenn die beiden Partner in einer Wohn- und Wirtschaftsgemeinschaft leben. Deshalb sind Liebe und Beziehung zwei sehr verschiedene Dimensionen, die wir immer wieder auseinanderhalten müssen.

Wir wünschen uns beides, wünschen uns Liebe wie Beziehung. Wer sich einsam und isoliert fühlt, wünscht sich mehr noch eine Beziehung als Liebe, wobei die meisten Liebe nicht mit Worten formulieren können. Da fällt es ihnen schon leichter, eine intakte Beziehung zu definieren.

Ich behaupte: Die meisten wissen gar nicht, was Liebe ist. Erst wenn sie ihnen widerfährt, fühlen sie sie. Also ist Liebe etwas Seelisches und nichts Rationales. Das Thema Liebe hat mich stets sehr interessiert und gereizt, und deshalb schrieb ich auch das Buch »Die Liebe«, das erstmals 1980 (mit dem Untertitel »Psychologie eines Phänomens«) publiziert wurde. Wahrscheinlich wurde das Buch auch wegen des Untertitels ein Bestseller (schließlich stand es zehn Jahre ohne Unterbrechung auf der Taschenbuch-Longsellerliste des »Buchreports«).

Die Liebe empfinden wir als ein Phänomen, dem wir mit der Ratio nicht beikommen. Sie ist ein seelisches Ereignis; es ist etwas Mystisches und Geheimnisvolles an ihr. Mit Worten kann man sie nicht richtig darstellen, gar erklären, sondern nur umschreiben. Liebe entzieht sich der Sprache, und so kann sie auch von Dichtern und Lyrikern nur durch eine Annäherung der Worte zu einem Anklingen der Emotionen geführt werden.

Liebe ist ein Geschenk des Lebens an uns; Liebe wird uns geschenkt; wir können sie nicht erdenken, auch nicht erringen. Entweder sie geschieht, oder sie geschieht nicht. Damit sie sich ereignen kann, müssen wir offen sein mit allen Sinnen. Liebe geschieht über die Sinne. Wenn wir unsere Sinne verschließen, kann sie nicht zu uns durchdringen. Deshalb ist die Sensitivität von großer Bedeutung. Wer nicht sensitiv ist, wird die Liebe nicht erfahren.

Es gibt viele Menschen, die in ihrem Leben nur kurze Zeit – manche auch gar nicht – Liebe in ihrer Seele erleben. Sie können durchaus eine Beziehung leben, dabei kameradschaftlich sein, dem anderen helfen – und erwarten, dafür Dankbarkeit zu erhalten. Das hat mit Liebe nichts zu tun. Es gibt sehr viele liebesunfähige Beziehungsmenschen.

Andererseits kenne ich aber auch Liebesfähige, die beziehungsunfähig sind. Sie können lieben, ihre Liebe dem anderen geben, Liebe des Partners empfangen, aber sie können keine Beziehung in einer Bindung leben. Ich kenne hochsensible Künstler, die zwar liebesfähig sind, leidenschaftlich und intuitiv in ihrer Liebe, die jedoch in jeder Beziehung, die sie daraus entwickelten, scheiterten.

Deshalb sage ich: Liebesfähigkeit ist ein beglückendes Geschenk, eine Gnade, aber Beziehungsfähigkeit ist ein Talent, das man erlernen muß. Liebesfähigkeit ist zwar nicht in die Wiege gelegt, und sie hat auch nichts mit biologischer Programmierung zu tun, denn sie reift in Kindheit und Jugend durch eine positive Konstellation. Beziehungsfähigkeit dagegen entsteht aus Erfolgs- oder Mißerfolgserlebnissen. Zu lieben kann man nicht lehren und lernen. Dagegen kann Beziehungsfähigkeit zu einem Trainingsprogramm gemacht werden.

In meinem Buch »Die Liebe« habe ich das Phänomen Liebe abgegrenzt von der Beziehung. Mit diesem Buch, das ich jetzt siebzehn Jahre später vorlege, nachdem ich in der Zwischenzeit selbst durch Liebe beschenkt wurde und Beziehungen gelebt habe, kann ich heute die gesamte Thematik viel weitreichender sehen und besser verstehen. Als ich neununddreißig Jahre alt war, ging es mir um die Liebe. Während ich an diesem Buch schreibe, bin ich siebenundfünfzig Jahre alt. Mittlerweile habe ich mehr Beziehungserfahrung in Verbindung mit der Liebe gesammelt.

Damals wurde ich attackiert, daß mein Buch nicht auf die Problematik der Ehe eingehen würde. Ich konterte: Ich habe ein Buch über die Liebe geschrieben und keinen Eheratgeber. Jetzt schreibe ich ein Beziehungsbuch, und wieder ist es kein Eheratgeber. Etliche Leser schrieben mir, ich wäre wohl ein Gegner der Ehe. Bin ich nicht. Ich bin ein Fürsprecher der Liebe. Liebe und Beziehung sind allerdings schwer voneinander zu trennen, da Liebe in den meisten Fällen in Beziehung einmündet, zumindest nach den traditionellen Regeln und Vorstellungen. Also müssen wir uns mit Beziehungskrisen befassen. Liebeskrisen dagegen gibt es viel seltener. Die Liebe gerät meist erst dann in eine Krise, wenn die Beziehung in die Krise rutscht.

Ich bin kein Gegner der Ehe, nur weil ich kein Buch mit dem Titel »Die Ehe« geschrieben habe, sondern ein Buch über die Liebe. Dabei sagte ich ganz deutlich, daß sie ein seelisches Phänomen ist. Das sind die Beziehung und die Ehe aber nicht. Die Liebe kennt keine Krise: Entweder ist Liebe da, oder es ist Nichtliebe da. Beziehung und Ehe aber kennen tausend Krisen, hereingetragen durch Gesellschaft oder Zeitgeist, durch Neurosen, Schicksalsschläge oder Selbsterkenntnis, durch Glück oder Unglück. Liebe ist Emotion (seelische Freiheit), Ehe ist Vertrag (rational geschaffene Bindung).

Deshalb sehe ich die Ehe unter diesen Voraussetzungen sehr kritisch. Liebe ist eben die eine Sache und Ehe eine ganz andere Dimension. Wer Liebe möchte, wird meist von der Ehe enttäuscht werden, und wer Ehe anstrebt, wird meist die Liebe verlieren. Deshalb: Wer liebesfähig ist, wird vielleicht nicht ehetauglich sein, und wer beziehungsfähig ist, wird vielleicht nicht mit der Liebe glücklich werden. Wir wollen aber alles unter einen Hut bekommen, und so gelangen wir in die aktuelle Krisensituation: Allein in Deutschland wird jede dritte Ehe geschieden, in den Großstädten mittlerweile jede zweite; 70 Prozent der Scheidungen gehen von Frauen aus, zwölf Millionen erwachsene Bundesbürger leben mittlerweile in Einpersonenhaushalten als Singles.

Nach wie vor ist die Sehnsucht nach Liebe und nach intakter Beziehung groß. Wie kann man nun auf beiden Hochzeiten tanzen und dabei glücklich werden?

SIEGER ODER VERLIERER?

In einer Leistungsgesellschaft denken wir natürlich in den Kategorien Sieger und Verlierer. Es geht um einen Kampf: Wer wird recht behalten, wer gewinnt die Oberhand, wer dominiert über den anderen? Wir sind es gewohnt, in Dualitäten zu denken und gegenüberzustellen: Glück oder Unglück, Vorteil oder Nachteil, Nutzen daraus ziehen oder keinen Nutzen davon haben, etwas bekommen oder etwas geben, ausnutzen oder ausgenutzt werden, bestimmen können oder bestimmt werden, Befriedigung erlangen oder Befriedigung geben, sich geborgen fühlen oder sich beunruhigt fühlen, Angst empfinden oder ohne Angst sein, Trost geben oder Trost erhalten. Wir wägen ab und rechnen auf.

Sehr oft habe ich in der Partnerberatung von Männern und Frauen, die eine Beziehungskrise durchmachen, gehört und erfahren, daß sie Listen aufstellen mit Überschriften wie ›positiv/negativ‹, ›bekommen/gegeben‹, ›Vorteile/Nachteile‹, die also ›Soll und Haben‹ gegenübergestellt haben. Diese Aufrechnungsmentalität kommt von der Beziehungsseite, nicht von der Seite der Liebe. Es gibt nur Liebe oder Nichtliebe; ein bißchen Liebe gibt es nicht, denn dann spricht man besser nicht von ›lieben‹, sondern von mögen oder von ›sympathisch finden‹. Liebe ist glücklicherweise eindeutig – die Emotion wägt nicht ab; sie ist da oder nicht. Beziehung dagegen führt zu diesem ständigen Aufrechnen: Ich gebe dir jenes, du gibst mir dieses. Was ist das jeweils wert? Bekomme ich den entsprechenden Gegenwert, bin ich zufrieden, erhalte ich ihn nicht, bin ich frustriert. Einmal bin ich der Gewinner, ein andermal der Looser.

Mit der Liebe ist es viel einfacher. Lieben sich beide, gibt es keinen Sieger und keinen Verlierer. Liebt nur einer, ist er der Verlierer im Spiel der Liebe. Werde ich geliebt, liebe aber selbst nicht die Person, die mich liebt, fühle ich mich allerdings auch nicht als Sieger. Das Wort ›Sieger‹ scheint hier irgendwie deplaziert. Der Eitelkeit wird zwar geschmeichelt – das ist gar keine Frage –, man ist vielleicht auch stolz darauf, geliebt zu werden, aber das Wort ›Sieger‹ trifft diese Konstellation nicht richtig. Man empfindet Mitgefühl mit demjenigen, der einem Liebe entgegenbringt – und gleichzeitig fühlt man ein hilfloses Bedauern, diese Gefühle nicht zurückgeben zu können.

Derjenige, der einen liebt, wenn man ihn selbst nicht liebt, ist von vornherein der Verlierer, bevor überhaupt ein Kampf stattgefunden hat. Auch deshalb kann man sich nicht als Sieger sehen und den ›Sieg‹ auch nicht als Sieg genießen. Wenn zwei sich lieben und die Liebe des einen nachläßt, die Liebe des anderen aber bestehen bleibt, dann empfindet man schon gar keine Siegesfreude – im Gegenteil, man fühlt sich schuldig, dem anderen nicht mehr geben zu können, was man ihm einmal geben konnte. Der Liebende, den man selbst nicht mehr liebt, tut einem leid. Ein schlechtes Gewissen schleicht sich ein, als hätte man ein Versprechen gebrochen, als hätte man sich damit schuldig gemacht. Der ›Liebes-Sieger‹ empfindet dann Trauer und Mitleid mit dem ›Liebes-Verlierer‹. Er ist zwar der Obsiegende, aber gleichzeitig auch unglücklich, denn er trägt ja auch die Trauer im Herzen, die Liebe nicht mehr bewahren zu können. Die Kraft der Liebe des anderen ist ungebrochen, und die eigene Liebesenergie ist in sich zusammengesunken. Das wird als Manko empfunden.

Wer nicht mehr liebt, kann in einen Leidensprozeß geraten, der sehr schmerzlich ist, besonders dann, wenn er dem anderen offenbaren muß, daß er ihn nicht mehr liebt. Wenn jedoch der ›Liebes-Sieger‹ seine Empfindungen vor dem anderen verbirgt, kann er darunter so leiden, daß er psychosomatisch erkrankt und so zum Verlierer wird. Er fühlt sich miserabel, weil er versucht, das offene Gespräch aus Angst und aus Schuldgefühlen heraus zu vermeiden. Geheuchelte Liebe ist ein großer Streß. Liebe zu empfangen, ohne sie seelisch zurückgeben zu können und ohne sie klar und eindeutig abzulehnen, ist eine große seelische Belastung. Dem anderen, der einen liebt, der seinen Charme entfaltet, der Geschenke macht, sich Mühe gibt – diesem anderen nicht sagen zu können, daß dessen Anstrengungen vergebens sind, daß er der Verlierer ist, das stellt den Scheingewinner nicht zufrieden. Deshalb betone ich immer wieder: Wir müssen lernen, stets offen und ehrlich miteinander zu kommunizieren.

Die Liebe – ich wiederhole es – ist einfach: Entweder besteht Liebe oder Nichtliebe. Liebe auf beiden Seiten ist gar kein Problem, denn dann sind beide die Sieger. Liebe einerseits und Nichtliebe andererseits ist dagegen ein großes Problem. Der Liebende fühlt sich als Verlierer, wenn er sich zurückziehen muß, und der

Nichtliebende fühlt sich nicht als Gewinner, weil er das Geschenk nicht mit Freude annehmen kann.

In einer Beziehung, in einer Partnerschaft oder in einer Ehe liegen die Dinge wieder anders. Jetzt wird es viel komplizierter, denn die Liebe, die ihren eigenen Axiomen folgt, wird nun in das Netz der Beziehung einbezogen, die ganz anderen Gesetzmäßigkeiten unterliegt. Der Beziehungssieger kann seinen Triumph des Sieges völlig losgelöst von der Liebe genießen, während sich der Beziehungsverlierer ziemlich ohnmächtig fühlt.

In der Liebe geht es um das Mysterium der Gefühle, in der Beziehung dagegen um ganz konkrete Machtverhältnisse. Deshalb sage ich: In der Liebe gibt es keine wirklichen Sieger und Verlierer, denn Liebe hat nichts mit einer Leistung zu tun. Einen Sieger und einen Verlierer in Beziehungskrisen gibt es aber sehr wohl – und oft sehr deutlich. Liebe macht nur glücklich oder traurig – traurig eben denjenigen, der sie nicht erwidern kann.

Beziehung aber macht glücklich oder unglücklich, denn sie ist ein Kampf – hier geht es um Gewinner oder Verlierer. Es gewinnt derjenige, der die meisten Vorteile herausholt. Jetzt sind wir wieder bei der Liste ›Geben und Nehmen‹, ›Vorteile und Nachteile‹ angelangt.

ERWARTUNGEN OFFEN AUSSPRECHEN

Mann und Frau projizieren unterschiedliche Erwartungen aufeinander – nicht nur bezüglich der Liebe, sondern auch bezogen auf die Beziehung.

Eine Frau schilderte mir ihren Konflikt: »Ich möchte mit Ihnen meine Beziehungsprobleme besprechen. Mein Mann erwartet von mir die traditionelle Frauenrolle. Er verdient mehr Geld als ich, denn ich mache vormittags nur einen Halbtagsjob. Er erwartet von mir jeden Abend ein Abendessen, morgens das Frühstück – und sexuell soll ich für ihn bereit sein, wenn er will ... wohlgemerkt, wenn er will.

Ich dagegen habe mir unsere Ehe anders vorstellt, nämlich daß er mit mir wie früher, bevor wir noch nicht zusammenlebten, zweimal pro Woche ins Restaurant essen geht, mir auch mal das Frühstück ans Bett bringt, mehr mit mir spricht, wie das vor unserer Lebensgemeinschaft der Fall war, mich in seine Gedankengänge blicken läßt, mit mir über meine Sorgen spricht. Statt dessen vergräbt er sich hinter der Zeitung oder sieht fern.

Für ihn ist die Welt so in Ordnung, für mich nicht. Ich sagte zu ihm, wir sollten über unsere Beziehung einmal reden. Er antwortete: ›Was willst du? Unsere Beziehung ist doch in Ordnung. Ich fühle mich wohl. Dir geht es doch gut. Wir haben alles, was wir brauchen.‹

Ich sagte ihm, daß mir das so nicht genügt. Ich habe von unserer Beziehung mehr erwartet – mehr gemeinsame Unternehmungen, Freunde einladen, Geselligkeit, Kino, Theaterbesuche. Er antwortete darauf, daß er vom Beruf strapaziert sei und einfach seine Ruhe bräuchte.

Sexuell fühle ich mich auch nicht glücklich, denn es geht nur nach seinen Wünschen. Ich werde nicht gefragt. Wenn ich einmal in Stimmung für Zärtlichkeit bin, dann wehrt er ab: Später, jetzt nicht. Das Gespräch über ... unsere Beziehung schieben wir nun schon seit Wochen vor uns her, weil er immer wieder sagt, heute nicht, wir reden am Sonntag darüber. Dann aber ist er entweder zu müde oder muß für sein Büro Schriftsätze lesen und hat keine Zeit. Ich fühle mich mit siebenundzwanzig Jahren einfach zu jung für so einen banalen Trott.«

Ich antwortete: »Zunächst einmal möchte ich Ihnen sagen, daß ich Sie verstehe. Es hilft Ihnen natürlich nicht weiter, wenn ich Sie verstehe, Ihr Mann Sie aber nicht. Sie haben Erwartungen an Ihren Mann und an die Art und Form, wie Sie eine Beziehung mit ihm leben wollen. Haben Sie mit ihm, bevor Sie heirateten und mit ihm zusammenzogen, darüber gemeinsam geredet?«

»Nein, haben wir nicht. Ich dachte, daß sich das durch unsere Liebe von selbst ergeben würde.«

Das ist eine Standardsituation. Mann und Frau verlieben sich ineinander und denken, durch die Liebe würde sich alles weitere quasi von selbst regulieren. Es ist uns nicht bewußt, daß wir Erwartungen auf den anderen projizieren und stillschweigend davon ausgehen, daß der Partner – aus Liebe – diese Erwartungen erfüllen wird. Da uns niemand auf die Beziehungssituation vorbereitet hat, weder das Elternhaus, noch die Schule noch der Religionsunterricht, noch ein Beziehungsratgeber oder ein Volkshochschulkurs, springen wir ins kalte Wasser. Wir tappen ohne jegliche Information in die Dunkelheit, ins Ungewisse.

Wir haben es versäumt, vorher miteinander gemeinsam über die geplante Beziehung zu reden. Die Frau sagt nicht, welche Beziehungserwartungen sie hat, und der Mann äußert seine Erwartungen auch nicht. Also stoßen zwei unterschiedliche Erwartungen in der Beziehung aufeinander, und erst dann stellt sich heraus, ob sie passend zusammengefügt werden können. Zumeist entsteht so keine Harmonie, sondern Disharmonie. Die gegenseitigen Erwartungen laufen aneinander vorbei oder sind sogar konträr.

In dem beschriebenen Beispiel ist der Mann nicht einmal nach vollzogener Partnerschaft bereit, darüber zu reden. Zum Fehler Nummer eins, nicht zuvor über die Erwartungen geredet zu haben, kommt nun der Fehler Nummer zwei, jetzt auch das Gespräch darüber zu vermeiden. So leben sie nebeneinander – jeder mit seinen Erwartungen – und gelangen nicht zu einem Miteinander.

Hätten beide zuvor darüber geredet, hätte geklärt werden können, ob eine Ehe möglich ist. Die Liebe allein reicht eben nicht aus. Liebe ist keine Garantie für eine funktionierende Beziehung. Da liegt der Grundirrtum.

In der Phase der Verliebtheit erscheint es profan und banal, ja geradezu ›liebestötend‹, über Beziehung zu reden. Man will nichts gefährden oder zerstören. Die Gefühle sollen unangetastet bleiben. Es erscheint zu nüchtern, darüber zu reden, vor allem nicht über Erwartungen. Da zeigt sich deutlich, daß wir die Liebe beschützen wollen. Wir wollen dieses zauberhafte Gefühl unbedingt bewahren. Das ist verständlich. Aber in eine Beziehung hineinzugehen, in eine Wohn- und Wirtschaftsgemeinschaft, eine Ehe, ohne über die gegenseitigen Erwartungen geredet zu haben, ist, wie in ein Flugzeug zu steigen, das vom Bodenpersonal und den Technikern nicht gewartet wurde, denn es könnte sich ja ein technischer Defekt herausstellen, der die Abflugzeit gefährden könnte oder insgesamt den Flug in Frage stellt.

Nur ein Verrückter aber würde ein Flugzeug besteigen, wenn jeder zweite Flieger abstürzen würde, denn es würde das Leben kosten. Aber die meisten drängen in eine Beziehung, eine Partnerschaft oder in eine Ehe, obwohl mittlerweile fast jede zweite Ehe vor dem Scheidungsrichter endet. Gut, es kostet nicht das Leben. Aber viele Männer kostet es dennoch sehr viel Geld. Ich kenne Männer, die mit fünfunddreißig Jahren geschieden wurden, zwei Kinder haben, Unterhalt für die Ehefrau und die beiden Kinder bezahlen und in einem Zwanzig-Quadratmeter-Appartement mit 1200 Mark monatlich übriggebliebenem Nettogehalt leben. Sie haben die eheliche Wohnung aufgeben müssen, haben die Frau, die sie einmal liebten (oder noch lieben), verloren, und sie haben ihre Kinder, die sie lieben, verloren, denn die Besuchsrechte sind nach einer Scheidung begrenzt, da bürokratisch festgelegt.

Solche Männer haben mit den hohen Erwartungen der Liebe begonnen und enden nach dem Zusammenbruch der Erwartungen, der Illusionen in einer wirtschaftlich und auch psychisch sehr desolaten Situation. Sie haben viel verloren und müssen dafür arbeiten und bezahlen. Durch ein Gespräch über die gegenseitigen Erwartungen hätte das unter Umständen verhindert werden können. Das Gespräch hätte ergeben können: Wir lieben uns zwar, aber wir haben so verschiedene Vorstellungen von einer Beziehung, daß wir besser keine eingehen sollten. Wir genießen unsere Liebe – sie wird ja dadurch nicht geschmälert – und lassen das mit der Ehe und den Kindern.

Liebe macht sehend. Sie öffnet die Augen und erzeugt Lebensenergie, die den gesamten Körper heilend durchströmt. Aber Liebe macht auch blind – da hat der Volksmund teilweise recht. Ganzheitlich formuliert, müßte man sagen: Liebe macht sehend, offen, frei und löst Energie – sie heilt. Beziehung und Partnerschaft aber ist schwierig – sie sollte nur eingegangen werden, wenn wir offen, frei und sehend geklärt haben, ob wir sie leben wollen.

Jeder Geschäftsmann, der sich auf eine Geschäfts-verbindung einläßt, bespricht zuvor mit seinem Geschäftspartner alle Erwartungen und Modalitäten, um sich vor Schaden zu schützen. Und Liebe? Liebe, das ist der Trugschluß, bringt nur Gutes. Also sieht das Denken die Liebe nicht richtig – oder umgekehrt: Die Liebe läßt das Denken nicht richtig zu, also macht ›Liebe blind‹. So wird Liebe zu einer Falle. Wir wollen das kostbare Gut der Liebe nicht gefährden durch Gespräche über unsere Erwartungen. Oder nehmen wir vielleicht die Liebe zu wichtig? Nein, sie ist wichtig. Vielleicht bangen wir zu sehr um ihren Verlust?

Wir müssen über unsere Erwartungen reden – und dabei die Liebe riskieren. Wenn die Erwartungen nicht zusammenpassen, muß sich die Liebe lösen können. Genau das haben wir nicht gelernt: uns lösen zu können – lieben und gleichzeitig sofort jederzeit loslassen zu können. Keiner hat uns jemals gesagt, daß man lieben kann, frei und losgelöst, ohne eine Beziehung einzugehen. Wir sind fixiert auf das Festhalten. In einer Beziehung wollen wir Liebe zur Pflicht erheben, ›festmachen‹ in Sicherheit. Hier liegt der Denkfehler. Unser Denken läuft in die Irre, und so werden wir verblendet. Diese Situation kann von anderen ausgenutzt und benutzt werden, wenn der eine schon längst erkannt und losgelassen hat, während der andere noch nicht erkennt und vom Thema Loslassen nichts wissen will.

»WAS ABFALLEN MUSS, FÄLLT AB«

Rainer Maria Rilke schrieb am 29. April 1904 aus Rom an Friedrich Westhoff. In seiner wunderbaren Sprache beschreibt er die Schwierigkeiten von Beziehungen und vermittelt die Ruhe und Geduld zum Reifen. Der Brief endet mit dem Satz: »...und die Zeit, die mit Schwerem hingeht, ist nie verloren.«

»Mein lieber Friedrich,

wir haben durch Mutter in dieser Zeit öfters von Dir gehört, und ohne Genaueres von Dir zu wissen, fühlen wir doch, daß Du eine schwere Zeit hast. Mutter wird Dir nicht helfen können, denn im Grunde kann keiner im Leben dem anderen helfen; das erfährt man immer wieder in jedem Konflikt und jeder Verwirrung: daß man allein ist.

Das ist nicht so schlimm, wie es auf den ersten Blick erscheinen mag; es ist auch immer wieder das Beste im Leben, daß jeder alles in sich selbst hat, sein Schicksal, seine Zukunft, seine ganze Weite und Welt. Nun gibt es freilich Momente, wo es schwer ist, in sich zu sein und innerhalb des eigenen Ichs auszuhalten; es geschieht, daß gerade in den Augenblicken, da man fester und – fast müßte man sagen – eigensinniger denn je an sich festhalten sollte, sich an etwas Äußeres anschließt, während wichtige Ereignisse den eigenen Mittelpunkt aus sich heraus in Fremdes, in einen anderen Menschen verlagern. Das ist gegen die allereinfachsten Gesetze des Gleichgewichts, und es kann nur Schweres dabei herauskommen.

Clara und ich, lieber Friedrich, wir haben uns gerade darin gefunden und verstanden, daß alle Gemeinsamkeit nur im Erstarken zweier benachbarter Einsamkeiten bestehen kann, daß aber alles, was man Hingabe zu nennen pflegt, seinem Wesen nach der Gemeinsamkeit schädlich ist: denn wenn ein Mensch sich verläßt, so ist er nichts mehr, und wenn zwei Menschen beide sich selbst aufgeben, um zueinander zu treten, so ist kein Boden mehr unter ihnen, und ihr Zusammensein ist ein fortwährendes Fallen. – Wir haben, mein lieber Friedrich, nicht ohne Schmerzen, solches erfahren, haben erfahren, was jeder, der ein eigenes Leben will, so oder so zu wissen bekommt.

Ich werde einmal, wenn ich reifer und älter bin, vielleicht dazu kommen, ein Buch zu schreiben, ein Buch für junge Menschen; nicht etwa, weil ich glaube, etwas besser gekonnt zu haben als andere. Im Gegenteil, weil mir alles so viel schwerer geworden ist als anderen jungen Menschen von Kindheit an und während meiner ganzen Jugend.

Da habe ich immer und immer wieder erfahren, daß es kaum etwas Schwereres gibt, als sich lieb zu haben. Daß das Arbeit ist, Tagelohn, Friedrich, Tagelohn; weiß Gott, es gibt kein anderes Wort dafür. Sieh, und nun kommt noch dazu, daß die jungen Menschen auf so schweres Lieben nicht vorbereitet werden; denn die Konvention hat diese komplizierteste und äußerste Beziehung zu etwas Leichtem und Leichtsinnigem zu machen versucht, ihr den Schein gegeben, als könnten

247

sie alle. Dem ist nicht so. Liebe ist etwas Schweres, und sie ist schwerer denn anderes, weil bei anderen Konflikten die Natur selbst den Menschen anhält, sich zu sammeln, sich ganz fest mit aller Kraft zusammenzufassen, während in der Steigerung der Liebe der Anreiz liegt, sich ganz fortzugeben. Aber denke doch nur, kann das etwas Schönes sein, sich fortzugeben nicht als Ganzes und Geordnetes, sondern dem Zufall nach, Stück für Stück, wie es sich trifft? Kann solche Fortgabe, die einem Fortwerfen und Zerreißen so ähnlich sieht, etwas Gutes, kann sie Glück, Freude und Fortschritt sein? Nein, sie kann es nicht... Wenn Du jemandem Blumen schenkst, so ordnest du sie vorher, nicht wahr? Aber junge Menschen, die sich lieb haben, werfen sich einander hin in der Ungeduld und Hast ihrer Leidenschaft, und sie merken gar nicht, welchen Mangel an gegenseitiger Schätzung in dieser unaufgeräumten Hingabe liegt, merken es erst mit Staunen und Unwillen am Zerwürfnis, das aus aller dieser Unordnung zwischen ihnen entsteht. Und ist erst Unreinheit zwischen ihnen, dann wächst die Wirrnis mit jedem Tage; keiner von beiden hat mehr etwas Unzerschlagenes, Reines und Unverdorbenes um sich, und mitten in der Trostlosigkeit eines Abbruchs suchen sie den Schein ihres Glücks (denn um des Glückes willen sollte all das doch sein) festzuhalten. Ach, sie vermögen sich kaum mehr zu entsinnen, was sie mit Glück meinten. In seiner Unsicherheit wird jeder immer ungerechter gegen den anderen; die einander wohltun wollten, berühren einer den anderen nun auf herrische und unduldsame Art, und im Bestreben, aus dem unhaltbaren und unerträglichen Zustand ihrer Wirrniß irgendwie herauszukommen, begehen sie den größten Fehler, der an

248

menschlichen Beziehungen geschehen kann: sie werden ungeduldig. Sie drängen sich zu einem Abschluß, zu einer, wie sie glauben, endgültigen Entscheidung zu kommen, sie versuchen ihr Verhältnis, dessen überraschende Veränderungen sie erschreckt haben, ein für alle Mal festzustellen, damit es von nun ab ›ewig‹ (wie sie sagen) dasselbe bleibe. Das ist nur der letzte Irrtum in dieser langen Kette von aneinander festhaltenden Irrungen. Totes nicht einmal läßt sich endgültig festhalten (denn es zerfällt und verändert sich in seiner Art); wieviel weniger läßt sich Lebendes und Lebendiges ein für alle Mal abschließend behandeln. Leben ist ja gerade Sichverwandeln, und menschliche Beziehungen, die ein Lebensextrakt sind, sind das Veränderlichste von allem, steigen und fallen von Minute zu Minute, und Liebende sind diejenigen, in deren Beziehung und Berührung kein Augenblick dem anderen gleicht. Menschen, zwischen denen nie etwas Gewohntes, etwas schon einmal Dagewesenes vor sich geht, sondern lauter Neues, Unerwartetes, Unerhörtes. Es gibt solche Verhältnisse, die ein sehr großes, fast unerträgliches Glück sein müssen, aber sie können nur zwischen sehr reichen Menschen eintreten und zwischen solchen, die jeder für sich, reich, geordnet und versammelt sind, nur zwei weite, tiefe, eigene Welten können sich verbinden.

Junge Menschen – das liegt auf der Hand – können ein solches Verhältnis nicht gewinnen, aber sie können, wenn sie ihr Leben recht begreifen, langsam zu solchem Glück anwachsen und sich vorbereiten dafür. Sie müssen, wenn sie lieben, nicht vergessen, daß sie Anfänger sind, Stümper des Lebens, Lehrlinge in der Liebe, – müssen Liebe lernen, und dazu gehört (wie zu jedem Lernen) Ruhe, Geduld und Sammlung!

Liebe ernst nehmen und leiden und wie eine Arbeit lernen, das ist es, Friedrich, was jungen Menschen not tut. – Die Leute haben, wie so vieles andere, auch die Stellung der Liebe im Leben mißverstanden, sie haben sie zu Spiel und Vergnügen gemacht, weil sie meinten, daß Spiel und Vergnügen seliger denn Arbeit sei; es gibt aber nichts Glücklicheres als die Arbeit, und Liebe, gerade weil sie das äußerste Glück ist, kann nichts anderes als Arbeit sein. – Wer also liebt, der muß versuchen, sich zu benehmen, als ob er eine große Arbeit hätte: er muß viel allein sein und in sich gehen und sich zusammenfassen und sich festhalten, er muß arbeiten; er muß etwas werden!

Denn, Friedrich, glaube mir, je mehr man ist, je reicher ist alles, was man erlebt. Und wer in seinem Leben eine tiefe Liebe haben will, der muß sparen und sammeln dafür und Honig zusammentragen.

Man muß nie verzweifeln, wenn einem etwas verloren geht, ein Mensch, eine Freude oder ein Glück; es kommt alles noch herrlicher wieder. Was abfallen muß, fällt ab; was zu uns gehört, bleibt bei uns, denn es geht alles nach Gesetzen vor sich, die größer als unsere Einsicht sind und mit denen wir nur scheinbar im Widerspruch stehen. Man muß sich selber leben und an das ganze Leben denken, an alle seine Millionen Möglichkeiten, Weiten und Zukünfte, denen gegenüber es nichts Vergangenes und Verlorenes gibt.

Wir denken so viel an Dich, lieber Friedrich; unsere Überzeugung ist die, daß Du in der Wirrnis der Ereignisse längst, aus Dir heraus, den eigenen einsamen Ausweg gefunden hättest, der allein helfen kann, wenn nicht die ganze Last des Militärjahres noch auf Dir läge ... Ich erinnere mich, daß nach meiner eingesperrten

250

Militärschulzeit mein Freiheitsdrang und mein entstelltes Selbstgefühl (das sich erst allmählich von Bugen und Beulen, die man ihm beigebracht hatte, erholen mußte) mich zu Verwirrungen und Wünschen, die gar nicht zu meinem Leben gehörten, treiben wollte, und es war mein Glück, daß meine Arbeit da war: in ihr fand ich mich und finde mich täglich in ihr und suche mich nirgends anders mehr. So tun wir beide; so ist Claras und mein Leben. Und du wirst auch dazu kommen, ganz gewiß. Sei guten Mutes, alles ist vor Dir, und die Zeit, die mit Schwerem hingeht, ist nie verloren.

Wir grüßen Dich, lieber Friedrich, von Herzen:
Rainer und Clara.«

GLÜCK DURCH REIFUNG

In den Briefzeilen Rilkes ist sehr viel Weisheit enthalten. Ich versuche die wichtigsten Gedanken psychologisch zu interpretieren.

Am Anfang schreibt Rilke, daß im Grunde keiner im Leben dem anderen helfen kann, selbst nicht die eigene Mutter. Jeder muß durch die Konflikte des Lebens selbst hindurch; er ist damit letztlich allein. Das heißt nicht, daß ein Gespräch unnütz wäre, denn einem anderen davon zu erzählen, das erleichtert. Aber bei der Lösung eines Lebenskonflikts kann niemand helfen, denn man muß die Erkenntnis daraus selbst gewinnen. Alleinsein ist also notwendig; nur Einsamkeit und Isolation können quälend sein.

Jeder trägt alles in sich selbst; alles ist vorhanden, was notwendig ist, um die Lösung aus einem Konflikt selbst zu finden und den eigenen Weg gehen zu können, ohne die Krücken eines »guten Ratschlags«. Man wird vom Leben immer wieder dazu angestoßen, es innerhalb des eigenen Ichs auszuhalten, sich zu erkennen, mit sich ins Reine zu kommen. Rilke ist der Auffassung, daß der eigene Mittelpunkt nicht verlagert werden soll auf einen anderen Menschen, weil dadurch das innere Gleichgewicht gestört wird. Gemeinsamkeit in einer Beziehung kann nur funktionieren, wenn zwei benachbarte Einsamkeiten in sich für sich selbst und den anderen stark werden. Er kritisiert die »Hingabe«, weil sie diese Gemeinsamkeiten eher behindert als fördert. Vor allem dann, wenn beide sich um der Beziehung willen selbst aufgeben, »ist kein Boden mehr unter ihnen«.

Den Boden unter den Füßen hat man nur, wenn jeder sein eigenes Ich entwickeln kann. Es ist eine schockierend-schmerzliche Erkenntnis, daß Hingabe an den anderen, also das Aufgeben der Eigenständigkeit, nichts Gutes bringt. Zwar ist Hingabe sicherlich gut gemeint, aus einer Angst heraus vor dem Alleinsein, aber sie führt in Schwierigkeiten. Rilke sieht sehr richtig, daß vor allem junge Menschen viel, viel mehr als bisher darüber wissen müßten. Er nahm sich vor, ein Buch für junge Menschen zu schreiben. Soviel ich weiß, hat er es leider nie geschrieben. Aber würden gerade junge Menschen ein solches Buch überhaupt lesen wollen?

Die Jugend will sich verlieben, vor allem die heutige Generation; sie will Action, Abenteuer und Spaß. Für sie ist Liebe und Beziehung etwas Leichtes, in das man sich leichtsinnig stürzt. Von der Schwere der Beziehungen will ja niemand etwas wissen, denn man hat den Elan und Optimismus, es besser machen zu können als die spießigen Eltern, die alles zu ernst sehen. Man wird es schon hinkriegen und den dusseligen Eltern zeigen, wie leicht das doch mit der Liebe gehen kann. Aber – und das wollen sie alle nicht wissen – »Liebe ist etwas Schweres«, vor allem Partnerschaft.

Bevor man sich an einen anderen Menschen fortgibt, sollte man selbst innerlich geordnet sein. Wer nicht weiß, wer er selbst wirklich ist, kann das auch nicht vom Liebespartner erfahren. Wer sein eigenes Ich noch nicht gestärkt hat, kann Ichstärkung auch nicht vom Partner bekommen, doch ist das die unausgesprochene stille Erwartung. Sie wird enttäuscht werden. Wenn beide innerlich ungeordnet sind (neurotisch), dann verstärkt sich die Konfusion; sie finden nicht zur Einheit, sondern zur Uneinheit, denn »dann wächst die Wirrnis mit jedem Tag«, wie Rilke schreibt. Sie werden nicht glücklich durch ihre Gemeinsamkeit, sondern unglücklich.

Glücklich aber wollen wir alle werden durch die gegenseitige Liebe und das Zusammenbringen unserer beider Leben, was mit so großen Hoffnungen einhergeht. Wenn die Hoffnung, die jeder in den anderen setzt, nicht in Erfüllung geht, dann entsteht Unsicherheit; daraus erwächst Angst und Frustration, und statt sich gegenseitig »wohl zu tun«, berühren sie sich »nun auf herrische und unduldsame Art«. Durch gegenseitige Dominanz und Unduldsamkeit entstehen, bis zur Intoleranz, seelische Verletzungen. Ungeduld ist ein großer Fehler in jeder Beziehung. Man will den anderen nicht mehr so lassen, wie er ist, und wird im Gegenzug selbst nicht so gelassen, wie man ist. Die Gelassenheit, die einmal die gegenseitige Liebe in der Seele erzeugt hat, zieht sich aus der Beziehung zurück. Und dadurch gerät die Liebe in allerhöchste Gefahr, mehr und mehr zu verschwinden, bis sie nicht mehr anwesend ist; sie schwingt nicht mehr mit, sondern tritt in den Hintergrund. Im Vordergrund aber stehen Kritik, herrische Art, Frustration, Disharmonie und Ungeduld.

Man spürt, wenn sich die Liebe zurückzieht, und möchte sie dann festhalten. »Leben ist ja gerade sich verwandeln«, schreibt Rilke. Diese Wandlung und Veränderung muß zugelassen werden. Wenn das nicht geschieht, entsteht Beengung, und etwas Lebensfeindliches tritt in die Beziehung. Aus Liebe heraus war man sich wohlwollend gesonnen; das hat beglückt. Wenn die Liebe erstickt, dann entsteht aus Wohlwollen von Tag zu Tag mehr Feindseligkeit. Das ist gerade deshalb besonders schmerzlich, weil man das Wohlwollen des anderen verliert. Jeder Verlust ist schmerzlich; wir sollten deshalb lernen, Abschied nehmen zu können, loslassen zu können, ohne Widerstand dabei zu empfinden. Das kann ein junger Mensch nicht, denn es wird ja nirgendwo gelehrt. Das krasse Gegenteil wurde ihm durch die gesellschaftlichen Einflüsse vermittelt. Die Jugend möchte bekommen, genießen, konsumieren und daran festhalten. Das Denken ist fixiert auf Festhalten, nicht auf Loslassen.

Man sollte darauf vorbereitet werden, sollte offen sein für Reifung. Eine solche Vorbereitung aber gibt es nicht. Deshalb sind wir allein und müssen selbst aus jedem täglichen Ereignis lernen. Dazu gehört »Ruhe,

Geduld und Sammlung«. Aber auch das sind Werte, die sehr schwerfallen, denn der Zeittrend ›verlangt‹ Unruhe, Ungeduld und Zerstreuung, Ablenkung und Unterhaltung. Meditation liegt nicht im Trend. Was ist Meditation? Sie bedeutet, in jedem Augenblick mit geöffneten Sinnen das Leben einströmen zu lassen, ohne Aufwertung oder Abwertung: Es wird die Energie des Lebens in seiner freien Strömung wertfrei aufgenommen. Es besteht Weite und Tiefe, ein großer Raum für das Neue. Denn in jedem Augenblick ist der andere Mensch neu und unerwartet, wenn wir uns ohne Wertung öffnen. Er ist kein an uns festgezurrter Vertragspartner, sondern ein Lebewesen. Alles Lebendige ist spontan. Im Grunde aber verabscheuen wir das Spontane. Wir streben danach, das, was schön war, zu wiederholen, wobei der andere für diese Wiederholung bereit sein soll. Aber in jedem Moment besteht eine neue Konstellation, eine neue Stimmung; der andere kann nicht auf Kommando zum Konsum zur Verfügung stehen. Etwas Lebendiges ist nicht berechenbar und kann nicht zu einer Ware gemacht werden. Das aber versuchen wir.

Die Aufgabe, die das Leben an uns stellt, ist die, uns selbst zu finden und reif zu werden. Wir müssen lernen zu sein, wahr zu sein, authentisch und klar, also eindeutig. Wenn wir wissen, wer wir sind, was wahr und was unwahr ist, sind wir wahrhaftig. Erst dann werden wir beziehungsfähig.

Die meisten Menschen aber wollen nicht reifen und wachsen; sie wollen mit der Liebe ihr Vergnügen, wollen Selbstbestätigung und Unterhaltung. Sie wollen nicht allein sein. Wer aber reifen will, muß oft allein sein. Darauf reagieren wir beim Partner ungeduldig mit Eifersucht, so, als würde der andere sich böswillig entziehen wollen.

Rilke zieht das Fazit: »Je mehr man ist, je reicher ist alles, was man erlebt.« Mit »je mehr man ist«, meint er nicht: Je bedeutender die Position in der Gesellschaft, je mehr Macht oder Statussymbole man hat, ›ist man wer‹, sondern je mehr man selbst ist, je mehr man im Sein ist, hat man Zugang zu der Wirklichkeit, ist also authentisch. Nur dann ist in dieser Meditation tiefe und intuitive Liebe, nach der wir uns alle so sehnen, wirklich möglich. Die Sehnsucht allein bewirkt nichts. Wir müssen uns schon auf den richtigen Weg machen, und das heißt »sammeln dafür und Honig zusammentragen«. Gemeint ist kein Sammeln von materiellem Besitz, sondern Honig für die Seele und den Geist. Am Schluß seines Briefes kommt Rilke auf das Allerschwerste im Leben: »Man muß nie verzweifeln, wenn etwas verloren geht.« So gelangen wir zum Thema Trennung, Liebeskummer und Abschied. Diese Thematik ist so schwierig, daß sie im nächsten Abschnitt separat beschrieben werden soll.

LIEBESKUMMER UND TRENNUNG

Wir streben nach Gemeinsamkeit, wenn uns Liebe verbindet. Da wir jedoch die Liebe meist nicht verstanden haben, auch nicht das Alleinsein und nicht das Voneinandergetrenntsein, kann Gemeinsamkeit nicht entstehen. Wer liebt, sucht die Nähe des anderen; das ist verständlich und auch gut so. Zuviel Nähe aber ist nicht gut. Das Pendel muß hin- und herschwingen zwischen Nähe und Distanz. Auf Nähe muß Abstand folgen, auf Distanz Annäherung – dann kann sich die Lebendigkeit von zwei Menschen voll entfalten.

Wir müssen uns mit dem Thema Trennung befassen, um das Ganze zu verstehen. Wenn eine Beziehung trotz Liebe nicht gelingt, weil wir nicht reif genug sind oder weil einer von beiden nicht weiß, wer er ist und was er will, dann steht schnell der Gedanke der Trennung im Raum. Davor haben wir eine panische Angst – vor allem davor: Wer trennt sich von wem?

Derjenige, der sich trennt, gilt als der Stärkere, weil er dazu fähig ist, seine Trennungsangst zu überwinden. Der Zurückgebliebene fühlt sich in seinem Selbstwertgefühl verletzt, fühlt sich verlassen, verstoßen, ja ausgestoßen. Der Verlassene leidet den schrecklichen Schmerz des Liebeskummers, der eine Mischung ist aus Verzweiflung, Angst vor dem Alleinsein und Sehnsucht nach den schönen Stunden. In Erinnerung kommen die glücklichen Momente: So hätte es weiter sein können! Träume, die man gemeinsam hatte, sind zerplatzt. Man hat auf eine andere Person so viel projiziert – und nun ist alles zu Ende, sie hat sich abgewendet, sie will den Traum nicht mehr, sie will wieder ihr eigenes Leben leben. Was habe ich falsch gemacht? Wo habe ich ihn verletzt, wo hat er mich verletzt? Wie hätte ich reagieren können, was hätte ich sagen sollen? Warum habe ich mich so verhalten und nicht so? An welcher Stelle liegt die falsche Weichenstellung? Wir haben uns doch geliebt! Hat sie mich überhaupt geliebt? Habe ich sexuell nicht genügt? Bin ich ihr mit meinen beruflichen Problemen auf die Nerven gegangen? Was habe ich falsch gemacht? Hätte sie sich anders verhalten, dann wäre ich nicht so frustriert und kühl gewesen. Ich war vielleicht zu stolz, sie aber ist genauso stolz. Wir waren zu stur, um miteinander offen zu reden. So dreht sich das Denken im Kreis. Ich liebte sie, sie liebte mich – liebte sie mich wirklich? Doch, an diesem Abend in Venedig, da liebte sie mich wirklich. Liebte ich sie auch? Ich genoß, daß sie mich liebte, aber war das Liebe? An diesem Abend liebte ich sie nicht so sehr, aber in der Nacht, in der ich hingerissen war von ihr, blieb ein Rest von Zweifel, ob sie mich überhaupt liebt oder nur meinen Körper begehrt, denn die Sexualität ist austauschbar. Hat sie, während sie meine Schenkel streichelte, mich gemeint, oder sind meine Schenkel durch ihr sexuelles Begehren austauschbar gewesen? Bin ich austauschbar? Waren alle Worte und Gesten der Liebe nicht wirklich wahr? War nicht ich gemeint als Person, hätte es auch eine andere Person sein können? Ging es nur um Sex, oder ging es um Liebe? Liebte sie mich als Person, oder liebte sie einfach nur das Spiel? Liebte ich sie als Person, oder liebte ich sie, weil sie mich begehrte und mir Komplimente machte?

Diese Fragen stellen sich – und das ist gut. In diese Fragen sollte man intensiv hineingehen und sie sich beantworten. Frage niemals einen anderen, eine Freundin oder einen Freund, denn sie geben nur eine Antwort, die auf ihrer Erkenntnisstufe angesiedelt ist. Wenn diese Stufe nicht hoch ist, wie das nun mal meist der Fall ist, dann kommen wir nicht weiter. Ich sage deshalb: Trennung ist gut, denn sie bringt eine Bewegung durch Fragen in Gang, die sonst nicht stattgefunden hätte. Erst wenn etwas Gravierendes geschieht – und das ist Trennung –, beginnen wir zu fragen, zu fühlen und zu wachsen. Also ist dieser Widerstand notwendig. Trennung führt zwar zu Kummer, aber gerade dieser Kummer, dieser Schmerz sind ein Anstoß, daran zu erfahren, wer ich bin und wer der andere ist, was Liebe ist und was Wahrheit. Ich werde zurückgestoßen aus dem Wunschtraum, wie es sein könnte, hineingeworfen in die Realität, wie es ist. Trennung ist also notwendig, damit sich die Energien mobilisieren, um zu wachsen.

Liebe ist unkritisch – sie nimmt an und verehrt. Deshalb wollen wir natürlich alle geliebt und verehrt werden. Aber dann setzt die Trennung des anderen und seine Erziehung ein: Mach das so, das gefällt mir nicht, mach dieses und jenes, das würde mir besser gefallen.

Wir können nicht lassen, wir haben keine Geduld, den anderen so zu lassen, wie er ist. Wir wollen stets verbessern. Wenn man liebt, gibt es dann etwas daran zu verbessern? Die Liebe kennt keine Verbesserung. Wenn wir aber aus Liebe heraus unser Alleinsein aufgeben und zu einer Gemeinsamkeit kommen, dann meinen wir, verbessern zu sollen, zu können und zu müssen. Das ist völlig falsch. Wenn wir wirklich lieben, dann lieben wir das, was ist. Nichts ist daran zu verbessern. Sei deshalb gelassen, wenn dich der andere verlassen will, weil er meint, etwas Besseres gefunden zu haben. Laß ihn, laß ihn los, laß ihn laufen, seinem Ehrgeiz und seiner Hoffnung, seiner Illusion hinterher. Gelassenheit bedeutet: Das, was der eine an mir kritisiert und nicht mag, wird der andere reizvoll finden und nicht verurteilen. Wenn ich einen kleinen Busen habe, kann ich mit Silikonimplantaten den einen vielleicht zufriedenstellen, aber der andere liebt gerade dasjenige, was dieser nicht mag. Soll ich mich deswegen verrückt machen und in Panik geraten? Wenn der eine meine emotionale Spontaneität nicht mag, weil sie seinen rationalen Geschäftszielen nicht entspricht, so wird der andere das, was ersterer als Manko bezeichnet hat, besonders schätzen und lieben. Wir sollten uns nicht anpassen. Die eine Frau liebt einen Mann, der unsensibel über sie bestimmt, die andere liebt einen Partner, der auf ihre Gefühle rücksichtsvoll eingeht. Der eine Mann liebt eine Frau, die sich ihm fügt und das tut, was er will, der andere Mann findet das langweilig und will Eigenständigkeit und Widerstand, der ihn herausfordert. Wir sind zwar alle tief innerlich gleich, aber jeder hat auch seine spezielle Neurose. Wenn mich der eine aufgrund seiner Neurose nicht mehr liebt und sich von mir trennt, weshalb soll ich ihm böse oder traurig deswegen sein? Ein anderer wird mich gerade deswegen, weil ich so bin, wie ich bin, lieben. Ob er dann eine Beziehung mit mir leben kann, ist eine ganz andere Frage.

Wo Nähe entsteht, bildet sich auch die Gegenenergie Distanz. Wo Trennung ist, entsteht auch die Gegenenergie Annäherung. Wir denken dualistisch: entweder – oder, schwarz – weiß. Das ist psychologisch falsch. Wo Anziehung ist, ist auch Abstoßung. Und Abstoßung führt wieder zur Anziehung. Das ist ein elementares vitales Prinzip.

Trennung ist gut, auch endgültige Trennung, denn sie führt mich zu mir selbst. Ob Trennung oder Annäherung – jedesmal lerne ich daraus, mich selbst zu erkennen. Gemeinsamkeit und Alleinsein, Verstehen und Nichtverstehen, Akzeptanz und Nichtakzeptanz, Harmonie und Disharmonie: das sind die Schwingungen des Lebens. Wenn zwei Menschen im

Gleichklang schwingen können – wunderbar; wenn sie es nicht können, ist das kein schwerwiegendes Problem, kein Manko, kein Grund zu trauern, sich zu ärgern oder sich zu ängstigen. Das alles können wir lernen. Wir müssen das konventionelle Denken völlig loslassen. In Freiheit ist alles möglich, vor allem auch die Liebe. In Unfreiheit aber stirbt sie sehr schnell.

LOSLASSEN

Wer das Leben als Ganzes begriffen hat, gelangt zu der Erkenntnis, daß Leben und Tod zusammengehören. Das maigrüne Blatt am Baum und das braune Blatt im Spätherbst, das der Wind wegweht, sind eine Einheit. Alles ist diesem Wandel unterworfen. Schönheit liegt in jedem Anfang und auch in jedem Ende. Nichts bleibt, wie es jetzt in diesem Moment ist. Das ist kein morbides Denken, das hat nichts mit Zynismus zu tun, auch nichts mit Schwarzmalerei oder Pessimismus – es ist eine Tatsache. Wir sollten nicht die Augen davor verschließen, nur weil es angenehmer ist, einen Anfang zu betrachten, als das Ende zu sehen.

Das Leben stellt uns vor die Herausforderung, auch das zu sehen, was uns nicht angenehm erscheint. Wir sollten das Ganze sehen, nicht nur einen Teil. Ich weiß, die Menschen neigen dazu, nur die schönen Seiten sehen zu wollen, nicht die häßlichen Seiten. In Wahrheit gibt es nichts Schönes und Häßliches. Die Dinge sind in verschiedenen Zustandsformen eine Ganzheit. Deshalb ist die Wertung in ästhetischen Kategorien falsch, weil subjektiv. Das Leben schert sich nicht darum.

Also können wir alle Wertmaßstäbe loslassen. Der Schlüssel zum richtigen Glück ist das Verständnis des Loslassens. Wir ahnen das alle, wollen uns aber dennoch nicht damit befassen. Wir streben alle nach Glück und Wohlbefinden, suchen aber an der völlig falschen Stelle danach, denn wir streben nach Anerkennung und Besitz, nach Macht und Status, nach Sicherheit und Wissen und meinen, dort das Glück zu finden. Wir wollen die Angst vor dem Leben auf diese Weise in den Griff bekommen. Angst kann so nur überdeckt werden, aber sie kriecht wieder hervor, denn alle diese Dinge, nach denen wir streben, können jederzeit wieder verloren werden.

Die Angst kann nur beseitigt werden, wenn wir sie mit der Wurzel ausreißen; das hat sehr viel mit dem Thema Beziehungskrisen zu tun, auch wenn das vordergründig nicht so scheint.

Da wir den anderen Menschen nicht als Ganzheit sehen, sondern als unseren Besitz: Er ist mein Partner, er gehört zu mir, er vermittelt mir Sicherheit und Status, Sex und Wohlgefühl, er nimmt mir die Angst vor der Einsamkeit, er stabilisiert meine Stellung in der Gesellschaft – da wir ihn so sehen, sehen wir deshalb auch nur Teile und nicht die Ganzheit. Wir sehen nur das grüne Maiblatt und nicht das braune Blatt im Herbstwind. Wir sehen nur das, was unsere Angst vermindert. Der Partner ist dann ein Psychopharmakon. Wir werden abhängig von ihm, von seinen angstlösenden Attributen. Der Partner soll unser Therapeut sein.

Es wäre deshalb besser, wenn wir die Angst bis zur Wurzel zurückverfolgen und sie bei der Wurzel vernichten würden, denn dann wäre weder ein Psychopharmakon noch ein Partner notwendig. Dann endlich könnten wir das Leben angstfrei genießen. Wir müssen also das loslassen, was die Angst erzeugt. In einer Partnerbeziehung ist es die Angst vor dem Verlust. Alles, was die Angst minimieren sollte, kann verloren werden, bis zum Partner selbst, denn er kann von einem Tag auf den anderen sterben – und wir selbst übrigens auch. Also müssen wir das, was unsere Angst bannen soll, völlig loslassen, und zwar sofort, jetzt, in diesem Moment der Erkenntnis.

Das Wort ›loslassen‹ besteht aus den zwei Teilen: ›los‹ und ›lassen‹. Wir müssen den anderen also so lassen, wie er ist. Er soll uns natürlich genauso lassen, wie wir sind. Das hat nichts mit Gleichgültigkeit zu tun, wie oft eingewendet wird, sondern mit Achtung und Respekt vor dem anderen. Ich lasse ihn so, wie er ist, ohne ihn auf- oder abzuwerten.

Und nun zu dem Wort ›los‹. Was bedeutet ›los‹? Etwas, was los ist, hat sich losgelöst, ist befreit. Loslassen bedeutet freilassen. Ich lasse dem anderen seine Freiheit. Warum muß ich sie ihm lassen? Ich habe seine Freiheit, da er ein eigenständiger Mensch ist, doch nie wirklich besessen. Jetzt wird mir bewußt, daß ich seine Freiheit in Besitz nehmen wollte. Das ist ein Akt der Gewalt. Entschuldigt wird das dadurch, daß der andere mich ja auch in Besitz nehmen will. Also gleiches Recht für jeden? Gleich verteiltes Unrecht wird dadurch nicht automatisch zu etwas Rechtem.

Wir denken aber in Tauschkategorien und halten das dann für Rechtens. Ich mache mich zu deinem Besitzgut und du dich zu meinem. Diese ›ausgleichende Gerechtigkeit‹ beseitigt nicht den elementaren Fehler. Denn richtig wäre: Ich gebe dir meine Freiheit und du mir deine. Kann man Freiheit geben? Ich lasse dich los, und du läßt mich auch los? Was bedeutet das? Ist das denn möglich in einer Beziehung?

Ja, es ist möglich, obwohl die meisten das verneinen. Wenn Freiheit zugelassen wird, dann habe ich ja keine Sicherheit. Also habe ich Angst. Ich will aber keine Angst haben, denn sie beunruhigt mich. Ich bin nicht in der Lage, mit dieser Beunruhigung zu leben. Also bin ich schwach. Ich will mich aber nicht schwach fühlen, deshalb soll mich die Sicherheit der Unfreiheit (Besitznahme) stärken. So gelangen wir zu dem Machtspiel: Wer gibt wem mehr Sicherheit? Denn: Die drohende Unsicherheit bleibt im Hintergrund, da sich alles ständig wandelt. Ich kann Verträge schließen, die Materie als Besitz zwar absichern, aber die Angst nicht vermeiden können. Der Vertrag kann mir materielle Absicherung geben, aber psychische Sicherheit nicht. Wir sind aber nicht nur Vertragschließende, sondern auch lebendige Menschen mit Seele und Geist. Wir können zwar jedes Gespräch, das wir mit einem anderen führen, als Vertragsverhandlung sehen, alles auf Tonband aufnehmen, ihm danach das Band vorspielen und durch seine Unterschrift eine rechtsverbindliche Vertragsabsicherung erwirken. Das klingt wie eine Karikatur. Aber viele sind in ihrem Sicherheitsstreben mittlerweile so pervertiert, denn solche Beziehungsgespräche laufen meist in folgende Richtung: »Du hast mir am Montag das versprochen.« – »Nein, ich habe nur gesagt, daß man es so regeln könnte.« – »Falsch, du hast gesagt, daß wir das so machen. Ich habe mich auf dein Wort verlassen.« – »Ich habe dir kein Wort gegeben. Wir haben doch nur gemeinsam darüber nachgedacht.« – »Jetzt willst du dich rausreden. Du hast das definitiv so gesagt. Jetzt willst du das plötzlich nicht mehr wahrhaben. Das nächste Mal lasse ich ein Tonband laufen.«

Ist das loslassen? Ist das Losgelöstheit und Freiheit? Wir versuchen uns ständig zu binden und festzulegen. Wir sind also angespannt und nicht gelassen. Wir wollen ja gar nicht loslassen, sondern um Sicherheit kämpfen. So aber bleibt die Angst erhalten, und wir reifen nicht, weil wir nur das Teil sehen und nicht die Ganzheit. Loslassen bringt uns und den Partner in die Freiheit. Wir wollen aber gar keine Freiheit, sondern Bindung (als vermeintliche Sicherheit). Deshalb: Wenn ich vom Loslassen rede, fühlen sich alle in ihrer Sicherheit bedroht. Es gibt aber keine Sicherheit. Davor verschließen wir die Augen. So kann die Angst nie verschwinden. Wir pflegen und nähren also unsere Angst. Wir verurteilen das Loslassen und Freilassen und Freisein bis zu dem Tag, an dem die Trennung erfolgt. Dann wachen wir auf. Deshalb liegt in jeder Trennung die Chance zur Erkenntnis.

LERNEN AUS TRENNUNG

Eine Trennung wird sehr selten in gegenseitigem Einvernehmen vollzogen. Meist möchte der eine noch an der Beziehung festhalten, während der andere sich schon getrennt hat. Derjenige, der sich trennt, befindet sich in einer etwas stärkeren Position: die Trennungsentscheidung getroffen zu haben. Das heißt nicht, daß der Sich-Trennende keine Angst hätte. Schließlich ist er in seinen Gedanken bereits vor der Entscheidung durch seine Verlustangst hindurchgegangen und hat sie überwunden – das ist seine Stärke.

Die Überwindung der Trennungsangst und die Trennung zu vollziehen, das bedeutet nicht, die Angst bei der Wurzel beseitigt zu haben, denn das ist, wie bereits im vorhergegangenen Abschnitt erwähnt, nur durch das Loslassen möglich. Die meisten Trennungen aber erfolgen nicht aus der Erkenntnis des Loslassens, sondern aus vielen anderen Gründen, wie zum Beispiel den folgenden:

- Die Liebe ist abgestorben.
- Man hat sich in eine andere Person verliebt und möchte mit ihr zusammensein.
- Der andere hat einen Seitensprung begangen, über den man nicht hinwegkommt.
- Man wurde vom Partner finanziell betrogen und kann ihm das nicht verzeihen.
- Die Nörgelei und die ständige Kritik können nicht mehr ertragen werden.
- Selbst hat man sich weiterentwickelt, während der Partner stagniert und den Wandel bekämpft.
- Emotionalität und Rationalität laufen aneinander vorbei.
- Sexuell fühlt man sich nur noch frustriert. Es kommt zu keiner sexuellen Erfüllung mehr.
- Man fühlt sich vom Partner abgestoßen, nicht mehr angezogen. Es wird zur Qual, mit ihm zusammenzuleben.
- Man kann nicht mehr miteinander reden, lebt nur noch nebeneinander her.
- Man kann die ständigen Lügen nicht mehr ertragen.
- Der Partner fordert zuviel Nähe und schwingt nicht zwischen den Polen Distanz und Nähe mit – oder er

will zuviel Distanz. Jedenfalls ist das Gleichgewicht gestört.

- Der Partner ist ständig aggressiv oder depressiv. Man kann seine chronische Verstimmtheit nicht mehr ertragen.
- Die zukünftigen Lebensziele sind verschieden. Einer will ständig Geselligkeit, der andere liebt die Ruhe.
- Einer hat eine schwerwiegende unwiderrufliche Entscheidung getroffen, ohne den Partner zu fragen.
- Einer beschäftigt sich intensiv mit seinem Hobby, seinem Sport oder seiner politischen Arbeit – Dinge, die dem anderen fremd sind.
- Der Partner wird zum Workaholic und hat keine Zeit mehr. Er redet nur noch über den Beruf.
- Der Partner wird zum Masochisten, und man kann mit dieser sexuellen Neigung nichts anfangen.
- Man erfährt, daß der Partner bei anderen schlecht über einen spricht. Man ist in seiner Ehre gekränkt und kann das nicht vergessen.
- Der Partner wird von Monat zu Monat dicker, er wird richtig fett. Man kommt mit dieser körperlichen Veränderung nicht zurecht.
- Man wünscht sich Kinder, aber der Partner will keine.

Diese Liste der Gründe ließe sich noch über viele Seiten fortsetzen. Wenn ein Partner die Trennung vollzieht, also seine Ängste überwindet, auch die Ängste, die durch das zurückliegende ›Versagen‹ verursacht worden sind, scheint er der Stärkere zu sein. Derjenige, der die ›Kündigung‹ erhält, fühlt sich sehr angeschlagen, denn sein Ego ist verletzt. Da er in der anschei-

nend schwächeren Position ist, fühlt er sich auch seelisch geschwächt. Zunächst entsteht ein Widerstand
gegen die Trennungsentscheidung des anderen. In der
Praxis habe ich sehr oft erlebt, daß der angeschlagene
Partner jetzt um die Beziehung zu kämpfen beginnt.
Das Rad soll wieder herumgedreht werden. Sehr oft
habe ich erlebt, daß er aber sehr wohl schon einige Zeit
ahnte, daß die Beziehung nicht mehr funktioniert, und
sich auch bereits in Gedanken mit einer Trennung beschäftigt hatte. Nun ist der Ehrgeiz herausgefordert:
Das kann ich doch nicht auf mir sitzen lassen! Ich
möchte ›meinen‹ Partner zurückgewinnen, denn er
gehört zu mir.

Außerdem steigt sehr vehement die Verlustangst
auf. Was habe ich falsch gemacht? Ich möchte ihn wieder in meinen Bann schlagen. Welche Macht gewinne
ich noch über ihn, oder habe ich alle Macht verloren?
Wir haben uns doch geliebt! Plötzlich wird einem bewußt, daß man den anderen noch liebt. Die Trennung
macht schlagartig deutlich, was man verliert. Vielleicht hat man gar nicht mehr geliebt, weil die Liebe
schon lange im Besitztrott aufgegangen war – und
damit untergegangen war. Diese Liebe, so, wie sie einmal gefühlt wurde, war nicht mehr anwesend. Jetzt
aber, da sich der andere trennt, besinnt man sich auf
die schönen Stunden. Das soll jetzt alles verloren sein?
Man wacht aus dem Trott auf, man war sich nicht klar
darüber, daß einen dieser Verlust so schmerzen könnte.

Es ist die alte Geschichte: Was ich habe, halte ich
für selbstverständlich, wenn es mir verlorengeht, wird
es plötzlich wertvoll. Der Wert wird im Verlust bewußt.
Andersherum wird einem der Wert auch im Gewinnen,
im Erleben bewußt – das ist der Vorgang des Verliebens.

Im Zustand des Verliebens ist ein neuer Mensch in mein Leben getreten, war ich hellwach. Im Zustand der Trennung verläßt ein Mensch mein Leben – und ich werde wieder hellwach. An diesen beiden Polen besteht allerhöchste Aufmerksamkeit. Im Verlieben ist die Wachheit sehr schön, in der Trennungssituation ist die Wachheit von ganz anderer Natur: Angst entsteht, Wut und Aggression, die Gedanken gehen in Richtungen, die ich zuvor so nicht kannte. Ich lerne mich selbst von einer neuen Seite kennen. Ich dachte, ich wäre sanftmütig und liebevoll, und nun erlebe ich, daß ich Rachegefühle hege, Aggressionen aufkommen, ich Minderwertigkeitsgefühle empfinde. Ich dachte vielleicht von mir, ich wäre sehr nüchtern, hätte mich, mein Leben und meinen Partner im Griff, doch nun werde ich plötzlich überflutet von Gefühlen und Gedanken. Ich erkenne, daß mein Körper auf Emotionen psychosomatisch reagiert; ich habe meine Psychosomatik nicht mehr unter Kontrolle. Traurigkeit und Depression legen sich auf meine Brust, die ich in dieser Schwere niemals für möglich gehalten hätte. Ich lerne mich von einer neuen Seite kennen. Ich bin ja gar nicht so stark, wie ich dachte. Jetzt fühle ich mich so schwach, wie ich mich niemals zuvor fühlte. Ich bin aufgewacht und weiß nichts mit dieser Wachheit anzufangen. Nachts schlafe ich nur vier Stunden und liege die restlichen Stunden grübelnd im Bett, mich von einer Seite zur anderen wälzend. Ich bin plötzlich vor die Herausforderung eines Verlustes gestellt. Trennung ist tatsächlich in mein Leben getreten. Ich dachte, nur die anderen hätten solche Probleme, ich aber würde davon verschont bleiben.

Alle diese Gedanken haben nichts mit Loslösung zu

tun. Es dreht sich nur um das Festhalten, um die Frage: Wie bekomme ich die Beziehung wieder in Ordnung? Wir wollen nicht loslassen, sondern festhalten – das bringt uns in diese Krise. Hätten wir gelernt und erlebt, welches Glück im Loslassen liegen würde, hätten wir ja das rettende Ufer längst erreicht, bevor es dazu gekommen ist. Deshalb sage ich: Wir müssen das Loslassen lernen, bevor es zu einer Trennung kommt. Davon will aber niemand etwas wissen. Deshalb werden wir durch das Leben selbst, ohne Vorbereitung, solch einer Situation brutal ausgesetzt.

Derjenige, der sich trennt, sagt locker und kühl: »Laß mich los.« Er weiß mit diesem kleinen Satz gar nicht, was er damit verlangt. Denn: Wir haben das Loslassen nicht gelernt, sondern sogar vermieden, darüber etwas zu lernen. Wir suchten Beziehung, wollten aneinander festhalten – vom Loslassen wollten wir nichts wissen. Also halten wir an den altbekannten, aber falschen Techniken fest: Mache den anderen abhängig durch Sex, durch Geld und Geschenke, durch Versprechungen und Statussymbole, durch, durch, durch...

LOSLASSEN WÄHREND DER BEZIEHUNG

Loslassen gehört zu den allerschwierigsten Aufgaben im Leben, denn wir sind von der Kindheit und Jugend an konditioniert auf das Festhalten. Das ist verständlich, da wir in einer materialistischen Leistungs- und Konsumgesellschaft leben, deren Grundprinzip es ist, durch Leistung Waren erwerben zu können und diese als persönlichen Besitz anzusehen.

Loslassen läuft dieser Konditionierung entgegen. Wie ich schon mehrfach sagte, sind wir in einer Beziehung zwischen Mann und Frau auf Fixierung, Exklusivrechte und darauf konditioniert, sich gegenseitig in Besitz zu nehmen. Wenn ich einen anderen Menschen besitzen will: »Mein Partner gehört zu mir wie mein Auto und mein Garten«, dann sehe ich den anderen als mein Besitztum an. Etwas Lebendiges aber kann man nicht besitzen und schon gar nicht ein so hochkompliziertes und sensibles Wesen wie einen Menschen. Ich denke aber, durch einen Ehevertrag ließe sich die Bindung zumindest stabilisieren. Das ist falsch. Da die meisten in unserer Gesellschaft der Habenmentalität verfallen sind und von einer Seinsmentalität nichts wissen wollen, scheint es sozial gerechtfertigt zu sein, so zu denken. Die Mehrzahl der anderen denkt doch genauso! Also muß doch wohl etwas daran sein. Es gilt als normal, so zu denken – normal im Sinne von üblich. Was üblich ist, kann aber dennoch falsch sein.

Loslassen ist deshalb so schwer, weil es sich gegen die Denkmentalität der Allgemeinheit (Mehrheit) richtet. Wir orientieren uns an den anderen, weil wir nicht gelernt haben, auf unsere eigene innere Stimme zu achten. Wir befassen uns auch nicht mit dem Loslassen – in der Hoffnung, gar nicht in eine solche Situation zu geraten, in der Loslassen erforderlich ist.

Wir meinen, den Partner zu besitzen, und der meint im Gegenzug natürlich auch, mich zu besitzen. Wenn ich etwas besitze, dann bin ich auch davon besessen. Leider ist das so. Wenn ich ein Haus besitze, so kann mich auch das Haus besitzen, denn Eigentum verpflichtet zu ständigen Unterhaltszahlungen. Schon mancher hat sich durch die Zahlungen für sein Haus selbst stranguliert. Er hängt am Strick dieser Bindung. Wenn sich die wirtschaftlichen Verhältnisse verschlechtern, dann schuftet er nur noch für seinen Besitz. Er arbeitet wie ein Besessener und kann, wenn er Pech hat, nicht verhindern, daß die Bank zur Zwangsversteigerung drängt.

In einer Partnerschaft kann man schnell zum Besessenen seines Partners werden. Wir kennen fast alle die tragischen Geschichten, wie Männer und Frauen nach einer Trennung seelisch erkranken und wie besessen sie um eine Rückkehr des Partners kämpfen. Meist ist dieser Kampf vergebens, denn wenn man auf den anderen Druck ausübt, auch mit Geschenken und Liebesbriefen, weicht er nur um so mehr zurück, denn er möchte nicht genötigt werden, möchte lieber freiwillig entscheiden können. Ist erst einmal die Trennung erfolgt, fühlt sich der andere wieder frei und möchte in seiner wiedergewonnenen Freiheit durch- und aufatmen können. Für ihn ist die Loslösung zwar angstbehaftet, aber dennoch ein Befreiungsprozeß, der positiv empfunden wird.

Wir sollten die Loslösung ständig leben und praktizieren. Wie geht das? Es ist ein Bewußtseinsvorgang, den wir selbst durchlaufen müssen. Ich mache mir bewußt, daß der andere niemals zu meinem Besitz werden kann, daß der Wunsch danach einfach falsch, ja verrückt ist. Der Glaube, einen anderen besitzen zu können, entspringt einer Idee. Ich muß erkennen, daß diese Idee falsch ist, weil sie in der Realität scheitern muß und wird. Ich sollte nicht nach Ideen leben, die Illusionen sind, sondern die Wahrheit suchen und finden. Wenn ich die Wahrheit erkannt habe, werde ich mich zwangsläufig entsprechend verhalten. Wenn ich den anderen als einen freien, eigenständigen Menschen sehe, der niemals besessen werden kann, der höchstens abhängig gemacht werden kann von bestimmten Vorteilen, dann sehe ich deutlich, was richtig und was falsch ist.

Wenn ich den anderen als freie Person sehe, als ein authentisches Lebewesen, und mich selbst auch so sehe, dann werde ich den anderen mit Achtung, Achtsamkeit und Respekt betrachten, dann wird er niemals zur Gewohnheit, wird kein Möbelstück, an das ich mich gewöhnt habe, denn dann sehe ich ihn als eigenständiges Wesen, das immer losgelöst von mir ist. Wir begegnen uns dann nicht nach einem gewohnten Bild, das wir voneinander haben, sondern sehen uns ständig mit frischen Augen und hören uns gegenseitig mit wachen Ohren. Der andere ist dann das, was er wirklich ist: ein Geschenk für mich. Es ist nicht selbstverständlich, daß er anwesend ist, und schon gar nicht, daß er mich liebt.

Die Liebe ist ein Wunder, ein Mysterium, das sich nur in Freiheit, in großem Respekt und in freudiger Wachheit ereignen kann. Zwang, Unterdrückung, Routine, Käuflichkeit, Gehorsam, Befehle, Abhängigkeit – das alles gehört nicht zur Liebe. Deshalb ist die Loslösung so wichtig. Sie ist der Schlüssel zum Lebensglück.

Ich darf das, was freiwillig gegeben wird, in vollen Zügen genießen, um es dann loszulassen. Ich darf nicht ehrgeizig danach streben, es festhalten und besitzen wollen. In diesem Freilassen liegt Weisheit und Frieden. Dann bin ich mit mir selbst und dem anderen wirklich im reinen – ich kann lieben und gleichzeitig loslassen. Damit bin ich nicht bindungslos, sondern erst jetzt bin ich beziehungsfähig.

LOSLASSEN IST HEILUNG

Ich sagte, daß im Loslassen der Schlüssel zum Glück und zur Beziehungsfähigkeit liegt. Das Loslassen sollte schon vor einer Trennung erfolgen. Dadurch wird die Fixierung auf das Festhalten fallengelassen. Wenn ich darüber mit anderen rede, wird oft eingewendet, dieses Loslassen des anderen wäre Ausdruck einer gewissen Gleichgültigkeit, Liebe aber wäre nicht gleichgültig.

Natürlich kann man leicht loslassen, wenn man sich für etwas nicht interessiert. Unter Loslassen verstehe ich aber keine Interessenlosigkeit. Was einen nicht interessiert, das beachtet man ja auch nicht weiter. Ich meine jedoch absolute Aufmerksamkeit, meine Wachheit und Achtsamkeit, damit Liebe entstehen kann. Ich spreche von einer Liebe ohne Verlangen. Wenn ich etwas hellwach betrachte, seine Schönheit voll und ganz genieße, ohne daß sich ein Verlangen entwickelt, es besitzen zu wollen, dann bin ich nicht gleichgültig, sondern gelassen. Das ist nur aus dem Bewußtsein heraus möglich, daß ich dem anderen gestatte, sein Sein entfalten zu lassen. Erst im Sein-Lassen kann ich ihn wahrnehmen – in seiner Ganzheit wahrnehmen –, wie er wirklich ist. Wenn ich ein Verlangen spüre, eine Begierde sexueller Art, dann richtet sich das Interesse nur auf ein Detail (womit nichts gegen sexuelles Begehren einzuwenden ist). Wenn ich das Ganze suche, in voller Aufmerksamkeit, dann stellt sich Liebe ein. Liebe ist Mitgefühl, Respekt und Achtung. Wenn Liebe da ist, hat das nichts mit Verlangen zu tun. Wenn sexuelles Begehren hinzukommt, dann wird aus dieser Liebe heraus ein erotisches Ganzes. Ich möchte dem anderen Zärtlichkeit und sexuelle Gefühle geben, natürlich auch bekommen: Ich genieße seinen und meinen Körper. Das bedeutet aber nicht, daß ich ihn jetzt besitzen will oder besessen von ihm bin. Nähe und Distanz – das Pendel wird nach der Vereinigung wieder in die Distanz zurückschwingen; das ist ein Grundgesetz des Lebens. Nur in dieser Schwingung können Mann und Frau lebendig und heil bleiben, ohne aneinander zu erkranken, ohne sich zu frustrieren und sich gegeneinander zu wehren. Erst nach dieser Distanz kann sich die Energie für neue Aufmerksamkeit und Achtung entwickeln, die auch das erotische Begehren wieder lebendig werden läßt. Mit Festhalten und Besitzen ist dieser Vorgang nicht zu stabilisieren, sondern in höchstem Grade gefährdet. Wenn nun einer der beiden Partner lieben und loslassen kann, der andere aber lieben und festhalten will, was dann? Wenn einer nach der Seinsmentalität strebt und der andere nach der Habenmentalität können sie keine Beziehung zusammen leben. Es ist wie Öl und Wasser: Beides ist und bleibt voneinander getrennt – die Elemente können sich nicht vermischen, obwohl sie mitunter aufeinander angewiesen sind.

Wenn eine Beziehung bereits besteht und einer der beiden durch einen Reife- und Bewußtseinsprozeß zum Loslassen gelangt, der andere aber nicht, kann zwar in vielen Gesprächen versucht werden, die beiden Standpunkte miteinander zu versöhnen, doch wird das in den seltensten Fällen gelingen. Derjenige, der festhalten will, ist meist durchdrungen von einer kämpferischen Haltung, will den anderen überzeugen, wobei er nur das Machtproblem sieht: Er will recht haben und Recht bekommen. Die Überzeugungskraft des Losgelösten, des Gelassenen ist meist nicht vehement genug, da er lieben und nicht kämpfen will. Er wird den Kampf loslassen und seinen Widersacher, den Streit-gegner, stehen lassen. Deshalb ist der Losgelöste der Sieger und der Stehengelassene der Verlierer, der dem Sieger das negative Etikett hinterherwirft: beziehungs-los, egozentrisch, liebesunfähig! Er wird nicht erken-nen können und wollen, daß alle diese Eigenschaften vor allem ihn selbst und nicht den anderen betreffen.

Der Freie und Gelöste hat es schwer, in dieser Ge-sellschaft verstanden zu werden. Die Mehrzahl steht gegen ihn und wird ihn verurteilen; er wird als ›Außenseiter‹ beschimpft und mit dem Ausschluß aus der Denkweise der Mehrheit mit Einsamkeit und Iso-lation bedroht. Wer die Freiheit jedoch erkannt hat und die Intensität der Liebe, die dann möglich ist, gefühlt hat, wird nicht mehr in die Anpassung und das Fest-halten zurückkehren. Der freie Mensch, der dadurch inneres Heilsein in sich verspürt, der entspannt und gelöst im Augenblick aufgeht, die seelischen Früchte der Meditation erlebt hat – der läßt sich nicht mehr auf einen Partner ein, der, durchdrungen von der Haben-mentalität, ihn eifersüchtig überwacht und von der fixen Idee des Festhaltens geprägt ist, auch wenn die erotisch-sexuellen Teile aus dem Spektrum noch so verlockend sein sollten. Er wird dann auch das loslas-sen können, ohne daran festzuhalten, da das Denk-system der Angepaßten keinen Einfluß mehr auf ihn hat. Er hat durch die Freiheit ein inneres Glück erfah-ren, das er nicht mehr eintauscht gegen die Wieder-holung einer sexuellen Befriedigung.

Der freie und losgelöste Mensch gewinnt seine psy-chosomatische Gesundheit allerdings mit dem Preis, nur von wenigen verstanden zu werden. Er muß sich im Alleinsein einrichten. Der Einsamkeit oder Isolation kann er entgehen, weil er geöffnet ist für Kommunikation und für eine viel beglückendere Form der Liebe. Er wird sich davon beschenkt fühlen, selbst zu lieben und nicht auf Gegenliebe hoffen oder sie gar erwarten.

Seine Chance, einen freien Partner zu finden, um mit ihm gemeinsam eine Beziehung zu leben, ist in dieser Konsumgesellschaft zwar gering, aber sie besteht. Wenn das geschieht, hat er zum Paradies gefunden, und dann ist jeder Tag ein Geschenk... er fühlt sich angekommen. Diese Liebe ist nicht die große, ewige und wahre Liebe, die ein Leben lang dauert, wonach der Festhaltende giert und strebt. Sie ist richtig und heil für den Moment. Ewige Liebe zu einem Partner gibt es nicht. Es ist stündlich ein Wunder, wenn er zurückkehrt in Liebe – wenn nicht, lasse ich ihn los. »Das Leben selbst ist die Liebe, und wer es wahrhaft lebt, den lehrt es die Liebe«, sagt Ernesto Cardenal.

ANHANG

GEDANKENAUSTAUSCH

Durch Leserbriefe, die ich täglich erhalte, weiß ich, wie viele einen Gedankenaustausch mit Gleichgesinnten in ihrer Umwelt vermissen. So kam ich auf die Idee, einen Briefclub für Interessierte zu gründen. Deshalb habe ich eine Adreßkarte für Leserinnen und Leser dieses Buches entwickelt, die mit anderen Lesern gerne in einen Gedankenaustausch treten wollen.

Daß ein Bedürfnis danach besteht, ist aus den zahlreichen Leserbriefen zu ersehen. Ich war sehr überrascht, wie viele Leser malen, Gedichte schreiben und eigene kreative Ideen entwickeln. Sie leiden oft darunter, daß sie im Alltag selten Gesprächspartner finden, weil viele eine Scheu davor haben, sich zu offenbaren. Es gibt nicht wenige Menschen, die sich in unserer normierten Anpassungsgesellschaft ein eigenständiges Seelenleben bewahrt haben und weiter bewahren wollen. Darüber in Kommunikation zu treten und sich auszudrücken, das sollte auf jeden Fall gefördert werden, und zwar auch durch diesen für die Leserinnen und Leser meiner Bücher schon vor fünf Jahren ins Leben gerufenen Service.

Die Adressen werden von meinem Sekretariat gespeichert und jedem Interessenten zur Kontaktaufnahme als Liste zugesandt, nach männlich / weiblich und nach Wohngebiet, Bundesland (bzw. Postleitzahl) geordnet. Der Empfang der Adressen verpflichtet Sie natürlich zu nichts. So können Sie Ihre Daten selbstverständlich jederzeit wieder löschen lassen und sind auch nicht verpflichtet, alle Kontaktinteressenten anzuschreiben oder auf Briefe, die Sie erhalten, zu antworten, denn der Gedankenaustausch sollte frei sein und keine Verpflichtung bedeuten.

Schneiden Sie die folgende Adreßkarte aus, und senden Sie sie mit einem einmaligen Beitrag für die Organisationskosten (50-DM-Schein oder Scheck im Brief) an das

Sekretariat der Praxis P. Lauster
Usambarastraße 2
50733 Köln

Es wäre schön, wenn durch diese Aktion ein Netz geistiger Verbundenheit vieler Menschen entstehen könnte und wenn Sie uns über Ihre gemachten Erfahrungen gelegentlich etwas schreiben würden.

Vorname: _____

Name: _____

Straße: _____

PLZ: _____ Ort: _____

Geburtsjahr: _____

Hobby(s): _____

_____

Interessengebiete: _____

_____

_____

_____

Ich bin damit einverstanden, daß meine Adreßkarte an LeserInnen weitergegeben wird, die an einem Gedankenaustausch interessiert sind.

Datum: _____

Unterschrift: _____

RESONANZ

Alle eingehenden Resonanzfragebogen werden vom Autor vertraulich behandelt und statistisch ausgewertet. Sie dienen der weiteren wissenschaftlichen Arbeit und geben Ihnen die Möglichkeit, Ihre Meinung zu sagen, aber auch Kritik zu üben.

1. Hat Sie die Lektüre dieses Buches angeregt, Ihre Selbsterkenntnis zu verbessern?

   O ja   O teilweise   O nein

2. Glauben Sie, daß Sie einige Erkenntnisse gewonnen haben, die Ihnen im Beziehungsalltag helfen werden?

   O ja   O teilweise   O nein

3. Worüber hätten Sie gerne mehr gelesen?

   O Meditation
   O Sexualität
   O Gesellschaftsstruktur
   O Minderwertigkeitskomplexe
   O Neurosen
   O Sinn des Lebens
   O Liebesfähigkeit
   O Selbstbehauptung
   O Konfliktbewältigung
   O Motive menschlichen Verhaltens

Eigene Vorschläge:

_____

_____

_____

_____

_____

4. Hat Ihnen das Buch geholfen, Ihre persönlichen
   Partnerschaftsprobleme besser zu erkennen?

   O ja   O teilweise   O nein

5. Welches individuelle Problem oder welcher seelische Konflikt beschäftigt Sie besonders?

_____

_____

_____

_____

_____

Vorname:

Name:

Straße:

PLZ: Ort:

Beruf:

Alter:

Senden Sie eine Kopie des ausgefüllten
Fragebogens bitte an:

Sekretariat der Praxis P. Lauster
Usambarastraße 2
50733 Köln

KONTAKTAUFNAHME ZUM AUTOR

Sie können mit Peter Lauster auch im Internet Kontakt aufnehmen. Sie erreichen ihn unter:
www.peterlauster.de

Peter Lauster plant laufend zweitägige Seminare zum Thema ›Liebe, Partnerschaft und Beziehung‹. Die jeweiligen Seminarorte und Termine stehen derzeit noch nicht fest. Fordern Sie unverbindlich das Programmheft an, wenn Sie sich dafür interessieren:

Praxis P. Lauster
Usambarastraße 2
50733 Köln
Telefon (02 21) 7 60 13 76
Telefax (02 21) 7 60 58 95

LITERATURHINWEISE

Weitere Titel von Peter Lauster, die mit dem Thema
Beziehungskrisen und Liebe in Verbindung stehen:

Ausbruch zur inneren Freiheit. Mut eigene Wege
zu gehen. Düsseldorf 1995, 208 Seiten.
Liebeskummer als Weg der Reifung.
Düsseldorf 1991. 143 Seiten, 21 Aquarelle.
Die sieben Irrtümer der Männer.
Düsseldorf 1987. 200 Seiten.
Flügelschlag der Liebe. Gedanken und Aquarelle.
Düsseldorf 1986. Neuauflage 1994.
112 Seiten, 32 vierfarbige Aquarelle.
Die Liebe. Psychologie eines Phänomens.
Düsseldorf 1980. 240 Seiten.
Geheimnisse der Liebe. Anthologie.
Düsseldorf 1993. 315 Seiten.
Klänge der Liebe.
Musik: C. Deuter, Text: P. Lauster.
Freiburg im Breisgau 1995. Spieldauer 55 Minuten.

Alphons Silbermann

Propheten des Untergangs

Das Geschäft mit den Ängsten

Angst kennt jeder, Angst hat jeder. In seiner Streitschrift geht es dem international angesehenen Soziologen Alphons Silbermann jedoch nicht um die psychologische Fragestellung, woher ein Angstzustand rührt, sondern um die Aufklärung der gesamtgesellschaftlichen sozialen Bewegungen, die Angst hervorrufen – und wozu.

So nutzen die allgegenwärtigen Medien die überaus komplexen Lebenszusammenhänge unserer Tage aus, um Angst zu schüren. Verwüstung, Krieg, Mord, Brand, Seuchen, Korruption und Unfälle bestimmen die Nachrichten und verursachen ein Klima der Bedrohung, das nichts mit der Realität der meisten von uns zu tun hat.

Deshalb appelliert Alphons Silbermann mit seinem Buch an die Vernunft. Er nimmt der Angstspirale durch Aufklärung die Dynamik und zeigt, wie man der alltäglichen Angstmacherei mit Sinn und Verstand entgegentreten kann.

ISBN 3-404-60447-4